汉麦教育

U0621046

21天

母题必刷
540+道题

专项突破
220+道题

易错易混
70+道题

模考冲刺
300+道题

省心
好题
速练

汉麦教育 编著 ●

工商管理
专业知识和实务

人民日报出版社
北京

图书在版编目（CIP）数据

中级经济师21天省心好题速练. 工商管理专业知识和实务 / 汉麦教育编著. ——
北京：人民日报出版社, 2024.7.（2025.7.重印）—— ISBN 978-7-5115-8374-1

Ⅰ. F0

中国国家版本馆CIP数据核字第2024VH8724号

书　　　名：中级经济师21天省心好题速练：工商管理专业知识和实务
　　　　　　ZHONGJI JINGJISHI 21 TIAN SHENGXIN HAOTI SULIAN：GONGSHANG GUANLI
　　　　　　ZHUANYE ZHISHI HE SHIWU

编　著　者：汉麦教育

责任编辑：梁雪云　　王奕帆
封面设计：野生花设计
排版设计：九章文化

出版发行：人民日报出版社
社　　　址：北京金台西路 2 号
邮政编码：100733
发行热线：（010）65369509　65369527　65369846　65363528
邮购热线：（010）65369530　65363527
编辑热线：（010）65369526
网　　　址：www.peopledailypress.com
经　　　销：新华书店
印　　　刷：上海一众印务中心有限公司
法律顾问：北京科宇律师事务所　010-83622312

开　　　本：889mm×1194mm　1/16
字　　　数：500 千字
印　　　张：15.25
版次印次：2024 年 8 月第 1 版　　2025 年 7 月第 2 次印刷

书　　　号：ISBN 978-7-5115-8374-1
定　　　价：59.00 元

全书使用指南，必看！

* 本指南预计阅读时长 15 分钟，请务必在刷题前认真看完。

以题促学——中级经济师的高效备考方法

01　中级经济师考试的通过率

近年来，中级经济师考试的报考人数逐年上升，但最终通过率始终处于相对低位。通过率不高的主要原因有 5 个。

中级经济师考试通过率不高的主要原因	
在职考生的业余时间少	中级经济师考生多数是在职备考，业余时间少。很多考生在考前甚至没有完整地学习一轮，尤其是零基础的考生，往往需要投入更多的时间。大部分在职考生无法投入足够的时间。
没有建立正确的考试观	备考没有重点，眉毛胡子一把抓，学习效率很低。考生普遍不重视做题，做题不够甚至不做题，往往事倍功半，导致无法把课程中所学考点转化为得分。
范围广、内容杂	中级经济师考试的考查范围非常广泛，比如工商管理专业知识和实务科目涉及企业生产经营几乎全部领域，包括企业战略制定、公司法人治理机构、市场营销、分销、生产、物流、企业技术创新、人力资源管理、企业投融资、电子商务及国际商务运营等多个维度的知识，内容杂、考点多。
考法多、考得细	大部分考点都有 2~3 种考法，有些考点甚至有 5~6 种考法。比如第三章考点"产品策略"，既可以考产品组合的基本概念，辨析长度与宽度，也可以考产品组合策略的内容，还可以考产品组合策略的辨析。
既要理解又要记忆	工商管理专业知识与实务科目第 1、3、4、5、7、8、9 章的大多数考点需要理解，第 2、6、10、11 章的大多数考点需要记忆，还有很多考点既要理解又要记忆。例如，第一章考点"企业内部环境分析"，既要理解内部环境分析各方法的内容、特点，特别是波士顿矩阵，又需要准确记忆，并且还要能够和考点"企业外部环境分析"的各种方法进行区别。但在不理解的情况下纯靠背诵，其记忆难度将提升不止一倍。

02　"以题促学"的高效备考方法

在职业资格类考试备考中，刷题是检验学习效果和提升应试能力最有效的途径。听课是"输入"的过程，老师在授课过程中将考点内容以更易理解的方式阐述出来，而刷题是"输出"的过程，做对题才能最终通过考试。"以题促学"是中级经济师考试备考过程中最为高效的方法。刷题是一种"以终为始"的备考策略，是不断强化和巩固考点内容熟练度的过程，想把所学考点转化为分数，只能通过刷题。

刷题时尤其要注重真题的训练，真题也就是我们所说的"母题"，能够充分体现命题者的出题思路、考查角度、考查重点，以及近几年的考查趋势，**特别是在中级经济师考试中，更是具有重复性和预测性的特点**。所以，母题是在备考过程中最为重要的题目。

03　刷题的 4 个原则

刷题前，要记住以下 4 个原则。

原则	说明
一定要刷够题	足够的做题量是理解和记忆考点的关键，做题量不够无法形成深刻的理解和记忆。本书严选近 5 年 500 多道真题，覆盖工商管理专业知识和实务科目全部考点中的所有考法。
一定要分类刷题	本书将题目分成 4 个模块，"母题必刷"为按章节练习，适合在基础阶段刷题，帮助理解记忆；"专项突破"和"易错易混"为按类型练习，适合在强化阶段刷题，集中解决重难点；"模考冲刺"为按套卷练习，适合在冲刺阶段刷题，总结答题技巧与策略。

续表

原则	说明
一定要分级刷题	刷题要有重点，不能采取"平均主义"。如果不分轻重缓急地刷题，很难在短期内记住那么多考点内容。本书梳理了近五年真题的考频与难度，将考点分为五类：A 类（高频＋较容易）、B 类（中频＋较容易）、C 类（高频＋较难）、D 类（中频＋较难）、E 类（低频）。其中，A 类、B 类为学习性价比极高的考点，C 类、D 类为学习性价比很高的考点，E 类考点的学习性价比不高。刷题时按考点分级，重点关注并确保掌握 A、B、C 类考点的题目。
一定要做套卷	做套卷是检验备考效果、培养"考试感觉"的唯一方法。本书包括 3 套模考试卷，另外配备包含 5 套近 5 年真题套卷的在线题库，帮助考生查漏补缺，检测学习效果。

本书特点

01　主打就是全，刷完就敢去考试

（1）题量全。中级经济师考试的显著特点是考法多、考得细，做够题量才能覆盖所有考法！本书严选近五年真题以及精编模拟题，合计 1100 多道，覆盖所有可能的考查角度。通过对书中题目的练习，正确率达到 80%，通过考试基本没有问题。

模块	学习阶段	内容	题量
母题必刷	基础	11 章	543 题
专项突破	强化	4 个专项	225 题
易错易混	强化	26 个易错易混点	79 题
模考冲刺	冲刺	3 套卷	300 题

（2）模块全。本书将题目分为母题必刷、专项突破、易错易混、模考冲刺四个模块，"母题必刷"为按章节练习，"专项突破"和"易错易混"为按类型练习，"模考冲刺"为按套卷练习，紧密配合基础、强化和冲刺 3 个学习阶段。其中，"专项突破"分为方法策略、数字记忆、计算题、案例分析 4 个专项，将工商管理专业知识和实务科目中同类型但分布在各章的考点集合起来，帮助考生集中突破。

02　考点分级，拒绝"平均主义"

刷题时一定要分清主次，注重时间投入的性价比，切忌"锱铢必较"！即使中级经济师考试的分值分布比较平均，但每个章节中一定存在重要考点和不重要考点。

本书梳理了近五年真题的考频与难度，考频分为"高频""中频"和"低频"，难度分为"较容易"和"较难"。其中高频考点为近五年考过四次以上的，中频考点为近五年考过两三次的，低频考点为近五年考过一次及一次以下的。较容易是指命题角度单一或者属于纯记忆的题目，较难是指需要理解、有点记忆难度或者命题角度比较多的题目。根据考频与难度的结合，我们将工商管理专业知识和实务科目的 149 个考点分为五类：A 类（高频＋较容易）、B 类（中频＋较容易）、C 类（高频＋较难）、D 类（中频＋较难）、E 类（低频）。工商管理专业知识和实务科目中，A 类（20 余个考点）、B 类（40 余个考点）和 C 类（10 余个考点）考点占比约 60%。因此，真正的高效率备考，应该是熟知考点的考频分布，拒绝所有知识点平均学习。

本书配套工具

工具	使用方法
四类好题在线题库	**本书配套的在线题库。** 方便考生充分利用碎片化时间，在不同场景下做题。题库分为**母题必刷、专项突破、易错易混和模考冲刺四个模块**，与书中的题目一致，方便考生在通勤、午休等碎片化时间使用配套的在线题库进行练习。
四类好题解题笔记	**本书配套的电子版答案解析。** 针对易错题，配备"丢分警示"模块，帮助识破命题陷阱； 针对易混题，提炼"口诀记忆"模块，用朗朗上口的口诀强化记忆； 针对重难点题目，更有"解题技巧"模块，提供实战方法论； 每个考点后有"考点总结"，以表格和关键词的形式提炼考点内容，一目了然、清晰易懂。
五年真题套卷	**本书配套的历年真题套卷题库。** 包括近五年真题套卷，共5套。套卷为在线机考形式，答完立即自动评分，可以反复练习。
省心高频考点笔记	**本书配套的电子版高频考点笔记。** 解读近五年考过4次以上的40余个考点。 该笔记对高频考点内容进行梳理、归纳、总结，高效聚焦应试，内容全而精，备考效果"快狠准"。 与本书结合使用，使备考更加高效。
VIP母题分级题库	**母题分级在线题库。** 将本书中的母题按照A、B、C、D、E五类进行分级排列，使刷题更为高效、重点更为清晰。对于应试性价比高的A、B、C类考点，可以集中、反复练习。
VIP母题速成课	**速度型高效备考产品。** 做题是一种"以始为终"的备考策略，过考的本质是把懂知识转化为得分能力。针对书中500余道母题，通过逐题精讲，保证全面复习每一个考点和考法，正确率达到80%，备考通关无忧。
VIP密押集训班	**短周期速成冲刺产品。** 9月集中按章按考点分级密押题，10月集中6套密卷实战，全程直播，集训式短期发力，考前帮你迅猛提分的完整通关方案。

拿到本书后，请扫码添加本书的助教老师：

①免费领取"四类好题在线题库""四类好题解题笔记""五年真题套卷""省心高频考点笔记"。

②我们不仅有图书，还有与每套图书对应的课程，书课一体，学起来更省心。如有购课需求（"VIP母题速成课""VIP密押集训班"），请咨询图书助教老师。

本书的备考方式

本书适合在中级经济师备考的基础、强化和冲刺三个学习阶段使用，特别是强化和冲刺阶段。

书名中的"21天"，并非指一定要在21天内完成所有练习。备考中级经济师的三个学习阶段跨度因人而异，可能有些短期备考的同学做完这些题不需要21天，但大多数同学备考周期较长、时间分散。只要在对应的学习阶段完成相应模块下的题目，都是合理的备考方式。关于进行"极限冲刺学习"，越临近考试，通过考试的风险可能越高。因此，我们建议有时间的同学提前准备、踏实学习，稳扎稳打地通过考试。

以下是针对不同备考类型考生制作的备考计划。

备考类型	稳健型 （备考周期长）	速度型 （备考周期短）	突击型 （备考周期极短）
备考方法	多轮备考法	查漏补缺法	分级冲刺法
备考计划	多轮备考法的核心是通过基础、强化、冲刺三个阶段，递进式地听课、做题，通过"学—练—背—测"多轮学习，不断强化和巩固考点掌握程度。学习时应注意以下两点。 **1. 一定要系统地听课！** 扎扎实实地听课，听完课马上刷题，以求达到最好的备考效果。系统地听完一遍课并完成书中 500 余道母题。 **2. 一定要把题目刷两遍！** 第一遍结合课程完成书中"母题必刷"篇的练习。刷题可以帮助理解、记忆考点。刷题时遇到不懂的地方先看《四类好题解题笔记》，如果还不明白就再听一遍课，直到掌握为止。 系统地刷完第一遍后，第二遍利用碎片化时间刷本书配套的《四类好题在线题库》。通过两遍刷题，全面掌握每个考点下的所有考法。	查漏补缺法的核心是通过刷题来反向定位需要学习的考点，有选择性地听课以节省备考时间，避免重复学习已掌握的内容，同时通过刷题来保证全面复习。特别需要强调的是，查漏补缺法并非建议不听课，而是说已经掌握的考点就不需要投入时间在听课上，要把时间花在没有掌握和薄弱的考点上，有针对性地学习。学习时应注意以下两点。 **1. 一定要重视错题！** 错题能够直接反映出学习中的薄弱环节，通过刷错题可以精准定位到这些漏洞，有针对性地进行复习和强化。 **2. 一定要刷套卷！** 考前一定要完成书中的 3 套模拟卷和本书配套的《五年真题套卷》，相当于整体将考点复习一两遍，遇到不会的题目再听课。	分级冲刺法的核心是筛选考点学习，只抓必考点和常考点，在短期内实现分数最大化。A、B、C 类考点在考试中分值占比约 60%。因此，一定要把时间花在性价比高的考点上。学习时应注意以下两点。 **1. 一定要分级刷题！** 一定要死磕必考点、常考点，这类考点下的题目一定不能失分。刷题时重点关注考点分级为 A、B、C 类的题目，或者利用《VIP 母题分级题库》。这三类考点下的做题正确率能够达到 80%，通过考试基本没有问题。 **2. 一定要刷套卷！** 考前一定要完成书中的 3 套模拟卷和本书配套的《五年真题套卷》，相当于整体将考点复习一两遍，遇到不会的题目再听课。

本书在编写过程中难免有所疏漏，各位考生若发现错误，请不吝指正。

让我们一起扬帆起航，中级经济师考试必过！

扫码纠错、感谢指正。
欢迎您对本书提出宝贵建议。

目 录

母题必刷 · 专项突破 · 易错易混 · 模考冲刺

模考冲刺篇

母题必刷篇

本篇说明：

"母题必刷"覆盖工商管理专业知识和实务学科 149 个考点，题量总计 543 道，涵盖了过往十余年真题里面的好题。这些母题是每个考点最典型的考题，是同类型考题里面最具有代表性的那部分题。换句话说，这些母题就是一个样板，能够覆盖考点的所有考查角度，每年的考试，基本就是按照这些母题所呈现的套路去考。同时，本篇每章的"考点清单"将考点分级成五类，即高频＋较容易、中频＋较容易、高频＋较难、中频＋较难、低频，为考生清晰地标出每一个考点和每一道题的分级，让考生分清学习考点时的轻重缓急，高效且应试，节省备考时间。

	第一章	第二章	第三章	第四章	第五章	第六章	第七章	第八章	第九章	第十章	第十一章	合计
考点数量（个）	17	16	14	11	17	8	15	13	13	14	11	149
题目数量（道）	64	62	41	53	54	28	50	49	54	48	40	543
做题时间（分钟）	46	43	31	41	46	22	38	35	52	31	33	418

第一章　企业战略与经营决策

📋 考点清单

做题建议： 本章共 64 题，预计做题用时约 46 分钟。

备考建议： 本章共 17 个考点，其中高频 2 个、中频 11 个、低频 4 个。本章在历年考试中一般占 16~21 分。本章含案例分析题，具体可参见"专项突破四"。本章考点清单如下。

考频	考点	考查角度	难度	题量	做题时间
高频 （2个）	考点五 企业战略控制	角度 1：选出企业战略控制的原则并辨析各原则特点	较容易	6 道	3 分钟
		角度 2：选出战略控制的方法			
	考点七 企业内部环境分析	角度 1：辨析三种核心竞争力	较容易	12 道	6 分钟
		角度 2：辨析价值链主体活动和辅助活动			
		角度 3：给出业务特点，判断属于波士顿矩阵哪种业务类型			
		角度 4：选出企业内部因素评价矩阵的内容			
		角度 5：选出企业外部环境分析法和内部环境分析法			
中频 （11个）	考点一 企业战略与企业战略管理	角度 1：给出企业战略动作，判断属于哪种战略层次	较容易	5 道	3 分钟
		角度 2：企业战略层次和特征综合考查			
	考点二 企业战略制定	角度：辨析企业战略制定的过程	较难	3 道	3 分钟
	考点三 企业战略实施	角度 1：企业战略实施步骤与模式综合考查	较容易	2 道	1 分钟
		角度 2：给出企业战略实施的动作，判断属于哪种实施模式			
	考点四 7S 模型	角度：辨析硬件要素和软件要素	较容易	2 道	1 分钟
	考点六 企业外部环境分析	角度 1：选出企业外部行业环境分析方法的名称并辨析其内容	较容易	4 道	3 分钟
		角度 2：选出企业外部因素评价矩阵的内容			
		角度 3：选出企业外部宏观环境分析的方法			
	考点九 基本竞争战略	角度 1：选出基本竞争战略	较容易	4 道	3 分钟
		角度 2：辨析各基本竞争战略的内容			
	考点十 密集型战略 VS 多元化战略 VS 一体化战略	角度 1：给出企业具体经营方式，判断属于哪种多元化战略	较难	4 道	4 分钟
		角度 2：给出企业战略动作，判断属于哪种密集型战略			
		角度 3：给出企业战略动作，判断属于哪种一体化战略			

考频	考点	考查角度	难度	题量	做题时间
中频（11个）	考点十一 战略联盟	角度1：给出企业行为，判断属于哪种战略联盟的方式	较难	3道	3分钟
		角度2：选出契约式战略联盟的方式			
	考点十二 国际化经营战略	角度：给出跨国公司经营战略特点，判断属于哪种战略	较难	6道	6分钟
	考点十六 定性决策方法与定量决策方法	角度1：选出定性决策的方法并辨析	较容易	3道	2分钟
		角度2：选出定量决策的方法			
		角度3：考查定量决策方法的计算			
	考点十七 商业模式分析	角度1：考查商业画布分析模块的内容	较难	3道	3分钟
		角度2：选出商业模式要素并判断关键要素特点			
低频（4个）	考点八 企业综合分析	角度：给出企业做法，判断属于哪种战略类型	较容易	1道	0.5分钟
	考点十三 企业稳定战略	角度：选出企业稳定战略并辨析	较容易	2道	1分钟
	考点十四 企业紧缩战略	角度：选出企业紧缩战略并辨析	较容易	1道	0.5分钟
	考点十五 企业经营决策	角度：辨析企业经营决策的特征、要素和流程	较难	3道	3分钟

📝 考点一 企业战略与企业战略管理

B 类	考频	难度	题量	做题时间
	中频	较容易	5 道	3 分钟

1.【2024单选】关于战略管理的说法，正确的是（　　）。

A.企业战略管理关注的是企业的长期稳定和持续发展

B.企业战略的基本任务是实现企业的使命

C.企业战略是一个不断完善、创新的直线上升的管理过程

D.企业战略的最高任务是实现企业盈利的战略目标

2.【2024单选】M汽车公司实施智能制造战略。通过智能化和自动化技术加快公司生产制造转型升级，加强生产工艺管理，优化生产制造流程。按照战略层次划分，该战略属于（　　）。

A.企业业务战略　　　　　B.企业发展战略

C.企业职能战略　　　　　D.企业成长战略

3.【2023单选】H公司为国内知名的电子商务公司，该公司在原有经营范围基础上，创办社交型电子商务平台，帮助消费者以低廉的价格购买产品。按照企业战略的层次划分，该企业实行的是（　　）。

A.企业业务战略　　　　　B.多元化战略

C.差异化战略　　　　　　D.企业总体战略

4.【2021单选】某跨国电子商务集团准备大力投资大数据技术研究与开发，致力于核心技术的突破与创新，从战略层次的角度分析，该集团采取的是（　　）。

A.企业总体战略　　　　　B.企业业务战略

C.企业职能战略　　　　　D.企业成长战略

5.【精编单选】关于企业战略的说法，错误的是（　　）。

A.企业战略实施过程具有较强的稳定性

B.企业战略的制定和实施具有一定的风险性

C.企业战略包括总体战略、业务战略和产品战略三个层次

D.企业战略具有全局性和复杂性

📝 考点二 企业战略制定

D 类	考频	难度	题量	做题时间
	中频	较难	3 道	3 分钟

6.【2023单选】M公司提出"引领商业进步，创造精彩生活"。这体现了该公司的（　　）。

A.战略目标　　　　　　　B.企业使命

C.企业愿景　　　　　　　D.未来前景

7.【2022单选】关于企业战略目标的说法，正确的是（　　）。

A.战略目标是企业一定时期的任务目标

B.战略目标说明了企业的根本性质

C.战略目标可以对企业进行全面战略分析

D.战略目标是企业未来欲实现的宏大愿景目标以及对它的准确描述

8.【2020单选】关于企业愿景的说法，正确的是（　　）。

A.企业愿景管理包括开发愿景、修正愿景、瞄准愿景三个步骤

B.企业愿景回答了"企业业务是什么"这一问题

C.企业愿景由企业高层管理者独断制定，并由上向下推行

D.企业愿景包括未来前景和核心信仰两个部分

📝 考点三 企业战略实施

B 类	考频	难度	题量	做题时间
	中频	较容易	2 道	1 分钟

9.【2023单选】关于企业战略的说法，正确的是（　　）。

A.企业可采用关键绩效指标法进行战略考核

B.战略方案分解是实施企业战略的第一步

C.准备战略方案是制定企业战略的第一步

D.企业可采用指挥型战略实施模式自下而上形成企业战略

10.【2020单选】某网络技术有限公司由高层管理集体进行共同战略决策，积极协调高层管理人员达成战略共识并付诸实施，该企业的战略实施模式是（　　）。

A.变革型　　　　　　　　B.合作型

C.文化型　　　　　　　　D.增长型

考点四　7S模型

B类	考频	难度	题量	做题时间
	中频	较容易	2道	1分钟

11.【2021多选】某集团利用麦肯锡7S模型进行战略过程分析时需分析的软件要素有（　　）。

A.技能　　　　　　　　　B.制度

C.共同价值观　　　　　　D.风格

E.人员

12.【2020单选】下列要素中，属于麦肯锡7S模型中的"硬件"的是（　　）。

A.人员　　　　　　　　　B.共同价值观

C.技能　　　　　　　　　D.战略

考点五　企业战略控制

A类	考频	难度	题量	做题时间
	高频	较容易	6道	3分钟

13.【2024多选】下列方法中，可用于企业战略控制的有（　　）。

A.杜邦分析法　　　　　　B.马尔可夫模型法

C.量本利分析法　　　　　D.利润计划轮盘

E.7S模型

14.【2023单选】下列方法中，可以用于战略控制的是（　　）。

A.杜邦分析法　　　　　　B.7S模型分析法

C.生产周期法　　　　　　D.量本利分析法

15.【2023多选】企业进行战略控制，可行的做法有（　　）。

A.全方位严格控制所有战略过程

B.通过战略控制确保企业战略目标的实现

C.采用PESTEL分析法稳步推进战略控制过程

D.根据不同的业务特点选择不同的控制标准

E.选择适当的契机进行战略调整

16.【2022单选】企业战略控制原则中，（　　）是根据不同的经营业务的性质与需要制定不同的监控标准和方式。

A.适度控制原则　　　　　B.适应性原则

C.弹性控制原则　　　　　D.适时控制原则

17.【2021多选】企业实施战略控制的原则有（　　）。

A.折中原则

B.确保目标原则

C.适时控制原则

D.适应性原则

E.严格控制原则

18.【2020单选】某日化生产企业为了达到预期的战略目标，选择适当的契机进行战略控制和战略修正，该企业的做法体现了战略控制的（　　）原则。

A.适度控制　　　　　　　B.适应性

C.弹性控制　　　　　　　D.适时控制

考点六　企业外部环境分析

B类	考频	难度	题量	做题时间
	中频	较容易	4道	3分钟

19.【2023多选】企业采用波特"五力模型"分析行业环境时，需要分析的竞争力量有（　　）。

A.中间商的谈判能力　　　B.供应者的谈判能力

C.购买者的谈判能力　　　D.替代品的威胁

E.潜在进入者的威胁

20.【2022单选】 以下属于行业环境分析的是（　　）。

A.利润计划轮盘　　　　B.杜邦分析法

C.波特五力分析　　　　D.波士顿矩阵分析

21.【2020单选】 下列关于"五力模型"中基本竞争力量的说法中，正确的是（　　）。

A.替代品的价格越高，替代品的威胁水平越高

B.行业中供应者的数量越少，供应者的谈判能力越弱

C.购买者拥有的供应者越多，购买者的谈判能力越弱

D.行业的进入壁垒越高，新进入者的威胁水平越低

22.【2020单选】 关于外部因素评价矩阵的说法，正确的是（　　）。

A.外部因素评价矩阵从机会和威胁两方面找出影响企业的关键因素

B.总加权分数高于2.5分，说明企业对外部影响因素的反应较差

C.外部因素评价矩阵是战略控制的方法

D.总加权分数的数值范围为1分至5分

📝 **考点七 企业内部环境分析**

A类	考频	难度	题量	做题时间
	高频	较容易	12道	6分钟

23.【2024单选】 某型号电视机产品的业务增长率较高，市场占有率较低。根据波士顿矩阵分析法，该型号电视机产品属于波士顿矩阵的（　　）。

A.金牛区　　　　B.幼童区

C.瘦狗区　　　　D.明星区

24.【2024多选】 下列属于价值链辅助活动的是（　　）。

A.技术开发　　　　B.采购

C.生产加工　　　　D.成品运输

E.原材料加工

25.【2023单选】 根据迈克尔·波特价值链模型，下列价值链活动中，属于价值链辅助活动的是（　　）。

A.售后服务　　　　B.人力资源管理

C.原材料供应　　　　D.市场营销

26.【2023单选】 根据迈克尔·波特价值模型，下列价值链活动中，属于价值链基本活动的是（　　）。

A.技术开发　　　　B.人力资源管理

C.采购　　　　D.售后服务

27.【2023单选】 M产品的市场占有率高，业务增长率高。根据波士顿矩阵图，M产品处于（　　）。

A.金牛区　　　　B.瘦狗区

C.幼童区　　　　D.明星区

28.【2023单选】 N产品的市场占有率低，业务增长率低。根据波士顿矩阵图，N产品处于（　　）。

A.金牛区　　　　B.瘦狗区

C.幼童区　　　　D.明星区

29.【2023单选】 通过分析影响企业优势和劣势的关键因素，进行内部战略环境分析的方法是（　　）。

A.EFE矩阵分析法　　　　B.决策树分析法

C.7S模型分析法　　　　D.IFE矩阵分析法

30.【2023多选】 下列方法中，可用于企业战略环境分析的有（　　）。

A.波士顿矩阵　　　　B.EFE矩阵

C.利润计划轮盘　　　　D.IFE矩阵

E.波特"五力模型"

31.【2021单选】 某食品公司运用波士顿矩阵分析法发现甲饮品业务增长率低，市场占有率高，则甲饮品业务属于（　　）业务。

A.金牛　　　　B.瘦狗

C.幼童　　　　D.明星

32.【2021单选】关于企业核心竞争力的说法，错误的是（　　）。

A.企业所独有的商业模式属于资源竞争力

B.企业所拥有的区位优势属于资源竞争力

C.企业核心竞争力对企业一系列产品或服务的竞争都有促进作用

D.企业核心竞争力具有持久性

33.【2020多选】下列方法中，可用于企业内部环境分析的方法有（　　）。

A.杜邦分析法

B.波士顿矩阵分析法

C.价值链分析法

D.IFE矩阵分析法

E.核心竞争力分析法

34.【2020多选】企业核心竞争力的特征主要有（　　）。

A.灵活性　　　　　　　　B.异质性

C.延展性　　　　　　　　D.价值性

E.持久性

考点八　企业综合分析

E类	考频	难度	题量	做题时间
	低频	较容易	1道	0.5分钟

35.【精编单选】采用SWOT分析法进行战略选择时，重在发挥企业优势，利用市场机会的战略是（　　）。

A.SO战略　　　　　　　　B.WO战略

C.ST战略　　　　　　　　D.WT战略

考点九　基本竞争战略

B类	考频	难度	题量	做题时间
	中频	较容易	4道	3分钟

36.【2021单选】某企业进行市场调研，将市场分为老年人、青年人、儿童，最终决定致力于青年人市场，该企业采取的战略是（　　）。

A.无差异化　　　　　　　B.成本领先战略

C.差异化战略　　　　　　D.集中战略

37.【2021单选】某乳制品生产企业采用成本领先战略进行市场竞争，则其做法是（　　）。

A.加强内部控制，提高生产效率

B.创立新品牌，突出产品竞争力

C.提供独特的服务，以服务取胜

D.提高产品质量，生产高质量产品

38.【2020多选】某自行车生产企业拟采取差异化战略，该企业可行的做法有（　　）。

A.提供竞争对手不可比拟的高质量产品

B.增添自行车的新功能

C.增加研发投资，进行产品创新

D.整合企业资源，实施资源共享

E.提供个性化自行车定制服务

39.【精编多选】迈克尔·波特提出的企业基本竞争战略有（　　）。

A.密集型战略　　　　　　B.集中战略

C.差异化战略　　　　　　D.成本领先战略

E.多元化战略

考点十　密集型战略 VS 多元化战略 VS 一体化战略

D类	考频	难度	题量	做题时间
	中频	较难	4道	4分钟

40.【2024单选】某冰箱生产公司利用其关系链制冷技术优势进军空调行业，该公司采取的战略是（　　）。

A.非相关多元化战略

B.同心型多元化战略

C.垂直多元化战略

D.水平多元化战略

41.【2024单选】将现有产品引入新的市场属于（　　）战略。

A.市场渗透战略

B.市场开发战略

C.新产品开发战略

D.多元化战略

42.【2023单选】H乳制品企业为降低原材料成本，进军畜牧业，建立奶牛场。该企业采取的是（　　）战略。

A.水平多元化

B.同心型多元化

C.垂直多元化

D.非相关多元化

43.【精编单选】某汽车制造企业同时生产轿车、卡车和摩托车等不同类型的车辆，该企业采用的是（　　）战略。

A.前向一体化　　　　　B.非相关多元化

C.水平多元化　　　　　D.垂直多元化

📝 考点十一 战略联盟

D 类	考频	难度	题量	做题时间
	中频	较难	3 道	3 分钟

44.【2022单选】一个汽车制造生产企业，针对供求关系和其他企业形成联盟，该联盟模式是（　　）。

A.技术研究开发联盟　　　B.产品联盟

C.产业协调联盟　　　　　D.营销联盟

45.【2021单选】为了避免恶性竞争，甲互联网公司与多家互联网公司结成战略联盟，建立全面协调和分工的联盟体系，该战略联盟的形式是（　　）。

A.营销联盟

B.技术研究与开发联盟

C.产品联盟

D.产业协调联盟

46.【精编单选】某服装生产企业通过特许经营形

式与多家服装零售企业建立战略联盟，该战略联盟属于（　　）。

A.产品联盟　　　　　　B.研发联盟

C.营销联盟　　　　　　D.产业协调联盟

📝 考点十二 国际化经营战略

D 类	考频	难度	题量	做题时间
	中频	较难	6 道	6 分钟

47.【2024单选】在国际化经营战略中，当降低成本压力较高，而地区调试压力较低的情况下，企业应当实施（　　）战略。

A.全球标准化战略　　　B.本土化战略

C.跨国战略　　　　　　D.国际战略

48.【2024单选】以下战略中，适合成本压力高且地区调适压力也高的战略为（　　）。

A.全球标准化战略　　　B.跨国战略

C.国际战略　　　　　　D.本土化战略

49.【2023单选】在国际市场竞争中，当地区调适的压力高而成本降低的压力低时，跨国企业最适合采用的战略是（　　）。

A.全球化战略　　　　　B.本土化战略

C.全球标准化战略　　　D.跨国战略

50.【2023单选】跨国公司的经营战略中，有利于跨国公司同时取得低成本优势、产品差异化优势和技术扩大效应的战略是（　　）。

A.本土化战略　　　　　B.跨国战略

C.全球标准化战略　　　D.国际战略

51.【2023单选】跨国公司向国外市场转让当地竞争者缺少的技能和产品，利用母国创新来提高海外子公司竞争地位的经营战略，这种战略类型是（　　）。

A.本土化战略　　　　　B.国际战略

C.全球标准化战略　　　D.跨国战略

52.【2021多选】企业实施国际化经营战略，可以选择的战略类型有（　　）。

A.差异化战略　　　　　B.全球标准化战略

C.本土化战略　　　　　D.跨国战略

E.一体化战略

📝 考点十三　企业稳定战略

E类	考频	难度	题量	做题时间
	低频	较容易	2道	1分钟

53.【精编单选】某家电生产企业在较长时间的快速发展后，降低企业发展速度，重新调整企业内部各要素，优化配置现有资源，实施管理整合，该企业采取的稳定战略是（　　）。

A.无变化战略　　　　　B.谨慎实施战略

C.暂停战略　　　　　　D.维持利润战略

54.【精编多选】下列企业战略中，属于稳定战略的有（　　）。

A.维持利润战略　　　　B.暂停战略

C.放弃战略　　　　　　D.转向战略

E.无变化战略

📝 考点十四　企业紧缩战略

E类	考频	难度	题量	做题时间
	低频	较容易	1道	0.5分钟

55.【2022单选】紧缩战略是指企业在目前的经营战略领域和基础水平上收缩和撤退。下列各项属于紧缩战略的是（　　）。

A.转向战略

B.成本领先战略

C.暂停战略

D.谨慎实施战略

📝 考点十五　企业经营决策

E类	考频	难度	题量	做题时间
	低频	较难	3道	3分钟

56.【2024单选】企业经营决策最基本的要素是（　　）。

A.决策条件　　　　　　B.决策目标

C.决策方案　　　　　　D.决策者

57.【2024单选】企业经营决策的目标要符合"SMART"原则，其中"S"指（　　）。

A.目标要与企业的其他目标相关

B.目标要可量化

C.目标要清晰明确

D.目标具有挑战性的同时，具有可实现性

58.【精编单选】关于企业经营决策要素的说法，错误的是（　　）。

A.确定决策目标是经营决策的起点

B.决策者是企业经营决策的主体

C.企业经营决策效果受决策条件的影响

D.决策结果是指决策者最终选定的备选方案

📝 考点十六　定性决策方法与定量决策方法

B类	考频	难度	题量	做题时间
	中频	较容易	3道	2分钟

59.【2023多选】下列方法中，可用于企业经营决策的定性方法有（　　）。

A.管理人员判断法

B.线性规划法

C.哥顿法

D.名义小组技术

E.杜邦分析法

60.【2021单选】某自行车生产企业要进行风险型经营决策，风险型定量决策的方法有（　　）。

A.盈亏平衡点法

B.决策树分析法

C.线性规划法

D.后悔值法

61.【精编单选】某烤箱生产企业邀请18名专家进行集体讨论，首先要求专家以抽象画的"烘焙"为主题，提出各种烘焙方法的奇思妙想，而后将问题具体化为"烤箱功能"，进行深入讨论后，该企业根据讨论结果做出了决策，该企业采取的经营决策方法是（　　）。

A.名义小组技术　　　　　B.头脑风暴法

C.哥顿法　　　　　　　　D.德尔菲法

✏ 考点十七　商业模式分析

D 类	考频	难度	题量	做题时间
	中频	较难	3 道	3 分钟

62.【2024单选】商业模式画布分析包括价值分析、基础设施分析以及（　　）等三个步骤。

A.盈利分析　　　　　　　B.成本分析

C.业务分析　　　　　　　D.资源分析

63.【2023单选】商业模式画布模块中，描述企业如何沟通、接触目标客户并向其传递价值主张的模块是（　　）。

A.重要伙伴　　　　　　　B.渠道通路

C.客户细分　　　　　　　D.客户关系

64.【2023单选】在商业模式要素中，起奠基作用的第一要素是（　　）。

A.企业定位　　　　　　　B.盈利模式

C.企业价值　　　　　　　D.资源与能力

第二章　公司法人治理机构

📖 考点清单

做题建议： 本章共 62 题，预计做题用时约 43 分钟。

备考建议： 本章共 16 个考点，其中高频 6 个、中频 4 个、低频 6 个。本章在历年考试中一般占 8~10 分。本章考点清单如下。

考频	考点	考查角度	难度	题量	做题时间
高频（6个）	考点二 公司所有者	角度1：辨析公司财产权能的两次分离	较难	5 道	5 分钟
		角度2：考查法人财产的特点			
	考点四 股东的分类与构成	角度1：考查发起人股东的特点和要求	较容易	6 道	4 分钟
		角度2：辨析自然人股东和法人股东			
	考点七 有限责任公司股东会和股份有限公司股东会	角度1：给出股东会的决议内容，判断决议要求	较容易	7 道	5 分钟
		角度2：给出股东会的类型，判断召开要求			
		角度3：选出临时大会的召开条件			
		角度4：考查股东会的相关规定			
	考点九 董事会制度	角度1：选出董事会的地位和性质	较容易	7 道	4 分钟
		角度2：考查董事会会议的召开要求			
		角度3：考查董事会职权的内容			
	考点十 有限责任公司董事会和股份有限公司董事会	角度1：选出股份有限公司董事会的人数要求	较容易	7 道	4 分钟
		角度2：选出有限责任公司董事会的人数要求			
		角度3：考查股份有限公司董事会的会议要求			
		角度4：综合考查董事的任职条件			
	考点十四 有限责任公司监事会和股份有限公司监事会	角度1：选出有限责任公司和股份有限公司监事会的组成	较容易	7 道	4 分钟
		角度2：选出有限责任公司和股份有限公司监事会的会议要求			
		角度3：选出有限责任公司和股份有限公司监事会的职权			
中频（4个）	考点六 股东的权利与义务	角度1：考查股东的义务	较难	4 道	4 分钟
		角度2：考查股东的权利			
	考点八 国家出资公司的权力机构	角度：给出国家出资公司的决议内容，判断决定方	较容易	3 道	2 分钟
	考点十一 独立董事	角度1：选出独立董事的选举和聘任	较难	3 道	3 分钟
		角度2：选出独立董事的职权			
	考点十三 经理机构	角度1：考查经理机构的地位	较容易	3 道	2 分钟
		角度2：考查经理机构的解聘和聘任			

续表

考频	考点	考查角度	难度	题量	做题时间
低频 （6个）	考点一 公司制企业的特点	角度：选出公司制企业的特点	较容易	1道	0.5分钟
	考点三 公司经营者及其与所有者的关系	角度1：公司经营者的激励方式	较容易	2道	1分钟
		角度2：所有者和经营者的关系			
	考点五 股东的法律地位	角度：考查股东的法律地位	较容易	2道	1分钟
	考点十二 国家出资公司董事会	角度：考查国家出资公司董事会组成	较容易	2道	1分钟
	考点十五 国家出资公司的监督机制	角度：选出国家出资公司监督机制的要求	较容易	2道	1分钟
	考点十六 国家出资公司治理要求	角度：选出国家出资公司治理的基本原则	较难	1道	1分钟

✏ 考点一 公司制企业的特点

E类	考频	难度	题量	做题时间
	低频	较容易	1 道	0.5 分钟

1.【2023多选】与自然人企业相比较，公司制企业的基本特点包括（　　）。

A.所有权与产权分离

B.承担有限责任

C.所有权与经营权分离

D.专业化分工

E.资合的特质

✏ 考点二 公司所有者

C类	考频	难度	题量	做题时间
	高频	较难	5 道	5 分钟

2.【2024/2021单选】公司产权制度的基础是（　　）。

A.注册资金　　　　　　B.股东的投资额

C.原始所有权　　　　　D.公司法人财产

3.【2023单选】公司法人产权与经营权分离后，下列权利中，不属于经营权的是（　　）。

A.对公司财产的收益权

B.对公司财产的处分权

C.对公司财产的使用权

D.对公司财产的占有权

4.【2023单选】公司财产权能的第二次分离表现为（　　）。

A.原始所有权与经营权的分离

B.原始所有权与法人产权的分离

C.法人产权与经营权的分离

D.出资人与公司法人的分离

5.【2022单选】关于法人财产的说法，错误的是（　　）。

A.法人财产是公司产权制度的基础

B.从归属意义上讲，公司法人财产属于出资人

C.公司以其法人财产承担民事责任

D.资金注入公司形成法人财产后，出资者可以直接支配该财产

6.【2020多选】下列关于原始所有权和法人产权的说法中，错误的有（　　）。

A.原始所有权表现为股权

B.法人产权表现为对公司财产的实际控制权

C.原始所有权是一种派生所有权

D.原始所有权与法人产权反映的是不同的经济法律关系

E.原始所有权与法人产权的客体不是同一财产

✏ 考点三 公司经营者及其与所有者的关系

E类	考频	难度	题量	做题时间
	低频	较容易	2 道	1 分钟

7.【精编单选】某企业采用股票来激励经营者，这种激励方式属于（　　）。

A.薪酬激励　　　　　　B.声誉激励

C.市场竞争机制　　　　D.福利激励

8.【精编多选】下列关于股东会、董事会、监事会和经营人员之间的相互制衡关系，说法正确的是（　　）。

A.股东掌握着最终的控制权

B.董事会对股东负责

C.监事会对董事会负责

D.经营人员受聘于股东会

E.经营人员的管理权限由董事会授予

✏ 考点四 股东的分类与构成

A类	考频	难度	题量	做题时间
	高频	较容易	6 道	4 分钟

9.【2023单选】我国公司法规定，股份有限公司发起人持有的本公司股份自公司成立之日起（　　）不得转让。

A.1年内　　　　　　　B.半年内

C.2年内   D.3年内

E.自然人作为发起人应当具有完全民事行为能力

10.【2023单选】我国公司法对股份有限公司发起人的人数规定是（   ）。

A.应当有2人以上100人以下的发起人

B.应当有1人以上200人以下的发起人

C.应当有3人以上100人以下的发起人

D.应当有3人以上200人以下的发起人

11.【2023多选】在我国，可以成为公司股东的组织和个人包括（   ）。

A.企业法人   B.社团法人

C.外籍人士   D.中国公民

E.业主委员会

12.【2022单选】赵某等13人拟发起设立股份有限公司。根据我国公司法，发起人中在中华人民共和国境内有居所的至少应达到（   ）人。

A.5   B.6

C.7   D.8

13.【2021/2020单选】下列关于发起人的说法中，错误的是（   ）。

A.发起人持有的本公司股份自公司成立之日起1年内不得转让

B.法人作为发起人应当是法律上的不受限制者

C.公司不能成立时，对设立行为所产生的债务和费用负连带责任

D.社团法人不得作为发起人

14.【2021多选】根据我国公司法，关于股份有限公司发起人的说法，正确的有（   ）。

A.须有三分之一以上的发起人在中国境内有住所

B.发起人持有的本公司股份不得转让

C.发起人抽逃出资的，处以所抽逃出资金额5%以上15%以下的罚款

D.公司不能成立时，发起人对认股人已缴纳的股款负返还股款并加算银行同期存款利息的连带责任

考点五 股东的法律地位

E类	考频	难度	题量	做题时间
	低频	较容易	2道	1分钟

15.【2023单选】公司经营的最大风险承担者是（   ）。

A.债权人   B.股东

C.高管   D.员工

16.【精编单选】股份有限公司的股东以其（   ）为限，对公司承担有限责任。

A.家庭资产   B.实缴的出资额

C.个人资产   D.认购的股份

考点六 股东的权利与义务

D类	考频	难度	题量	做题时间
	中频	较难	4道	4分钟

17.【2024单选】以下不属于公司股东权利的是（   ）。

A.知情权

B.对公司财产直接支配的权利

C.召开临时股东会的提议权

D.参与公司分红的权利

18.【2022单选】孙某作为某有限责任公司的股东，在公司成立后抽逃出资5000万元。根据我国公司法，应对其至少罚款（   ）万元。

A.500   B.1000   C.750   D.250

19.【2022多选】公司股东的义务有（   ）。

A.缴纳出资义务   B.遵守公司章程义务

C.勤勉义务   D.注意义务

E.忠实义务

20.【精编单选】林某是甲公司的发起人股东，公司成立后，林某因抽逃5000万元被查处。根据我国公司法，对林某处以（   ）的罚款。

A.50万元~250万元   B.50万元~500万元

C.250万元~750万元   D.250万元~1000万元

✏ 考点七 有限责任公司股东会和股份有限公司股东会

A类	考频	难度	题量	做题时间
	高频	较容易	7道	5分钟

21.【2024单选】除公司章程另有规定或全体股东另有约定的,有限责任公司开股东会提前( )日通知。

A.10   B.15

C.30   D.20

22.【2024/2020单选】股东会作出增加或者减少注册资本的决议以及关于公司合并、分立、解散或者变更公司形式的决议,应当经出席会议的代表( )以上表决权的股东通过。

A.1/3   B.1/2

C.2/3   D.1/4

23.【2024单选】股东会可以决议解任董事,( )解任生效。

A.决议作出之日

B.决议作出次日

C.决议作出7日后

D.决议作出30日后

24.【2023单选】我国公司法规定,股东会对于公司的一般事宜所做决议的通过要求为( )。

A.必须经出席会议的股东所持表决权过半数通过

B.必须经出席会议的股东所持表决权过2/3通过

C.必须经出席会议的股东所持表决权过1/3通过

D.必须经出席会议的股东所持表决权过3/4通过

25.【2021单选】有限责任公司股东会表决年度利润分配方案需要经出席会议的所持表决权( )的股东通过。

A.过半数   B.1/3以上

C.2/3以上   D.3/4以上

26.【2020单选】某有限责任公司是一家刚刚成立的家电企业,拟召开首次股东会会议讨论相关事宜。根据我国公司法,此次会议的召集人应为( )。

A.董事长

B.出资最多的股东

C.总经理

D.过半数股东推选的股东

27.【精编单选】某公司为上市公司,根据我国公司法,下列情形中,该公司应召开临时股东会的是( )。

A.该公司未弥补的亏损额达实收股本总额的1/5

B.持有该公司5%股份的股东请求召开

C.1/5的监事提议召开

D.董事人数不足法律规定人数的2/3

✏ 考点八 国家出资公司的权力机构

B类	考频	难度	题量	做题时间
	中频	较容易	3道	2分钟

28.【2024单选】国有独资公司的章程由( )制定。

A.履行出资人职责的机构

B.国资委

C.股东会

D.董事会

29.【2024单选】国有独资公司的( )作为企业法定代表人。

A.董事长   B.股东

C.总经理   D.党委书记

30.【2020单选】M公司是国有独资公司,该公司决定增加注册资本2亿元。根据我国公司法,这一事项的决定权归属于( )。

A.甲省人民政府

B.国有资产监督管理机构

C.乙市人民政府

D.履行出资人职责的机构

考点九 董事会制度

A类	考频	难度	题量	做题时间
	高频	较容易	7道	4分钟

31.【2024单选】 对董事会的性质认识，不正确的是（ ）。

A.董事会是法定常设机构

B.董事会是执行机构

C.董事会是经营决策机构

D.董事会是权力机构

32.【2022单选】 现代公司治理结构中，处于决策系统和执行系统交叉点的是（ ）。

A.经理机构 B.董事会

C.监事会 D.股东会

33.【2022单选】 根据我国公司法规定，制定公司合并、分立方案的职权属于（ ）。

A.经理机构 B.董事会

C.股东会 D.监事会

34.【2021单选】 有限责任公司制定公司利润分配方案和弥补亏损方案的职权属于（ ）。

A.董事会 B.经理机构

C.股东会 D.监事会

35.【2020单选】 根据我国公司法，下列人员中不能担任有限责任公司法定代表人的是（ ）。

A.董事长 B.总经理

C.执行公司事务的董事 D.监事会主席

36.【精编多选】 根据我国公司法，有限责任公司董事会享有的职权有（ ）。

A.决定公司内部管理机构的设置

B.制定公司合并、分立和解散的方案

C.决定聘任或者解聘公司经理、副经理、财务负责人，并决定其报酬事项

D.执行股东会的决议

E.批准公司利润分配方案

37.【精编单选】 根据我国公司法，董事会的表决实行（ ）的原则。

A.一人一票 B.一股一票

C.累计投票 D.资本多数决

考点十 有限责任公司董事会和股份有限公司董事会

A类	考频	难度	题量	做题时间
	高频	较容易	7道	4分钟

38.【2024单选】 根据公司法规定，股份有限公司的董事会人数至少为（ ）人。

A.1 B.3

C.5 D.50

39.【2024多选】 根据我国公司法，对公司具有忠实义务的人员包括（ ）。

A.高级管理人员 B.股东

C.监事 D.职工代表

E.董事

40.【2023单选】 我国公司法规定有限责任公司董事会的成员为（ ）。

A.3人以上 B.5人以上

C.3～13人 D.3～15人

41.【2023单选】 我国公司法规定，股份有限公司董事会会议每年度至少召开（ ）次。

A.1 B.2 C.3 D.4

42.【2021/2020单选】 下列关于股份有限公司董事会会议的说法，错误的是（ ）。

A.代表1/10以上表决权的股东可以提议召开董事会临时会议

B.1/3以上的董事可以提议召开董事会临时会议

C.1/3以上的监事可以提议召开董事会临时会议

D.董事会每年度至少召开两次会议

43.【2021单选】下列人员中可以担任公司董事的是（   ）。

A.因贪污被剥夺政治权利，执行期满3年

B.因犯罪被剥夺政治权利，执行期满3年

C.较小的债务到期未清偿

D.限制民事行为能力

44.【2020单选】2019年12月10日，某股份有限公司董事长接到监事会召开董事会临时会议的提议，根据我国公司法，该公司董事长应最晚在（   ）之前召集和主持董事会会议。

A.2019年12月25日   B.2019年12月17日

C.2019年12月30日   D.2019年12月20日

考点十一 独立董事

D类	考频	难度	题量	做题时间
	中频	较难	3道	3分钟

45.【2024单选】独立董事原则上最多在（   ）家境内上市公司担任独立董事。

A.3   B.5

C.4   D.2

46.【2024单选】独立董事每年在上市公司的现场工作时间应当不少于（   ）日。

A.15   B.30

C.10   D.5

47.【精编多选】我国上市公司独立董事的职权有（   ）。

A.向董事会提议召开监事会

B.提议召开董事会会议

C.独立聘请中介机构，对上市公司具体事项进行审计、咨询或者核查

D.聘任或解聘公司某部门业务负责人

E.向董事会提议召开临时股东会

考点十二 国家出资公司董事会

E类	考频	难度	题量	做题时间
	低频	较容易	2道	1分钟

48.【2021单选】甲省乙市的国有独资公司要增加副董事长，该事项的决定权在（   ）。

A.国有资产监督管理机构

B.甲省省政府

C.履行出资人职责的机构

D.乙市市政府

49.【精编单选】关于国有独资公司董事会的说法，错误的是（   ）。

A.董事会中的职工董事由公司职工代表大会选举产生

B.董事会成员每届任期不得超过3年

C.董事长由董事会选举产生

D.董事会中职工代表比例由公司章程规定

考点十三 经理机构

B类	考频	难度	题量	做题时间
	中频	较容易	3道	2分钟

50.【2023/2021单选】国有独资公司经理的聘任和解聘由（   ）负责。

A.股东会

B.监事会

C.国有资产管理机构

D.董事会

51.【2023多选】关于公司经理层地位的说法，正确的有（   ）。

A.经理层是董事会的辅助机关

B.经理层对董事会负责

C.经理层直接对股东会负责

D.公司法规定所有公司必须设置经理层

E.董事会与经理层的关系表现为一种以控制为基础的合作关系

52.【2021单选】 经理的职权范围通常是来自（　　）的授权。

A.股东会

B.董事会

C.出资人

D.监事会

考点十四 有限责任公司监事会和股份有限公司监事会

A类	考频	难度	题量	做题时间
	高频	较容易	7道	4分钟

53.【2024/2023单选】 根据公司法，监事会成员为（　　）人以上。

A.5

B.3

C.2

D.7

54.【2024多选】 有限责任公司监事会的职权有（　　）。

A.检查公司财务

B.对董事、高级管理人员执行公司职务的行为进行监督与处罚

C.对公司一般职工的工作作风、工作纪律进行监督检查

D.对董事、高级管理人员提起诉讼

E.向股东会会议提出提案

55.【2024/2023/2022单选】 关于有限责任公司召开监事会会议的说法，正确的是（　　）。

A.每年至少召开一次会议

B.每4个月至少召开一次会议

C.每3个月至少召开一次会议

D.每半年至少召开一次会议

56.【2023单选】 关于有限责任公司监事会决议的说法，正确的是（　　）。

A.监事会决议应当经全体监事1/3以上通过

B.监事会决议应当经全体监事过半数通过

C.监事会决议应当经全体监事2/3以上通过

D.监事会决议应当经全体监事通过

57.【2023单选】 关于股份有限公司召开监事会定期会议的说法，正确的是（　　）。

A.至少每3个月召开一次

B.至少每4个月召开一次

C.至少每6个月召开一次

D.至少每12个月召开一次

58.【2023多选】 根据我国公司法，有限责任公司监事会的职权有（　　）。

A.检查公司财务

B.依法对公司董事提起诉讼

C.提议召开临时股东会会议

D.拟订公司的基本管理制度

E.向股东会会议提出提案

59.【2020单选】 某股份有限公司监事会由6人组成，根据我国公司法，该公司监事会中职工代表不得少于（　　）人。

A.3

B.4

C.1

D.2

考点十五 国家出资公司的监督机制

E类	考频	难度	题量	做题时间
	低频	较容易	2道	1分钟

60.【精编单选】 《公司法》关于"国家出资公司组织构的特别规定"中明确指出，国有独资公司在董事会中设置由（　　）组成的审计委员会行使《公司法》规定的监事会职权的，不设监事会或者监事。

A.股东

B.经理

C.董事

D.职工代表

61.【精编单选】 关于国家出资公司监督机制的说法，正确的是（　　）。

A.有限责任公司必须设监事会

B.股份有限公司必须设监事会

C.有限责任公司可以选择设监事会

D.国家出资公司必须由股东行使监事会职权

考点十六 国家出资公司治理要求

E类	考频	难度	题量	做题时间
	低频	较难	1道	1分钟

62.【2023多选】 改进国家出资公司治理结构应遵循的原则包括（　　）。

A.坚持权责对等

B.坚持依法治企

C.坚持行政导向

D.坚持深化改革

E.坚持党的领导

第三章 市场营销与品牌管理

考点清单

做题建议： 本章共 41 题，预计做题用时约 31 分钟。

备考建议： 本章共 14 个考点，其中高频 3 个、中频 7 个、低频 4 个。本章在历年考试中一般占 12~18 分，含有案例分析题，具体可参考"专项突破四"。本章考点清单如下。

考频	考点	考查角度	难度	题量	做题时间
高频 （3个）	考点五 市场细分变量	角度：给出企业细分行为，判断属于哪种细分变量	较容易	5 道	3 分钟
	考点六 目标市场选择	角度1：给出企业行为，判断属于哪种目标市场选择模式	较难	5 道	5 分钟
		角度2：给出企业行为，判断属于哪种目标市场策略			
	考点十三 品牌与品牌资产	角度1：考查品牌资产的内容	较难	7 道	7 分钟
		角度2：辨析品牌忠诚度的内容			
		角度3：选出感知质量中，描述服务质量的要素			
		角度4：选出品牌的六个方面内容			
中频 （7个）	考点一 市场营销宏观环境	角度1：给出市场营销环境要素，判断属于哪种宏观环境要素	较容易	3 道	2 分钟
		角度2：选出市场营销宏观环境的要素			
	考点三 市场营销环境分析	角度：给出企业业务的特点，判断属于机会—威胁矩阵中的哪种业务类型	较容易	2 道	1 分钟
	考点四 市场营销战略规划	角度1：考查市场占有率的计算	较难	3 道	3 分钟
		角度2：给出业务特点，判断企业应采取哪种战略动作			
	考点八 产品策略	角度1：考查产品组合的基本概念	较容易	4 道	2 分钟
		角度2：给出企业行为，判断产品组合策略			
		角度3：给出企业包装方式，判断属于哪种包装策略			
		角度4：选出新产品开发策略			
	考点九 产品定价方法	角度：选出竞争导向定价法	较容易	1 道	0.5 分钟
	考点十 新产品定价策略	角度1：给出企业定价行为，判断属于哪种新产品定价策略	较容易	2 道	1 分钟
		角度2：选出新产品定价策略			
	考点十一 产品组合定价策略	角度1：给出企业定价行为，判断属于哪种组合定价策略	较难	3 道	3 分钟
		角度2：选出产品组合定价策略			

续表

考频	考点	考查角度	难度	题量	做题时间
低频 （4个）	考点二 市场营销微观环境	角度：选出市场营销微观环境的要素	较容易	1道	0.5分钟
	考点七 市场定位	角度：给出企业行为，判断属于哪种市场定位方法	较容易	2道	1分钟
	考点十二 促销策略	角度1：给出企业促销行为，判断属于哪种促销策略	较容易	2道	1分钟
		角度2：选出直复营销策略			
	考点十四 品牌战略	角度：选出品牌持有决策的类型	较难	1道	1分钟

第三章

考点一 市场营销宏观环境

B 类	考频	难度	题量	做题时间
	中频	较容易	3 道	2 分钟

1.【2023单选】 消费者的收入水平属于市场营销宏观环境要素中的（　　）。

A.自然环境　　　　　　　B.政治法律环境

C.社会文化环境　　　　　D.经济环境

2.【2023单选】 在市场营销宏观环境要素中，一个地区消费者的生活方式属于（　　）。

A.人口环境　　　　　　　B.政治环境

C.经济环境　　　　　　　D.社会文化环境

3.【2022多选】 下列市场营销环境要素中，属于社会文化环境要素的有（　　）。

A.生活方式　　　　　　　B.风俗习惯

C.收入水平　　　　　　　D.法律法规

E.教育水平

考点二 市场营销微观环境

E 类	考频	难度	题量	做题时间
	低频	较容易	1 道	0.5 分钟

4.【2022多选】 影响企业市场营销的微观环境包括（　　）。

A.人口规模　　　　　　　B.政治制度

C.顾客　　　　　　　　　D.竞争者

E.营销渠道企业

考点三 市场营销环境分析

B 类	考频	难度	题量	做题时间
	中频	较容易	2 道	1 分钟

5.【2024单选】 威胁—机会综合分析矩阵中的成熟业务指（　　）。

A.低机会低威胁业务

B.高机会低威胁业务

C.低机会高威胁业务

D.高机会高威胁业务

6.【2022单选】 某生产企业通过市场环境分析发现，该企业的业务市场机会高、威胁高。该企业的业务属于威胁—机会矩阵图中的（　　）。

A.理想业务　　　　　　　B.困难业务

C.冒险业务　　　　　　　D.成熟业务

考点四 市场营销战略规划

D 类	考频	难度	题量	做题时间
	中频	较难	3 道	3 分钟

7.【2023单选】 根据通用电气矩阵，对于行业吸引力小、业务力量强的业务应采用的战略是（　　）。

A.放弃　　　　　　　　　B.重点发展

C.增加投资　　　　　　　D.维持市场占有率

8.【2022单选】 根据通用电气矩阵，对于行业吸引力大、业务力量中等的单位，应采用的战略是（　　）。

A.放弃投资　　　　　　　B.减少投资

C.增加投资　　　　　　　D.维持投资

9.【2022单选】 某企业销售额5000万元，整个市场销售总额为4亿元，则市场占有率为（　　）。

A.12.5%　　　　　　　　　B.25%

C.20%　　　　　　　　　　D.62.5%

考点五 市场细分变量

A 类	考频	难度	题量	做题时间
	高频	较容易	5 道	3 分钟

10.【2024单选】 A公司根据有些消费者追求现代、时尚的生活方式，有些则维护传统、保守的生活方式来设计不同款式的服装。该公司市场细分变量的依据是（　　）。

A.地理变量　　　　　　　B.人口变量

C.行为变量　　　　　　　D.心理变量

11.【2023单选】 某轮胎生产企业，生产沙漠型、山地型等适用于不同地形的轮胎，该企业采用的市场细分变量是（　　）。

A.地理变量   B.人口变量

C.心理变量   D.行为变量

12.【2022单选】某企业针对婴儿、幼儿、少儿提供不同的儿童玩具，这种市场细分的变量为（   ）。

A.地理变量   B.人口变量

C.行为变量   D.心理变量

13.【2021单选】某企业按照顾客购买本品牌产品的忠诚程度，把顾客划分为忠诚顾客和一般客户，则该企业市场细分的变量属于（   ）。

A.地理变量   B.人口变量

C.行为变量   D.心理变量

14.【2021多选】下列市场细分变量中，属于心理变量的有（   ）。

A.个性   B.购买动机

C.使用频率   D.购买时机

E.价值取向

✎ 考点六 目标市场选择

C 类	考频	难度	题量	做题时间
	高频	较难	5 道	5 分钟

15.【2024单选】当消费者对某产品的需求基本一致时，企业宜采用的目标市场选择战略是（   ）。

A.无差异营销战略

B.选择性营销战略

C.差异性营销战略

D.集中性营销战略

16.【2024/2023单选】某公司专注于男士服装的经营，且只生产冬季男装，这是属于（   ）目标市场模式。

A.产品-市场集中化

B.市场专业化

C.产品专业化

D.选择性专业化

17.【2023单选】某企业专注于为儿童、青年、中老年群体提供冬季服装，这种目标市场选择模式是（   ）。

A.市场专业化   B.全面进入

C.产品专业化   D.选择专业化

18.【2022单选】当某产品处于卖方市场时企业易采用的目标市场选择战略是（   ）。

A.集中性营销战略

B.差异性营销战略

C.选择性营销战略

D.无差异营销战略

19.【2021单选】某服装厂按年龄把消费者分为老年人、中年人和儿童，针对每类消费者设计和生产不同的服装满足其需求，则该企业采用的目标市场策略是（   ）。

A.无差异营销策略

B.差异性营销策略

C.集中性营销策略

D.进攻型营销策略

✎ 考点七 市场定位

E 类	考频	难度	题量	做题时间
	低频	较容易	2 道	1 分钟

20.【精编单选】某牙膏生产企业根据消费者追求不同，将产品分为洁白牙膏、脱敏牙膏等，从市场定位的方法来看，该牙膏企业的市场定位属于（   ）。

A.根据属性与利益定位

B.根据使用者定位

C.根据竞争者的情况定位

D.组合定位

21.【精编单选】甲可乐企业定位为"柠檬可乐"，乙可乐企业定位为"年轻人的可乐"，下列说法正确的是（   ）。

A.乙企业根据属性与利益定位

B.乙企业根据使用者定位

C.甲企业根据竞争者的情况定位

D.甲企业根据价格定位

考点八 产品策略

B类	考频	难度	题量	做题时间
	中频	较容易	4道	2分钟

22.【2024单选】某办公用品企业共生产3种打印机、2种复印机、4种扫描仪、3种碎纸机，该企业产品组合的宽度为（　　）。

A.3

B.2

C.4

D.12

23.【2023单选】某化妆品企业推出情人节套装，内含1瓶香水、1支口红、1瓶精华液。这种包装策略是（　　）。

A.相似包装策略

B.个别包装策略

C.复用包装策略

D.相关包装策略

24.【2023单选】某办公用品企业共生产3种打印机、2种复印机、4种扫描仪、3种碎纸机，该企业产品组合的长度为（　　）。

A.3

B.2

C.4

D.12

25.【2021多选】某手机制造企业多年来致力于中低端市场，为应对竞争，该企业调整产品组合，推出面向高端客户的手机产品，并进入打印机行业，该企业采用的产品经营策略有（　　）。

A.缩减产品组合策略

B.产品线现代化策略

C.扩大产品组合策略

D.产品线延伸策略

E.产品线集中化策略

考点九 产品定价方法

B类	考频	难度	题量	做题时间
	中频	较容易	1道	0.5分钟

26.【2022/2021多选】下列产品定价方法中，属于

竞争导向定价法的有（　　）。

A.竞争价格定价法

B.随行就市定价法

C.认知价值定价法

D.盈亏平衡定价法

E.密封投标定价法

考点十 新产品定价策略

B类	考频	难度	题量	做题时间
	中频	较容易	2道	1分钟

27.【2024单选】E公司在新产品上市之初，将价格定在高价和低价之间，力求稳步推进市场。E公司选择的是（　　）。

A.市场渗透定价策略

B.温和定价策略

C.撇脂定价策略

D.产品线定价策略

28.【2020多选】下列定价策略中，属于新产品定价策略的有（　　）。

A.市场渗透定价策略

B.密封投标定价策略

C.产品线定价策略

D.温和定价策略

E.撇脂定价策略

考点十一 产品组合定价策略

D类	考频	难度	题量	做题时间
	中频	较难	3道	3分钟

29.【2024/2023单选】某智能手机厂商在进行产品定价时，手机定价相对较低，但耳机、手机壳等产品定价相对较高。这种产品组合定价策略属于（　　）策略。

A.产品线定价

B.副产品定价

C.产品束定价

D.备选品定价

30.【2021多选】下列定价策略中属于产品组合定价策略的有（　　）策略。

A.声望定价

B.招徕定价

C.附属产品定价

D.副产品定价

E.产品线定价

31.【精编单选】 某企业将其生产的高、中、低档服装分别定价为2198元、588元和188元，这种产品定价策略属于（　　）策略。

A.备选产品定价

B.副产品定价

C.产品束定价

D.产品线定价

考点十二 促销策略

E 类	考频	难度	题量	做题时间
	低频	较容易	2 道	1 分钟

32.【2024单选】 某企业在知名网络平台开设直播间，面向普通消费者销售产品，这种促销策略属于（　　）。

A.广告促销

B.销售促进

C.直复营销

D.公共关系

33.【精编单选】 某企业密集大量地投放电视广告，以吸引消费者购买其产品，该企业的促销策略属于（　　）。

A.无差异营销策略

B.差异性营销策略

C.拉引策略

D.推动策略

考点十三 品牌与品牌资产

C 类	考频	难度	题量	做题时间
	高频	较难	7 道	7 分钟

34.【2024单选】 消费者在没有任何提示的情况下，第一个就想到了A品牌，则A品牌处于（　　）。

A.无知名度

B.提示知名度

C.未提示知名度

D.顶端知名度

35.【2023单选】 小李购买手机时，对品牌没有特别的偏好，只是根据自己的预算进行选择。从品牌忠诚的角度看，小李属于（　　）。

A.持续忠诚购买者

B.承诺忠诚购买者

C.无忠诚购买者

D.习惯购买者

36.【2022/2021单选】 品牌忠诚度最高级别的购买者是（　　）。

A.习惯购买者

B.承诺购买者

C.满意购买者

D.情感购买者

37.【2022多选】 下列属于"五星"概念模型中品牌资产的是（　　）。

A.品牌知名度

B.品牌认知度

C.品牌联想度

D.品牌忠诚度

E.品牌美誉

38.【2022多选】 描述服务质量的要素有（　　）。

A.响应性

B.移情性

C.无形性

D.保证性

E.可靠性

39.【2021单选】 根据大卫·艾克的品牌资产"五星"概念模型，品牌资产的核心是（　　）。

A.品牌知名度

B.品牌联想度

C.品牌忠诚度

D.品牌认知度

40.【精编多选】 品牌是一个复杂的概念，包括（　　）以及个性、群体等内容。

A.属性

B.利益

C.价值

D.文化

E.认知

考点十四 品牌战略

E 类	考频	难度	题量	做题时间
	低频	较难	1道	1分钟

41.【2023多选】下列品牌策略中，属于家族品牌决策的有（　　）。

A.扩展品牌策略

B.个别品牌策略

C.统一品牌策略

D.品牌创新策略

E.品牌延伸策略

第四章　分销渠道管理

📑 考点清单

做题建议： 本章共 53 题，预计做题用时约 41 分钟。

备考建议： 本章共 11 个考点，其中高频 3 个、中频 7 个、低频 1 个。本章不含案例分析题，在历年考试中一般占 6~12 分。本章考点清单如下。

考频	考点	考查角度	难度	题量	做题时间
高频 （3 个）	考点二 消费品分销渠道	角度 1：考查消费品的分类	较难	9 道	9 分钟
		角度 2：给出企业分销方式，判断属于哪种类型的分销渠道模式			
	考点四 服务产品分销渠道	角度 1：考查服务产品的特征	较容易	7 道	4 分钟
		角度 2：判断服务产品的分类			
		角度 3：判断服务产品的分销渠道			
	考点五 渠道成员的激励	角度：辨析渠道成员的激励方法	较容易	7 道	4 分钟
中频 （7 个）	考点一 渠道管理概述	角度 1：选出分销渠道成员	较容易	4 道	3 分钟
		角度 2：计算分销渠道的市场占有率			
		角度 3：选出分销渠道管理任务			
	考点三 工业品分销渠道	角度：选出工业品市场的特点	较容易	4 道	2 分钟
	考点六 渠道权力管理	角度 1：辨析渠道权力来源的类型	较难	7 道	7 分钟
		角度 2：判断渠道权力的属性			
		角度 3：考查渠道权力的运用			
		角度 4：选出生产厂家渠道控制力的表现			
	考点七 渠道冲突管理	角度：给出渠道冲突的表现，判断冲突类型	较容易	4 道	3 分钟
	考点八 分销渠道差距评估	角度：考查不同类型质量差距的概念	较难	2 道	2 分钟
	考点九 分销渠道绩效评估	角度 1：选出分销渠道畅通性指标	较容易	6 道	4 分钟
		角度 2：考查分销渠道财务绩效指标			
	考点十 网络分销渠道	角度 1：考查网络分销渠道的作用、结构	较难	2 道	2 分钟
		角度 2：选出网络分销系统			
低频 （1 个）	考点十一 渠道扁平化	角度：考查渠道扁平化的形式	较容易	1 道	0.5 分钟

✏️ 考点一 渠道管理概述

B类	考频	难度	题量	做题时间
	中频	较容易	4道	3分钟

1.【2024单选】下列组织或个人中属于分销渠道成员的是（ ）。

A.生产者 　　　　　　　B.物流公司

C.咨询公司 　　　　　　D.银行

2.【2023单选】某家电企业2022年商品销售总额为1000万元，网络渠道销售额为600万元，网络渠道费用额为250万元，则该家电企业2022年网络渠道市场占有率是（ ）。

A.60%　　B.41.7%　　C.40%　　D.25%

3.【2022单选】下列属于分销渠道成员的是（ ）。

A.配送公司 　　　　　　B.消费者

C.银行 　　　　　　　　D.保险公司

4.【2022多选】下列属于分销渠道管理任务的是（ ）。

A.促进商品销售

B.监测分销效率

C.提出并制定分销目标

D.与物流公司合作运输商品

E.重建分销渠道

✏️ 考点二 消费品分销渠道

C类	考频	难度	题量	做题时间
	高频	较难	9道	9分钟

5.【2024单选】生产厂家不通过其他中间渠道直接将商品供应给终端渠道。这种分销渠道模式属于（ ）。

A.厂家直供模式

B.多家经销模式

C.独家经销模式

D.平台式销售模式

6.【2024多选】以下为非渴求品的有（ ）。

A.艺术品 　　　　　　　B.服装

C.饮料 　　　　　　　　D.百科全书

E.电子产品

7.【2023单选】某画家的油画作品在市场上被公认具有很高的艺术收藏价值。该画家的油画作品对大多数消费者来说属于消费品分类中的（ ）。

A.特殊品 　　　　　　　B.冲动购买品

C.非渴求品 　　　　　　D.日用品

8.【2022单选】美容美发产品属于（ ）。

A.冲动购买品 　　　　　B.非渴求品

C.特殊品 　　　　　　　D.选购品

9.【2022单选】企业把代理权全权交给一家能力非常强的经销商，属于（ ）。

A.独家经销模式

B.多家经销模式

C.平台式销售模式

D.厂家直供模式

10.【2022单选】生产厂家对接蛋糕店、小卖部销售啤酒给消费者，属于（ ）分销渠道模式。

A.厂家直供

B.多家经销代理

C.独家经销代理

D.平台式销售

11.【2021单选】G公司在大城市建立许多分装厂，由分装厂建立经营部，负责向各个零售终端供应产品，则该公司采用的消费品分销渠道模式是（ ）。

A.厂家直供 　　　　　　B.多家经销

C.独家经销 　　　　　　D.平台式销售

12.【2021单选】某天晚上突然天降大雨，超市门口聚集的顾客纷纷购买了雨伞、雨衣等产品，则雨伞、雨衣是属于（ ）。

A.应急物品　　　　　B.日用品

C.非渴求品　　　　　D.冲动购买品

13.【2020单选】按照消费者购买习惯不同，消费品可以分为不同类型。现阶段对大多数普通消费者而言，百科全书属于（　　）。

A.选购品　　　　　B.便利品

C.非渴求品　　　　D.特殊品

✎ 考点三　工业品分销渠道

B类	考频	难度	题量	做题时间
	中频	较容易	4道	2分钟

14.【2023多选】与消费品市场相比，工业品市场的特点有（　　）。

A.工业品的顾客分散，变动大

B.购买者对工业品的需求具有独立性

C.工业品每次购买量不确定，时大时小

D.工业品购买活动一般由专业采购人员或团队完成

E.工业品需求受价格影响小，需求弹性小

15.【2022单选】关于工业品市场特点的说法，错误的是（　　）。

A.购买者对工业品的需求具有派生性

B.工业品相对消费品单次购买量大

C.工业品需求受价格影响不大，需求弹性小

D.工业品的顾客分散且变动大，不稳定

16.【2021单选】关于工业品市场特点的说法，正确的是（　　）。

A.需求的非派生性

B.需求弹性大

C.由专业采购人员或团队完成

D.顾客分散

17.【2021多选】工业品市场的特点有（　　）。

A.专业采购　　　　　B.顾客集中稳定

C.一次购买量大　　　D.需求弹性大

E.需求的派生性

✎ 考点四　服务产品分销渠道

A类	考频	难度	题量	做题时间
	高频	较容易	7道	4分钟

18.【2023单选】与看得见摸得着的产品（如手机、电脑等）相比，服务产品往往是看不见摸不着的，甚至使用服务后的利益也很难被察觉。这一服务产品特质是（　　）。

A.无形性　　　　　B.不可分离性

C.差异性　　　　　D.不可储存性

19.【2023单选】有形产品的质量具有一致性、标准化和稳定性，而服务产品的构成成分及其质量水平很难统一界定，经常发生变化。这体现出服务产品特征中的（　　）。

A.差异性　　　　　B.不可储存性

C.无形性　　　　　D.不可分离性

20.【2022单选】关于服务产品特征的说法，错误的是（　　）。

A.不可储存性　　　B.所有权不可转让性

C.分离性　　　　　D.差异性

21.【2022单选】按服务对象和服务特征划分的快递类服务，属于针对（　　）的服务。

A.人的思想　　　　B.人的身体

C.物品　　　　　　D.无形资产

22.【2021单选】话剧类服务产品是针对（　　）的服务。

A.无形资产　　　　B.人的思想

C.人的身体　　　　D.物体

23.【2021多选】服务产品的特征有（　　）。

A.所有权不可转让

B.不可储存性

C.质量稳定

D.生产与消费过程不可分离

E.无形性

24.【2020单选】 按服务对象和服务特征划分，客运、医疗、美容、餐饮等服务产品应归类为针对（　　）的服务。

A.人的思想　　　　　　　　B.无形资产

C.人的身体　　　　　　　　D.物体

📝 考点五 渠道成员的激励

A 类	考频	难度	题量	做题时间
	高频	较容易	7 道	4 分钟

25.【2024多选】 下列企业激励渠道成员的方法中，属于沟通激励的有（　　）。

A.培训销售人员　　　　　　B.公关宴请

C.融资支持　　　　　　　　D.安排经销商会议

E.交流市场信息

26.【2024多选】 以下属于通过业务激励来激励渠道成员，常用的方法有（　　）。

A.提供产品技术动态信息　　B.交流市场信息

C.佣金总额动态管理　　　　D.灵活确定佣金比例

E.培训销售人员

27.【2023单选】 下列企业激励渠道成员的方法中，属于业务激励的是（　　）。

A.交流市场信息　　　　　　B.灵活确定佣金比例

C.培训销售人员　　　　　　D.提供广告津贴

28.【2022单选】 以下属于扶持激励的是（　　）。

A.灵活确定佣金比例　　　　B.交流市场信息

C.合作制订经营计划　　　　D.提供广告津贴

29.【2021多选】 下列渠道成员激励中，属于业务激励的有（　　）。

A.融资支持　　　　　　　　B.交流市场信息

C.合作制订经营计划　　　　D.安排经销商会议

E.提供产品、技术动态信息

30.【2020单选】 某公司经常与经销商交流市场信息，为经销商提供产品、技术动态信息，这种经销

商激励方法属于（　　）。

A.差别激励　　　　　　　　B.业务激励

C.沟通激励　　　　　　　　D.扶持激励

31.【2020多选】 下列渠道成员激励方法中，属于业务激励方法的有（　　）。

A.佣金总额动态管理

B.制定灵活的佣金比例

C.减少渠道成员数量

D.交流市场信息

E.提供产品技术信息

📝 考点六 渠道权力管理

D 类	考频	难度	题量	做题时间
	中频	较难	7 道	7 分钟

32.【2022/2021单选】 在特许经营中，授权人和受权人之间是单纯的买卖关系，授权人具有的权力为（　　）。

A.专长权　　　　　　　　　B.信息权

C.认同权　　　　　　　　　D.法律权

33.【2022单选】 某企业向经销商承诺对完成销售任务的经销商给予好处，则渠道权力的来源是（　　）。

A.奖励权　　　　　　　　　B.胁迫权

C.认同权　　　　　　　　　D.专长权

34.【2022单选】 厂商渠道控制力强的表现是（　　）。

A.该厂商的产品有很多替代品

B.该厂商能够实施后向一体化

C.该行业由少数几家大厂商控制

D.该行业的厂商数量很多

35.【2021单选】 在渠道权力的运用战略中，请求战略的权力来源是（　　）。

A.认同权、奖励权、强迫权

B.专长权、信息权、奖励权

C.专长权、奖励权、强迫权

D.法定权、奖励权、强迫权

36.【2021多选】以下选项中，（　　）属于中介性权力。

A.奖励权　　　　　　　B.强迫权

C.专长权　　　　　　　D.信息权

E.认同权

37.【2020单选】分销渠道管理中，法律战略是一种与渠道权力运用相关的战略，其必要的权力来源是（　　）。

A.强迫权　　　　　　　B.专长权

C.认同权　　　　　　　D.法定权

38.【2020单选】当某制造商在与分销商交流过程中明确表明态度："无须说明我想要的是什么，我们来探讨什么对我的合作伙伴更有利。"这种渠道权力的运用战略属于（　　）。

A.法律战略　　　　　　B.信息交换战略

C.请求战略　　　　　　D.建议战略

✎ 考点七　渠道冲突管理

B类	考频	难度	题量	做题时间
	中频	较容易	4道	3分钟

39.【2024单选】渠道间不存在利益冲突，但存在对抗性行为的冲突为（　　）。

A.潜伏性冲突　　　　　B.冲突

C.不冲突　　　　　　　D.虚假冲突

40.【2023单选】窜货、赖账、制假售假等行为导致的渠道冲突，对分销渠道绩效水平和渠道关系产生不利影响。这类渠道冲突属于（　　）。

A.多渠道冲突　　　　　B.破坏性冲突

C.垂直冲突　　　　　　D.功能性冲突

41.【2023单选】分销渠道成员通过相互对抗消除渠道成员之间潜在的、有害的紧张气氛和不良动机

的行为，或通过提出分歧并克服分歧，激励对方并相互挑战，从而共同提高绩效，这种渠道冲突是（　　）。

A.破坏性冲突　　　　　B.虚假性冲突

C.功能性冲突　　　　　D.潜伏性冲突

42.【2020单选】某企业随着业务规模扩大和经销商数量的增加，出现了渠道控制力下降及区域窜货等问题。按渠道冲突对企业发展的影响方向划分，该企业面对的渠道冲突属于（　　）。

A.功能性冲突　　　　　B.垂直冲突

C.水平冲突　　　　　　D.破坏性冲突

✎ 考点八　分销渠道差距评估

D类	考频	难度	题量	做题时间
	中频	较难	2道	2分钟

43.【2023单选】服务质量差距模型中，最主要的、需要其他四种差距来弥合的差距是（　　）。

A.市场沟通差距　　　　B.服务感知差距

C.服务传递差距　　　　D.质量标准差距

44.【2021单选】根据服务质量差距模型，企业的管理者认知的顾客期望和服务提供者制定的服务标准不一致导致的差距是（　　）。

A.质量感知差距　　　　B.服务传递差距

C.质量标准差距　　　　D.感知服务差距

✎ 考点九　分销渠道绩效评估

B类	考频	难度	题量	做题时间
	中频	较容易	6道	4分钟

45.【2024单选】某企业线下分销渠道2022年实现销售额200万元，2023年实现销售额300万元，该企业2023线下渠道销售增长率为（　　）。

A.66.7%　　B.50.0%　　C.150.0%　　D.33.3%

46.【2024/2023单选】某企业2022年商品销售额为1000万元，其中，网络渠道销售额为600万元，网络渠道费用额为250万元，则该企业2022年的网络

分销渠道费用率是（　　　　）。

A.25.0%　　　　B.60.0%　　　　C.40.0%　　　　D.41.7%

47.【2023多选】下列分销渠道运行绩效评估指标中，用于评价渠道盈利能力的指标有（　　　　）。

A.渠道费用利润率

B.分销渠道费用率

C.渠道销售增长率

D.货款回收速度

E.销售回款率

48.【2023多选】下列分销渠道运行绩效评估指标中，用于评价渠道畅通性的指标有（　　　　）。

A.分销渠道费用率　　　　B.商品周转速度

C.销售回款率　　　　　　D.市场覆盖面

E.渠道销售增长率

49.【2020单选】下列分销渠道运行绩效评估指标中，用于衡量渠道盈利能力的是（　　　　）。

A.销售回款率　　　　　　B.渠道销售增长率

C.市场覆盖率　　　　　　D.商品周转速度

50.【2020多选】销售渠道畅通性评估常用的评价指标有（　　　　）。

A.货款回收速度　　　　　B.渠道销售增长率

C.市场覆盖率　　　　　　D.商品周转速度

E.市场占有率

考点十　网络分销渠道

D 类	考频	难度	题量	做题时间
	中频	较难	2道	2分钟

51.【2022多选】关于网络分销渠道的说法，正确的有（　　　　）。

A.网络分销渠道可以降低交易费用

B.企业可以通过网络分销渠道开展商务活动

C.企业可以通过网络分销渠道对用户进行技术培训

D.网络分销渠道是直接分销渠道

E.企业无法通过网络分销渠道为用户提供售后服务

52.【2020多选】网络分销功能的实现需要完善的系统支撑，这些系统包括（　　　　）。

A.订货系统　　　　　　　B.生产系统

C.配送系统　　　　　　　D.设计系统

E.结算系统

考点十一　渠道扁平化

E 类	考频	难度	题量	做题时间
	低频	较容易	1道	0.5分钟

53.【精编单选】商场专柜属于渠道扁平化的（　　　　）形式。

A.直接渠道

B.有一层中间商的扁平化渠道

C.有两层中间商的扁平化渠道

D.有三层中间商的扁平化渠道

第五章　生产管理

考点清单

做题建议： 本章共 54 题，预计做题用时约 46 分钟。

备考建议： 本章共 17 个考点，其中高频 4 个、中频 7 个、低频 6 个。本章在历年考试中一般占 14~22 分，含有案例分析题，具体参见"专项突破四"。本章考点清单如下。

考频	考点	考查角度	难度	题量	做题时间
高频 （4个）	考点一 生产能力的种类和影响因素	角度1：考查不同类型生产能力的含义	较容易	6 道	4 分钟
		角度2：选出生产能力的影响因素			
	考点二 生产能力核定	角度1：考查生产能力核定的计算顺序	较容易	3 道	2 分钟
		角度2：综合考查单一品种生产条件下生产能力的核定			
		角度3：考查多品种生产条件下生产能力的核定			
	考点三 生产计划的类型与指标	角度1：考查生产计划的类型	较难	7 道	7 分钟
		角度2：综合考查生产计划指标			
	考点九 生产控制的基本程序和执行情况	角度1：考查生产控制的内容	较难	4 道	4 分钟
		角度2：综合考查生产控制的基本程序			
中频 （7个）	考点六 不同类型企业的期量标准	角度1：考查成批轮番生产企业的期量标准	较难	4 道	4 分钟
		角度2：考查大量大批生产企业的期量标准			
		角度3：考查单件小批生产企业的期量标准			
	考点七 生产作业计划的编制方法	角度1：综合考查提前期法	较难	3 道	3 分钟
		角度2：综合考查生产周期法			
		角度3：综合考查在制品定额法			
	考点十一 生产进度控制	角度：考查生产进度控制的目标和内容	较容易	3 道	2 分钟
	考点十三 库存控制	角度1：考查库存合理控制的内容	较难	4 道	4 分钟
		角度2：辨析库存管理成本的类型			
		角度3：综合考查库存控制的方法			
	考点十四 生产调度	角度：考查生产调度的主要依据	较容易	3 道	2 分钟
	考点十五 MRP、MRP Ⅱ 和 ERP	角度1：考查物料需求计划（MRP）的主要依据	较难	3 道	3 分钟
		角度2：考查企业资源计划（ERP）的内容			
		角度3：考查企业资源计划（ERP）和资源制造计划（MRP Ⅱ）的对比			
	考点十七 丰田精益生产管理方式	角度：综合考查丰田精益生产管理方式	较难	3 道	3 分钟

考频	考点	考查角度	难度	题量	做题时间
低频 （6个）	考点四 生产作业计划	角度1：考查生产作业计划的内容	较容易	2 道	1 分钟
		角度2：考查生产作业计划的特点			
	考点五 期量标准的含义	角度：考查期量标准的含义	较容易	1 道	0.5 分钟
	考点八 生产控制的概念	角度：考查生产控制的概念	较容易	1 道	1 分钟
	考点十 生产控制的基本方式	角度：考查生产控制的基本方式	较容易	2 道	1 分钟
	考点十二 在制品控制	角度：考查在制品控制的分类	较容易	2 道	1 分钟
	考点十六 精益生产管理概述	角度：综合考查精益生产管理	较难	3 道	3 分钟

第五章

✏️ 考点一 生产能力的种类和影响因素

A类	考频	难度	题量	做题时间
	高频	较容易	6道	4分钟

1.【2023单选】某企业重新测算生产能力的主要依据是（　　）。

A.直接参加生产的员工数量

B.直接参加生产的原材料数量

C.直接参加生产的固定资产

D.直接参加生产的流动资产

2.【2023单选】下列因素中，不会对固定资产的有效工作时间产生影响的是（　　）。

A.工作班次　　　　　　B.全年工作日数

C.轮班工作时间　　　　D.单位时间的产量定额

3.【2023多选】下列企业设备中，影响企业生产能力的有（　　）。

A.不配套的设备　　　　B.正在运转的设备

C.封存待调的设备　　　D.正在检修的设备

E.正在安装的设备

4.【2022单选】下列生产能力中反映企业现实生产能力的是（　　）。

A.计划生产能力　　　　B.审查生产能力

C.查定生产能力　　　　D.设计生产能力

5.【2021单选】新成立的企业进行生产线建设应依据（　　）。

A.计划生产能力　　　　B.历史生产能力

C.设计生产能力　　　　D.查定生产能力

6.【2020多选】影响企业生产能力的因素有（　　）。

A.固定资产的生产效率

B.固定资产的工作时间

C.品牌资产的价值

D.固定资产的数量

E.流动资产的变现时间

✏️ 考点二 生产能力核定

A类	考频	难度	题量	做题时间
	高频	较容易	3道	2分钟

7.【2024/2023/2021单选】某车床组只加工一种零件，共有20台车床，每台车床一个工作日的有效工作时间是7小时，每小时生产8个零件，该车床组一个工作日的生产能力是（　　）个。

A.1075　　　B.1120　　　C.1110　　　D.1250

8.【2020单选】某企业的一条装配流水线有效工作时间为每日8小时，节拍为6分钟，该流水线每日的生产能力是（　　）台。

A.120　　　B.70　　　C.80　　　D.90

9.【精编单选】生产型企业在进行生产能力核算时，应首先计算（　　）的生产能力。

A.设备组　　B.工段　　C.车间　　D.小组

✏️ 考点三 生产计划的类型与指标

C类	考频	难度	题量	做题时间
	高频	较难	7道	7分钟

10.【2024单选】企业生产计划指标中，产品平均技术性能属于（　　）指标。

A.产品产量　　　　　　B.产品产值

C.产品质量　　　　　　D.产品品种

11.【2024单选】企业生产时具体执行的计划是（　　）。

A.生产作业计划　　　　B.企业年度生产计划

C.企业季度生产计划　　D.企业月度生产计划

12.【2023多选】企业生产计划指标体系的主要内容有（　　）。

A.产品产值　　　　　　B.产品品种

C.产品产量　　　　　　D.产品质量

E.产品周期

13.【2022单选】下列产值指标中，由新创造的价值

第五章

与固定资产折旧价值共同构成的指标是（　　）。

A.工业增加值　　　　　B.工业总产值

C.产品产值　　　　　　D.工业商品产值

14.【2022单选】企业的产品型号属于（　　）生产计划指标。

A.产品产量　　　　　　B.产品质量

C.产品品种　　　　　　D.产品产值

15.【2021单选】工业增加值属于（　　）。

A.产品品种指标　　　　B.产品产量指标

C.产品质量指标　　　　D.产品产值指标

16.【2021多选】下列指标中，反映产品生产过程中工作质量的指标有（　　）。

A.产品平均技术性能

B.产品资金利润率

C.成品返修率

D.质量损失率

E.废品率

考点四　生产作业计划

E类	考频	难度	题量	做题时间
	低频	较容易	2道	1分钟

17.【精编多选】相比生产计划，生产作业计划的特点有（　　）。

A.计划期短

B.计划内容具体

C.计划单位小

D.计划内容复杂

E.计划期长

18.【精编多选】生产作业计划通常详细地规定了（　　）。

A.旬工作任务

B.年度工作任务

C.日工作任务

D.月工作任务

E.小时工作任务

考点五　期量标准的含义

E类	考频	难度	题量	做题时间
	低频	较容易	1道	0.5分钟

19.【2022单选】作业计划标准是指为加工对象在（　　）方面规定的标准数据。

A.生产质量和生产数量

B.生产工艺和生产数量

C.生产期限和生产质量

D.生产期限和生产数量

考点六　不同类型企业的期量标准

D类	考频	难度	题量	做题时间
	中频	较难	4道	4分钟

20.【2024单选】在成批轮番生产企业中，一批产品从投入到出产的时间间隔是（　　）。

A.生产间隔期　　　　　B.生产周期

C.节拍　　　　　　　　D.生产提前期

21.【2024/2020多选】下列生产指标中，属于成批轮番生产企业期量标准的有（　　）。

A.生产间隔期

B.生产周期

C.生产提前期

D.批量

E.节拍

22.【2023单选】某公司成批轮番生产一种产品，生产批量为400件，平均日产量为25件。该公司这种产品的生产间隔期是（　　）天。

A.15　　　　　　　　　B.20

C.16　　　　　　　　　D.14

23.【2020单选】下列生产企业中，依据生产间隔期等编制生产作业计划的是（　　）。

A.成批轮番生产企业

B.单件小批生产企业

C.大批量流水线生产企业

D.大量大批生产企业

考点七 生产作业计划的编制方法

D类	考频	难度	题量	做题时间
	中频	较难	3道	3分钟

24.【2024单选】累计编号法适用于成批轮番生产企业的生产作业计划编制，该方法又称为（　　）。

A.提前期法　　　　　　　B.生产周期法

C.在制品定额法　　　　　D.连锁计算法

25.【2023/2020单选】下列生产作业计划编制方法中，适用于成批轮番生产企业的是（　　）。

A.连锁计算法　　　　　　B.生产周期法

C.在制品定额法　　　　　D.提前期法

26.【2023单选】某企业小批量生产芯片抛光机，适合采用的生产作业计划编制方法是（　　）。

A.累计编号法　　　　　　B.准时制法

C.生产周期法　　　　　　D.在制品定额法

考点八 生产控制的概念

E类	考频	难度	题量	做题时间
	低频	较容易	1道	1分钟

27.【2023单选】狭义的生产控制又称（　　）。

A.生产作业控制　　　　　B.生产计划控制

C.生产进度控制　　　　　D.生产质量控制

考点九 生产控制的基本程序和执行情况

C类	考频	难度	题量	做题时间
	高频	较难	4道	4分钟

28.【2024/2023单选】下列指标中，当其实际值大于计划目标值时，需要重点加以控制的是（　　）。

A.劳动生产率　　　　　　B.成本

C.利润　　　　　　　　　D.收入

29.【2022单选】生产控制的首要步骤是（　　）。

A.形成反馈报告　　　　　B.检验实际执行情况

C.制定控制标准　　　　　D.执行修正方案

30.【2021多选】生产控制的基本程序主要包括（　　）。

A.实施执行　　　　　　　B.编制生产计划

C.制定控制标准　　　　　D.控制决策

E.测量比较

31.【2020单选】下列生产控制指标中，实际值小于目标值即达标的是（　　）。

A.产品合格率　　　　　　B.劳动生产率

C.水电消耗　　　　　　　D.产量

考点十 生产控制的基本方式

E类	考频	难度	题量	做题时间
	低频	较容易	2道	1分钟

32.【2021单选】（　　）通过获取作业现场信息，"实时"进行作业核算，并把结果与作业计划有关指标进行对比分析；若有偏差，及时提出控制措施并实时对生产活动实施控制，以确保生产活动沿着当期的计划目标而展开。

A.事前控制　　　　　　　B.事中控制

C.事后控制　　　　　　　D.全员控制

33.【2021单选】在生产控制的方式中，属于反馈控制的是（　　）。

A.事前控制　　　　　　　B.事中控制

C.事后控制　　　　　　　D.串行控制

考点十一 生产进度控制

B类	考频	难度	题量	做题时间
	中频	较容易	3道	2分钟

34.【2024多选】生产进度控制的内容包括（　　）。

A.投入进度控制　　　　　B.出产进度控制

C.工序进度控制　　　　　D.销售进度控制

E.供应进度控制

35.【2022单选】保证企业生产平衡进行并准时生

第五章

产的是（　　）。

A.生产进度控制 　　　　B.生产调度

C.在制品控制 　　　　D.库存控制

36.【2021单选】生产进度管理的目标是（　　）。

A.准时生产 　　　　B.优化生产工艺

C.提高产品质量 　　　　D.降低成本

✒ 考点十二　在制品控制

E类	考频	难度	题量	做题时间
	低频	较容易	2道	1分钟

37.【2023多选】生产过程中的在制品有（　　）。

A.车间在制品 　　　　B.半成品

C.毛坯 　　　　D.库存成品

E.入库前成品

38.【精编单选】下列零部件和产品中，不属于在制品的是（　　）。

A.半成品 　　　　B.办完入库手续的成品

C.毛坯 　　　　D.入库前成品

✒ 考点十三　库存控制

D类	考频	难度	题量	做题时间
	中频	较难	4道	4分钟

39.【2024多选】库存管理成本包括（　　）。

A.仓储成本 　　　　B.订货成本

C.机会成本 　　　　D.时间成本

E.资本成本

40.【2020单选】企业库存量过大的后果是（　　）。

A.生产系统原材料供应不足

B.订货次数增加

C.企业资源大量闲置

D.销售量下降

41.【精编单选】库存物料由于变质所造成的损失属于（　　）。

A.订货成本 　　　　B.沉没成本

C.仓储成本 　　　　D.机会成本

42.【精编单选】由于库存不足带来的缺货损失属于（　　）。

A.仓储成本 　　　　B.订货成本

C.机会成本 　　　　D.存储成本

✒ 考点十四　生产调度

B类	考频	难度	题量	做题时间
	中频	较容易	3道	2分钟

43.【2024单选】某企业基于大数据采用人工智能技术进行生产调度，其依据是（　　）。

A.生产进度计划 　　　　B.库存计划

C.年度计划 　　　　D.长期计划

44.【2023单选】生产调度工作的基本原则是（　　）。

A.以生产进度计划为依据

B.以客户满意度为依据

C.以原材料采购计划为依据

D.以在制品计划为依据

45.【2023单选】生产调度的依据是（　　）。

A.长期生产计划 　　　　B.年度进度计划

C.中期生产计划 　　　　D.生产进度计划

✒ 考点十五　MRP、MRP Ⅱ和ERP

D类	考频	难度	题量	做题时间
	中频	较难	3道	3分钟

46.【2024/2020单选】主生产计划是物料需求计划（MRP）的最主要输入，主生产计划是指（　　）。

A.在制品净生产计划

B.车间的生产作业计划

C.生产调度计划

D.产品出产计划

47.【2023单选】与制造资源计划（MRP Ⅱ）相

比，企业资源计划（ERP）的特点是（　　　）。

A.将经营的多企业、多地区、多国家联系在一起

B.强调事后控制

C.仅适用于生产企业

D.仅能应用于企业内部资源的配置和管理

48.【精编多选】企业资源计划（ERP）生产控制模块的主要内容有（　　　）。

A.供应链管理系统　　　　B.主生产计划

C.物料需求计划　　　　D.能力需求计划

E.生产现场控制

考点十六 精益生产管理概述

E 类	考频	难度	题量	做题时间
	低频	较难	3 道	3 分钟

49.【2022单选】企业精益管理活动中，识别价值流的目的是（　　　）。

A.识别成本构成　　　　B.发现增值活动

C.发现价值构成　　　　D.发现浪费和消灭浪费

50.【2022多选】精益生产管理目标有（　　　）。

A.效率　　　　B.质量

C.市场占有率　　　　D.成本

E.交货期

51.【2022多选】精益思想强调的基本原则有

（　　　）。

A.系统思考　　　　B.拉动

C.识别价值流　　　　D.正确定义价值

E.流动

考点十七 丰田精益生产管理方式

D 类	考频	难度	题量	做题时间
	中频	较难	3 道	3 分钟

52.【2024单选】认为要彻底降低成本，就必须杜绝一切浪费的生产管理方式是（　　　）。

A.精益生产管理　　　　B.丰田精益生产方式

C.福特生产管理方式　　　　D.物料需求计划

53.【2023多选】在丰田生产管理方式中，看板的主要功能有（　　　）。

A.防止过量生产

B.改善的工具

C.进行目视管理的工具

D.显示生产及运送的工作指令

E.作为现场整顿的工具

54.【2021单选】在丰田生产管理方式中，对各道工序生产活动有效控制的手段是（　　　）。

A.准时化　　　　B.自动化

C.看板管理　　　　D.标准化工作

第六章 物流管理

▤ 考点清单

做题建议： 本章共 28 题，预计做题用时约 22 分钟。

备考建议： 本章共 8 个考点，其中高频 1 个、中频 5 个、低频 2 个。本章内容在 2023 年版教材中有新编，以往的真题大多不具有参考性，建议同学们以本卷收录的真题为复习参考。本章不含案例分析题，在历年考试中一般占 6~10 分。本章考点清单如下。

考频	考点	考查角度	难度	题量	做题时间
高频 （1个）	考点一 物流管理概述	角度1：考查物流的含义 角度2：考查物流管理的含义 角度3：综合考查第三方物流	较容易	6 道	3 分钟
中频 （5个）	考点二 包装	角度1：选出包装的功能 角度2：考查包装材料的类型 角度3：考查集装化包装的类型	较容易	4 道	2 分钟
	考点五 仓储	角度1：考查仓储的功能 角度2：考查仓储设备的类别与计算 角度3：综合考查仓储作业流程	较容易	3 道	2 分钟
	考点六 库存管理	角度1：综合考查库存的分类 角度2：选出企业库存管理的总目标 角度3：考查库存控制基本模型的相关计算	较难	4 道	4 分钟
	考点七 运输管理	角度1：考查运输系统构成要素 角度2：给出运输方式，判断属于哪种不合理运输	较难	3 道	3 分钟
	考点八 配送管理	角度：考查配送的分类	较难	4 道	4 分钟
低频 （2个）	考点三 装卸搬运	角度：考查装卸搬运的特点	较难	2 道	2 分钟
	考点四 流通加工	角度：考查流通加工的形式	较难	2 道	2 分钟

考点一 物流管理概述

A类	考频	难度	题量	做题时间
	高频	较容易	6道	3分钟

1.【2024单选】关于供应链管理与物流管理关系的说法，正确的是（　　　）。

A.物流管理侧重全局战略层面的问题，供应链管理侧重局部操作层面的问题

B.物流管理把其他企业当作交易伙伴，供应链管理关注企业间达成多赢的战略合作伙伴关系

C.物流管理追求多个企业的全局优化，供应链管理追求网络节点中每个企业最优

D.物流管理和供应链管理涉及的业务范围一致，都是商流、物流、信息流、资金流的集成

2.【2024多选】供应链管理说法正确的有（　　　）。

A.供应链管理是一种企业集成化的管理模式

B.供应链管理强调各种企业间的相互合作

C.供应链管理以客户和最终用户为中心

D.供应链管理侧重操作层面的问题

E.供应链管理只涉及物流路径范围的业务

3.【2023多选】企业使用第三方物流模式的优点有（　　　）。

A.企业可以减少物流设施设备的投资

B.企业可以实现物流活动的规模经济

C.企业可以把资源集中于自己的核心业务上

D.企业可以减少物流服务人员的数量

E.企业可以高度掌控整个物流过程

4.【2023多选】关于第三方物流模式的说法，正确的有（　　　）。

A.第三方物流又称合同物流

B.第三方物流模式下，物流企业可有效整合、利用资源，有助于缓解城市交通压力

C.第三方物流是利用外部资源为企业提供物流服务的一种模式

D.第三方物流模式下，企业库存水平高，大量资金被占用

E.第三方物流模式下，物流企业可以更好实现物流活动的规模经济

5.【2021单选】某物流企业在仓库中对要运输的物品进行分割，则这反映的企业物流的功能为（　　　）。

A.流通加工　　　　　　　B.运输

C.包装　　　　　　　　　D.装卸搬运

6.【2020单选】企业在生产过程中，要最大限度减少生产物料装运的频率和缩短搬运的距离，同时也必须关注物流活动对生态环境的影响，这体现了企业生产物流管理（　　　）。

A.客户满意是物流管理的出发点

B.以物流整体最优为目的

C.以信息为核心

D.经济效益与社会效益并重

考点二 包装

B类	考频	难度	题量	做题时间
	中频	较容易	4道	2分钟

7.【2023单选】化肥使用的集装化包装形式是（　　　）。

A.集装袋　　　　　　　　B.框架

C.集装箱　　　　　　　　D.货捆

8.【2023单选】粮食适用的集装化包装形式是（　　　）。

A.集装箱　　　　　　　　B.集装袋

C.货捆　　　　　　　　　D.框架

9.【2023单选】商品包装上标有易碎品标记。这体现了包装的（　　　）功能。

A.保护　　　　　　　　　B.销售

C.美化　　　　　　　　　D.方便

10.【2021多选】企业物流活动中，包装的功能有（　　　）。

A.销售功能

B.保护功能

C.再利用功能

D.方便功能

E.美观功能

✎ 考点三 装卸搬运

E类	考频	难度	题量	做题时间
	低频	较难	2道	2分钟

11.【2023多选】关于装卸搬运作业特点的说法，正确的有（　　）。

A.装卸搬运和其他物流环节密不可分，具有伴生性和附属性

B.各物流活动几乎都需要有装卸搬运作业的衔接，作业量大

C.流通领域中各物流节点的装卸搬运作业不均衡

D.装卸搬运作业的安全性指的是所装卸搬运物品的安全

E.货物的形态、重量、体积和包装方法不同，会有不同的装卸搬运作业要求

12.【2023多选】装卸搬运作业的特点有（　　）。

A.具有伴生性

B.对安全性要求高

C.作业量大、对象复杂

D.各物流节点作业量均衡

E.具有起讫性

✎ 考点四 流通加工

E类	考频	难度	题量	做题时间
	低频	较难	2道	2分钟

13.【2023单选】下列流通加工活动中，属于提高物流效率、降低物流损失的是（　　）。

A.自行车消费地装配

B.丝制品的防虫加工

C.钢材集中套裁下料

D.超市提供的净菜加工

14.【2023单选】下列流通加工活动中，能够提高商品利用率的是（　　）。

A.丝制品的防虫加工　　　B.钢材集中套裁下料

C.超市提供的净菜加工　　　D.自行车消费地装配

✎ 考点五 仓储

B类	考频	难度	题量	做题时间
	中频	较容易	3道	2分钟

15.【2024单选】某公司仓库上区是托盘存储区，每小时进出该区的商品有1050件，单件尺寸基本相同，每个托盘平均使用周期为10小时，托盘标准装载量为30件，平均装载效率为80%，则该区需要托盘数为（　　）。

A.630　　　　　　　　　　B.280

C.438　　　　　　　　　　D.480

16.【2024/2023单选】现有面粉2.4吨即将到库，货架长6米，宽1.2米，高3米，货架存放面粉时的容积充满系数为60%，上架存放货品的单位质量为200千克/立方米，需要（　　）个货架。

A.1　　　　　B.2　　　　　C.3　　　　　D.4

17.【2023单选】某公司的库存商品有3300个品种，其中A类有300种，B类有600种，C类有2400种。若每月清点一次A类，每季清点一次B类，每半年清点一次C类，若每月有20个工作日，那么该库存管理人员每个工作日需要清点的商品品种数共（　　）种。

A.52　　　　　B.68　　　　　C.45　　　　　D.84

✎ 考点六 库存管理

D类	考频	难度	题量	做题时间
	中频	较难	4道	4分钟

18.【2024单选】店内椰子水日需求量80箱，备运时间1.5天，安全库存量10箱，则订购点为（　　）箱。

A.80　　　　　　　　　　B.100

C.130　　　　　　　　　　D.120

19.【2024多选】下列属于定量库存控制法特点的有（　　）。

A.盘点周期确定

B.每次订购的批量通常固定不变

C.相邻两次订购的间隔时间变动

D.订购提前期基本不变

E.相邻两次订购的间隔时间固定

20.【2021单选】某企业每年需要某种原材料8000吨，单次订货费用为400元，每吨年保管费为160元，则该企业的经济订货批量为（　　）吨。

A.150　　　B.100　　　C.200　　　D.400

21.【精编多选】按生产过程中的不同阶段分类，库存包括（　　）。

A.原材料库存　　　B.成品库存

C.安全库存　　　D.在制品库存

E.在途库存

✎ 考点七 运输管理

D类	考频	难度	题量	做题时间
	中频	较难	3道	3分钟

22.【2024多选】关于自营运输优点的说法，正确的有（　　）。

A.企业在运输方面能够有更多的控制力

B.企业资金占用较少

C.企业能够及时对客户在运输方面的需求做出反应

D.企业可以减少相关运输管理工作

E.企业可以减少运输设备投资

23.【2023单选】在商品运输中，同一品种货物在同一地点运进的同时又向外运出，这种情况属于（　　）。

A.对流运输　　　B.迂回运输

C.重复运输　　　D.倒流运输

24.【2023单选】在商品运输中，货物从销售地向产地运输，这种运输属于（　　）。

A.重复运输　　　B.迂回运输

C.倒流运输　　　D.对流运输

✎ 考点八 配送管理

D类	考频	难度	题量	做题时间
	中频	较难	4道	4分钟

25.【2024单选】配送中心整个作业流程中的关键作业环节是（　　）。

A.分拣　　　B.储存

C.进货　　　D.配装

26.【2024单选】配送中心工作的始发点是（　　）。

A.订单处理　　　B.储存

C.配装　　　D.进货

27.【2023单选】按规定的批量在一个指定的时间范围内进行的配送属于（　　）。

A.定时配送　　　B.定量配送

C.定时定路线配送　　　D.即时配送

28.【2023单选】一般由商业销售网点进行的距离近、品种多、批量小、临时需要的货物配送属于（　　）。

A.集中配送　　　B.共同配送

C.定量配送　　　D.分散配送

第七章　技术创新管理

考点清单

做题建议： 本章共 50 题，预计做题用时约 38 分钟。

备考建议： 本章共 15 个考点，其中高频 6 个、中频 7 个、低频 2 个。本章在历年考试中一般占 12~20 分，含有案例分析题，具体参见"专项突破四"。本章考点清单如下。

考频	考点	考查角度	难度	题量	做题时间
高频（6个）	考点一 创新与技术创新	角度：考查技术创新的特点	较容易	3 道	2 分钟
	考点三 技术创新的模式	角度1：判断创新模式的类型	较容易	4 道	2 分钟
		角度2：考查 A—U 过程创新模式各阶段的特征			
		角度3：考查国家创新体系的内容			
	考点四 技术创新战略的类型	角度：考查不同标准下技术创新战略的类型	较容易	4 道	2 分钟
	考点五 技术创新战略的选择	角度：考查技术领先战略和技术跟随战略的特征	较容易	3 道	2 分钟
	考点六 知识产权管理	角度1：选出知识产权的内容	较容易	4 道	2 分钟
		角度2：考查知识产权的保护形式			
	考点八 项目组合评估方法	角度1：考查矩阵法的分析标准和不同象限的战略动作	较难	6 道	6 分钟
		角度2：考查风险－收益气泡图各业务类型的名称及对应特点			
中频（7个）	考点二 技术创新的分类	角度：考查技术创新的分类	较容易	3 道	2 分钟
	考点七 技术创新决策定性评估方法	角度：考查定性评估方法的类型及应用	较难	3 道	3 分钟
	考点九 技术价值的评估方法	角度1：考查成本模型的计算	较难	3 道	3 分钟
		角度2：考查市场模拟模型的计算			
		角度3：考查效益模型的计算			
	考点十一 企业技术创新外部组织模式	角度：考查企业联盟组织运行模式的内容与特点	较容易	3 道	2 分钟
	考点十二 企业研发管理	角度1：考查研发的主要类型及特点	较难	4 道	4 分钟
		角度2：考查研发模式的类型并辨析不同研发模式的特点			
	考点十三 管理创新概述	角度1：选出企业管理创新的特点	较难	4 道	4 分钟
		角度2：考查管理创新与技术创新的关系			
	考点十四 管理创新的动因	角度：选出企业管理创新的内部动因和外部动因	较容易	3 道	2 分钟

考频	考点	考查角度	难度	题量	做题时间
低频 （2个）	考点十 企业技术创新内部组织模式	角度：给出内部组织的特点，判断属于哪种内部组织模式	较容易	2道	1分钟
	考点十五 管理创新的主要领域	角度：考查管理创新领域的内容	较容易	1道	0.5分钟

第七章

✏️ 考点一 创新与技术创新

A 类	考频	难度	题量	做题时间
	高频	较容易	3 道	2 分钟

1.【2024/2021多选】关于技术创新的说法，正确的有（　　　）。

A.技术创新是一种技术行为，不是经济行为

B.技术创新具有很强的负外部性

C.技术创新具有时间差异性

D.技术创新具有国际化趋势

E.技术创新是一种高风险的活动

2.【2023单选】技术的非自愿扩散促进了周围技术和生产力水平的提高，这表明技术创新具有（　　　）。

A.时间差异性　　　　　　　B.外部性

C.国际性　　　　　　　　　D.风险性

3.【2022单选】技术创新具有准公共物品的性质，这是技术创新的（　　　）。

A.高风险　　　　　　　　　B.差异性

C.外部性　　　　　　　　　D.一体化

✏️ 考点二 技术创新的分类

B 类	考频	难度	题量	做题时间
	中频	较容易	3 道	2 分钟

4.【2024单选】企业对一种涂料的生产工艺进行的改进，大大提高了色牢度，根据技术创新的新颖程度不同，该企业这种技术创新属于（　　　）。

A.集成创新　　　　　　　　B.渐进性创新

C.根本性创新　　　　　　　D.原始创新

5.【2022单选】集装箱是由火柴盒发展起来的，从技术创新的对象看，这种创新属于（　　　）。

A.原始创新　　　　　　　　B.工艺创新

C.集成创新　　　　　　　　D.产品创新

6.【2021单选】为提高产品质量，某公司进行生产技术变革，这属于技术创新中的（　　　）。

A.工艺创新　　　　　　　　B.原始创新

C.根本性创新　　　　　　　D.产品创新

✏️ 考点三 技术创新的模式

A 类	考频	难度	题量	做题时间
	高频	较容易	4 道	2 分钟

7.【2024单选】在A—U过程创新模式中，主导设计被消费者市场接受和推崇的阶段是（　　　）。

A.过渡阶段　　　　　　　　B.不稳定阶段

C.稳定阶段　　　　　　　　D.成熟阶段

8.【2023单选】根据A—U过程创新模式，技术资源与市场需求联结起来的主导设计开始出现的阶段是（　　　）。

A.不稳定阶段　　　　　　　B.稳定阶段

C.成熟阶段　　　　　　　　D.过渡阶段

9.【2022单选】从基础研究开始，到应用研究，到研究开发，再到生产制造，直到商业化的新产品在市场上销售，属于（　　　）创新模式。

A.技术推动　　　　　　　　B.需求拉动

C.技术和市场交互作用　　　D.A—U过程

10.【2022/2021/2020单选】关于A—U过程创新模式，下列说法正确的是（　　　）。

A.不稳定阶段产品创新和工艺创新都呈下降趋势

B.过渡阶段产品创新和工艺创新都呈上升趋势

C.稳定阶段创新的重点是以提高质量和降低成本为目标的渐进性的产品创新

D.不稳定阶段研发经费支出较高，不易获得较好的经济效益

✏️ 考点四 技术创新战略的类型

A 类	考频	难度	题量	做题时间
	高频	较容易	4 道	2 分钟

11.【2024/2020单选】某企业在新技术研发上投入大量资源，致力于在竞争对手之前开发新技术，抢先推出新产品占领市场。这种技术创新战略属于

（　　）。

A.切入型战略　　　　　　B.合作型战略

C.进攻型战略　　　　　　D.防御型战略

12.【2023单选】某企业针对竞争者的弱项和自己的相对优势，推出新的技术来取代现有的主导技术。这种技术创新战略属于（　　）。

A.切入型战略　　　　　　B.自主型战略

C.进攻型战略　　　　　　D.防御型战略

13.【2022单选】企业在某个方面紧跟领先者，在市场中不断寻找出击机会，及时从"缝隙"中切入，属于（　　）技术创新战略。

A.进攻型　　　　　　　　B.防御型

C.切入型　　　　　　　　D.模仿创新型

14.【2020单选】关于企业自主创新战略优缺点的说法，错误的是（　　）。

A.企业开发周期较短

B.有助于形成较高的技术壁垒

C.有利于市场获得初期的垄断利润

D.企业需要承担新设备、新工艺可靠性的风险

考点五　技术创新战略的选择

A类	考频	难度	题量	做题时间
	高频	较容易	3道	2分钟

15.【2024/2020单选】下列关于领先战略和跟随战略的说法，错误的是（　　）。

A.领先战略的技术开发重点是产品基本原理和功能

B.领先战略的技术来源是以自主研发为主

C.跟随战略投资的重点是技术开发

D.跟随战略市场开发的重点是细分市场开发

16.【2022单选】关于跟随战略，下列说法正确的是（　　）。

A.技术来源是自主研发

B.技术开发重点是改进工艺技术

C.市场开发是开拓一个全新市场

D.投资重点是技术开发和市场开发

17.【2021单选】关于领先战略和跟随战略的说法，正确的是（　　）。

A.领先战略的技术开发重点是产品基本原理和功能

B.领先战略的技术来源是以模仿、引进为主

C.跟随战略要开拓一个全新的市场

D.跟随战略风险大、收益大

考点六　知识产权管理

A类	考频	难度	题量	做题时间
	高频	较容易	4道	2分钟

18.【2024/2020单选】某企业于2019年11月5日申请注册商标，2020年9月16日获得核准注册，该商标的有效期至（　　）结束。

A.2030年9月15日　　　　B.2040年9月15日

C.2039年11月4日　　　　D.2029年11月4日

19.【2023单选】知识产权是权利人依法就特定客体享有的专有权利，根据我国民法典，这些客体不包括（　　）。

A.动物新品种　　　　　　B.集成电路布图设计

C.地理标志　　　　　　　D.商业秘密

20.【2023单选】甲公司的一项注册商标于2023年11月10日有效期满，该公司于2023年7月19日办理了续展手续。根据我国商标法，关于该注册商标有效期的说法，正确的是（　　）。

A.有效期自2023年7月19日起

B.有效期自2023年11月11日起

C.有效期自2023年7月20日起

D.有效期自2023年11月10日起

21.【2021单选】某公司的注册商标于2021年5月30日期满，则该公司最迟应在（　　）前按照规定办理续展手续，否则其商标将被注销。

A.2021年11月30日　　　　B.2031年5月30日

C.2020年5月30日　　　　D.2020年11月30日

考点七 技术创新决策定性评估方法

D 类	考频	难度	题量	做题时间
	中频	较难	3 道	3 分钟

22.【2022/2021 单选】 某企业运用动态排序列表法进行技术创新方案的筛选，详细情况见下表（表中：IRR 为预期内部收益率，PTS 为技术成功的概率，NPV 为预期收益净现值，括号中的数值为每列指标单独排序的序号），该企业应该应用（　　）。

项目标号	$IRR \times PTS$	$NPV \times PTS$	战略重要性
甲	13.5（4）	7.8（3）	4（3）
乙	16.9（1）	6.5（4）	3（2）
丙	14.5（3）	9.1（1）	1（4）
丁	15.4（2）	8.6（2）	4（1）

A.项目甲　　B.项目乙　　C.项目丙　　D.项目丁

23.【2020 多选】 关于技术创新决策评估方法中的评分法的说法，正确的有（　　）。

A.项目的关键因素之间通常具有很强的独立性

B.可以采用财务指标进行评价，也可以采用非财务指标进行评价

C.项目关键因素的权重依据客观因素确定

D.项目的评价标准可以根据项目的实际情况灵活确定

E.最终得出的综合指标实际意义不明确

24.【精编单选】 某企业对两个研发项目的方案进行评估，确定了四个关键指标（见下表），然后对每一个方案进行是否满意的定性判断，满意为1，不满意为0，最后根据总评，选择了项目A。

指标	预期绩效	
	项目 A	项目 B
开发成功的可能性	1	1
技术的先进性	0	1
获得专利的可能性	1	0
消费市场的营利性	1	0

该企业采用的评估方法为（　　）。

A.敏感性分析法　　　　B.检查清单法

C.动态排序列表法　　　D.轮廓图法

考点八 项目组合评估方法

C 类	考频	难度	题量	做题时间
	高频	较难	6 道	6 分钟

25.【2024 单选】 下列属于项目组合评估方法的是（　　）。

A.矩阵法　　　　　　　B.动态排序列表法

C.轮廓图法　　　　　　D.检查清单法

26.【2024 多选】 下列关于项目地图法的说法正确的有（　　）。

A.白象型可以为企业带来高收益

B.面包和黄油型技术风险低，开发成功率低

C.珍珠型要加大投资

D.牡蛎型是企业长期竞争优势的源泉

E.白象型技术成功率低，收益高

27.【2023 单选】 关于风险-收益气泡图中四种项目类型的说法，正确的是（　　）。

A.面包和黄油型项目有助于开拓新市场、带来高额利润

B.珍珠型项目是企业重要的短期现金流来源

C.牡蛎型项目是企业长期竞争优势的源泉

D.白象型项目开发成功率较高、预期收益低

28.【2022/2020 多选】 关于项目地图法中各种类型项目的说法，正确的有（　　）。

A.对于白象型项目，企业应终止或排除

B.珍珠型项目是企业长期竞争优势的源泉

C.牡蛎型项目是企业快速发展的动力

D.牡蛎型项目预期收益高、技术成功概率高

E.面包和黄油型项目是企业短期现金流的来源基础

29.【精编多选】 用矩阵法分析技术组合时，采用的维度包括（　　）。

A.技术的先进性

B.技术的重要性

C.技术的复杂性

D.技术的相对竞争地位

E.技术的兼容性

30.【精编单选】企业应用矩阵法进行项目组合评估时，对处于技术组合分析图中第一象限的项目，企业应采取的策略是（　　）。

A.放弃投资

B.维持现有投资

C.重点投资

D.与竞争对手保持同等投资

📝 考点九 技术价值的评估方法

D 类	考频	难度	题量	做题时间
	中频	较难	3 道	3 分钟

31.【2022/2021单选】某企业开发一项技术，物质消耗300万元，人力消耗600万元，技术复杂系数1.3，风险概率60%，根据技术价值评估的成本模型，该技术成果的价格为（　　）万元。

A.1170　　　　　　　　B.1950

C.2925　　　　　　　　D.900

32.【2020单选】某企业拟购买一项新技术。经调查，2年前类似技术交易转让价格为30万元，技术剩余寿命为10年。经专家鉴定，该项新技术剩余寿命为13年，技术效果比2年前类似交易技术提高20%，技术交易市场的价格水平比2年前提高10%。根据市场模拟模型，该企业购买该项新技术的评估价格为（　　）万元。

A.51.48　　　　　　　B.33.17

C.36.00　　　　　　　D.39.60

33.【精编单选】甲企业拟购买一项新技术。经预测，该技术可再使用5年。采用该项新技术后，甲企业每件产品价格比同类产品可提高20元，预计未来5年产品的年销量分别为6万件、6万件、7万件、5万件、5万件。根据行业投资收益率，折现率确定为10%，复利现值系数见下表：

	1	2	3	4	5
10%	0.909	0.826	0.751	0.683	0.621

根据效益模型计算，该项新技术的价格为（　　）万元。

A.396.58　　　　　　　B.32.62

C.443.74　　　　　　　D.460.26

📝 考点十 企业技术创新内部组织模式

E 类	考频	难度	题量	做题时间
	低频	较容易	2 道	1 分钟

34.【精编单选】某企业大力推广"双创"，允许员工两年内离开本岗位，从事自己感兴趣的创新工作。企业为员工提供资金设备等。这种技术创新的内部组织模式属于（　　）。

A.企业技术中心

B.新事业发展部

C.内企业

D.技术创新小组

35.【精编单选】某企业为开发新型产品，从市场部、生产部、研发中心等部门临时抽调5人组建创新组织，这种组织属于（　　）。

A.内企业

B.技术创新小组

C.新事业发展部

D.企业技术中心

📝 考点十一 企业技术创新外部组织模式

B 类	考频	难度	题量	做题时间
	中频	较容易	3 道	2 分钟

36.【2024/2020单选】甲企业与20家生产商签订协议，生产商严格按照该企业提供的统一设计标准进行生产，生产出的产品统一由甲企业贴牌。甲企业与生产商组成的企业联盟的组织运行模式属于（　　）。

A.平行模式　　　　　　B.联邦模式

C.扁平模式　　　　　　D.星形模式

37.【2023多选】 关于平行模式企业联盟的说法，正确的有（　　）。

A.联盟成员地位平等、独立

B.联盟的核心是盟主企业

C.联盟的协调通常采用自发性协调

D.联盟通常由核心层和外围层构成

E.垂直供应链型企业宜采用平行模式

38.【精编单选】 某家电企业联盟，以甲、乙、丙三家企业为核心层，以这三家企业的供应商为外围层，成员企业间的协调和冲突仲裁由核心层企业组成的协调委员会负责，这种企业联盟模式属于（　　）。

A.星形模式　　　　　　　　B.联邦模式

C.平行模式　　　　　　　　D.扁平模式

📝 考点十二　企业研发管理

D类	考频	难度	题量	做题时间
	中频	较难	4道	4分钟

39.【2023单选】 某企业出资在当地一所大学建立人工智能实验室，开展工业机器人方面的研发，这种研发模式属于（　　）。

A.合作研发　　　　　　　　B.委托研发

C.自主研发　　　　　　　　D.基础研发

40.【2022多选】 关于研发中应用研究的说法，正确的有（　　）。

A.应用研究包含新产品研发和工艺改造

B.应用研究的成果一般是普通知识、原则和定律

C.应用研究是将理论发展为实际运用的研发类型

D.具有特定的实际目的

E.应用研究的目标是探寻实现预定目标的新方法或新途径

41.【2021单选】 某飞机制造企业决定将气流中的压力条件与固定浮力作为其定向研究方向，则该企业的研发类型为（　　）。

A.应用研究　　　　　　　　B.开发研究

C.发展性研究　　　　　　　D.基础研究

42.【精编多选】 关于委托研发与合作研发的说法，正确的有（　　）。

A.合作研发时，合作各方共同投入资金和技术

B.委托研发时，受委托方投入资金，委托方投入技术

C.合作研发时，研发的成本风险是共担的

D.委托研发时，研发的成本风险是由委托方承担的

E.委托研发时，研发的失败风险是共担的

📝 考点十三　管理创新概述

D类	考频	难度	题量	做题时间
	中频	较难	4道	4分钟

43.【2024单选】 管理创新需要随着内外部环境的变化而变化，这体现了管理创新的（　　）。

A.风险性　　　　　　　　　B.基础性

C.动态性　　　　　　　　　D.系统性

44.【2024单选】 企业管理创新面临很多不确定因素，任何一方出现问题都可能导致失败，体现了管理创新的（　　）。

A.全员性　　　　　　　　　B.风险性

C.动态性　　　　　　　　　D.基础性

45.【2023多选】 关于管理创新和技术创新关系的说法，正确的有（　　）。

A.管理创新决定技术创新的方向

B.技术创新为管理创新提供了新的领域

C.没有技术创新就没有管理创新

D.管理创新有助于推动技术创新

E.管理创新和技术创新相互制约

46.【2022多选】 管理创新的特点有（　　）。

A.静态性　　　　　　　　　B.经济性

C.基础性　　　　　　　　　D.全员性

E.系统性

✏️ 考点十四 管理创新的动因

B 类	考频	难度	题量	做题时间
	中频	较容易	3 道	2 分钟

47.【2023单选】管理创新一旦成功，创新主体可以从中获得成就感。这属于管理创新动因中的（ ）。

A.经济性动机　　　　　B.自我价值实现

C.自尊需要　　　　　　D.责任感

48.【2022多选】下列选项中，属于管理创新外部动因的有（ ）。

A.员工自我价值实现　　B.经济的发展变化

C.企业家的责任感　　　D.社会文化环境的变迁

E.科学技术的发展

49.【2022多选】下列选项中，属于管理创新内部动因的有（ ）。

A.社会文化环境的变迁　　B.自我价值实现

C.经济的发展变化　　　　D.责任感

E.经济性动机

✏️ 考点十五 管理创新的主要领域

E 类	考频	难度	题量	做题时间
	低频	较容易	1 道	0.5 分钟

50.【2022单选】管理创新的最高层次是（ ）。

A.管理制度创新　　　　B.管理方式方法创新

C.管理理念创新　　　　D.管理组织创新

第七章

第八章　人力资源规划与薪酬管理

考点清单

做题建议： 本章共 49 题，预计做题用时约 35 分钟。

备考建议： 本章共 13 个考点，其中高频 6 个、中频 4 个、低频 3 个。本章在历年考试中一般占 13~21 分，含有案例分析题，具体参见"专项突破四"。本章考点清单如下。

考频	考点	考查角度	难度	题量	做题时间
高频 （6个）	考点三 人力资源需求与供给预测	角度1：考查需求预测的方法及特点	较容易	5道	3分钟
		角度2：考查供给预测的方法及特点			
		角度3：选出影响外部供给的因素			
	考点七 绩效考核的步骤	角度：考查绩效考核各阶段的主要任务	较难	4道	4分钟
	考点十 企业薪酬制度设计的原则和流程	角度：辨析薪酬制度设计的原则	较容易	5道	3分钟
	考点十一 基本薪酬设计	角度1：考查基本薪酬等级的内容及计算	较难	6道	6分钟
		角度2：辨析以职位为导向的基本薪酬设计方法			
		角度3：选出宽带型薪酬结构的特点			
	考点十二 激励薪酬设计	角度：选出不同类型激励薪酬的具体形式	较容易	4道	2分钟
	考点十三 福利	角度1：考查福利的概念及优势	较容易	6道	4分钟
		角度2：辨析国家法定福利与企业自主福利			
中频 （4个）	考点一 人力资源规划的含义与内容	角度：考查人力资源具体规划的内容及对应目标	较难	4道	4分钟
	考点六 绩效考核的内容和标准	角度1：选出绩效考核的内容	较容易	3道	2分钟
		角度2：辨析绩效考核标准的要求			
	考点八 绩效考核的方法	角度：考查绩效考核方法的特点及应用	较容易	5道	3分钟
	考点九 薪酬与薪酬管理	角度1：考查薪酬的构成	较容易	4道	2分钟
		角度2：考查薪酬管理的含义			
低频 （3个）	考点二 人力资源规划的制定程序	角度：选出不同类型的人力资源信息	较容易	1道	0.5分钟
	考点四 绩效的含义与特点	角度：考查绩效的影响因素	较容易	1道	0.5分钟
	考点五 绩效考核的含义与功能	角度：考查绩效考核的功能	较容易	1道	0.5分钟

📝 考点一 人力资源规划的含义与内容

D 类	考频	难度	题量	做题时间
	中频	较难	4道	4分钟

1.【2023单选】下列企业人力资源规划的具体计划中，以降低人工成本、维护企业制度和改善人力资源结构为目标的计划是（　　）。

A.员工使用计划　　　　　B.退休解聘计划

C.员工招聘计划　　　　　D.劳动关系计划

2.【2022单选】以下属于以优化人员结构为目标的计划是（　　）。

A.劳动关系计划　　　　　B.薪酬激励计划

C.人员培训开发计划　　　D.人员补充计划

3.【2022单选】增加人力资源供给、提高士气、改善绩效属于（　　）。

A.人员使用计划

B.人员接续及升迁计划

C.薪酬激励计划

D.劳动关系计划

4.【2020单选】下列企业人力资源计划类型中，以提高员工知识技能、改善员工工作作风为目标的计划是（　　）。

A.人员培训开发计划　　　B.人员使用计划

C.员工招聘计划　　　　　D.劳动关系计划

📝 考点二 人力资源规划的制定程序

E 类	考频	难度	题量	做题时间
	低频	较容易	1道	0.5分钟

5.【精编多选】下列人力资源信息中，属于外部环境信息的有（　　）。

A.劳动力市场需求状况

B.员工使用情况

C.人口变化趋势

D.员工教育培训情况

E.劳动力市场供应状况

📝 考点三 人力资源需求与供给预测

A 类	考频	难度	题量	做题时间
	高频	较容易	5道	3分钟

6.【2024/2023单选】下列人力资源预测方法中，由专家依赖自己的知识、经验和分析判断能力，对企业的人力资源需求进行预测的方法是（　　）。

A.人员核查法　　　　　　B.转换比率分析法

C.德尔菲法　　　　　　　D.一元回归分析法

7.【2024/2022/2021单选】某企业统计研究发现，销售额每增加1000万元，需增加管理人员、销售人员和客服人员共20名，新增人员中管理人员、销售人员和客服人员的比例是1∶6∶3，该企业预计2021年销售额比2020年销售额增加3000万元。根据转换比率分析法，该企业2021年需要新增销售人员（　　）人。

A.40　　　　B.60　　　　C.36　　　　D.6

8.【2021单选】某企业根据历年统计资料得知，当销售额每增加1000万元，需要新增客服人员10人，其中，管理人员、销售人员、客服人员的比例为1∶6∶3。该企业预计2022年销售额将增加2000万元，则需要新增销售人员（　　）人。

A.12　　　　B.60　　　　C.40　　　　D.20

9.【2021单选】简便易行，适合短期人力资源需求的预测方法是（　　）。

A.人员核查法

B.管理人员判断法

C.管理人员接续计划法

D.德尔菲法

10.【精编单选】下列人力资源预测方法中，能集思广益、充分发挥专家作用，且预测准确度相对较高的是（　　）。

A.人员核查法　　　　　　B.转换比率分析法

C.德尔菲法　　　　　　　D.一元回归分析法

考点四 绩效的含义与特点

E类	考频	难度	题量	做题时间
	低频	较容易	1道	0.5分钟

11.【精编多选】绩效作为一种工作结果和工作行为具有（　　）的特点。

A.多因性　　　　　　　　B.多维性

C.变动性　　　　　　　　D.固定性

E.随机性

考点五 绩效考核的含义与功能

E类	考频	难度	题量	做题时间
	低频	较容易	1道	0.5分钟

12.【2023单选】客观公正的绩效考核可以促使员工更加积极、主动、规范地完成绩效目标。这体现了绩效考核的（　　）功能。

A.激励　　　B.监控　　　C.管理　　　D.沟通

考点六 绩效考核的内容和标准

B类	考频	难度	题量	做题时间
	中频	较容易	3道	2分钟

13.【2024单选】绩效考核的内容主要包括，工作业绩、工作能力和（　　）。

A.工作时间　　　　　　　B.工作态度

C.工作数量　　　　　　　D.工作质量

14.【2022多选】下列绩效考核内容中，属于绩效考核项目的有（　　）。

A.开拓创新能力　　　　　B.组织指挥能力

C.沟通协调能力　　　　　D.工作业绩

E.工作态度

15.【2021多选】关于绩效考核标准的说法，正确的有（　　）。

A.绩效考核标准应该按照企业高绩效员工实际水平确定

B.在不同的考核时期，绩效考核标准应该随环境变化而变化

C.绩效考核标准必须是量化的

D.绩效考核标准一方面要有一定难度，另一方面需要经过员工的努力又可以达到

E.绩效考核标准是对员工工作任务在数量方面的要求

考点七 绩效考核的步骤

C类	考频	难度	题量	做题时间
	高频	较难	4道	4分钟

16.【2023多选】下列绩效考核工作中，属于制订绩效考核计划工作的有（　　）。

A.确定绩效考核内容

B.确定绩效考核时间

C.明确绩效考核对象

D.确定绩效考核等级

E.明确绩效考核目的

17.【2022多选】下列绩效考核工作中，属于绩效考核实施阶段的工作有（　　）。

A.绩效考核评价

B.选择考核者

C.确定考核方法

D.明确考核标准

E.绩效沟通

18.【2021多选】下列人力资源绩效考核活动中，属于绩效反馈阶段的活动有（　　）。

A.分析整理绩效考核结果

B.指导被考核者制订绩效改进计划

C.与被考核者沟通绩效考核结果

D.指出被考核者在绩效方面的问题

E.改进人力资源开发与管理活动

19.【2020多选】下列绩效考核工作中，属于绩效考核技术准备工作的有（　　）。

A.选择考核者　　　　　　B.明确考核标准

C.绩效沟通　　　　　　　D.确定考核方法

E.绩效考核评价

第八章

考点八 绩效考核的方法

B类	考频	难度	题量	做题时间
	中频	较容易	5道	3分钟

20.【2024单选】某企业的销售主管，听取个人述职报告后由销售部经理、其他业务主管以及销售员对每位销售主管的工作绩效作出评价，该方法为（   ）。

A.书面鉴定法　　　　　　B.关键事件法

C.民主评议法　　　　　　D.行为锚定评价法

21.【2023单选】某企业长期记录员工在工作中发生的直接影响其工作绩效的重要行为，以对员工的工作绩效进行评价。该企业采用的绩效考核方法是（   ）。

A.书面鉴定法　　　　　　B.交替排序法

C.民主评议法　　　　　　D.关键事件法

22.【2023单选】企业某部门运用一一对比法对所属的4名员工进行绩效考核，考核情况如下表所示。（"+"表示考核对象比比较对象绩效水平高；"–"表示考核对象比比较对象绩效水平低；"0"表示两者绩效水平一致）

比较对象＼被考核者	张××	王××	李××	赵××
张××	0	–	+	+
王××	+	0	+	+
李××	–	–	0	+
赵××	–	–	–	0

由此可知，绩效最优的员工是（   ）。

A.张××　　　　　　　　B.李××

C.王××　　　　　　　　D.赵××

23.【2020单选】某企业A部门采用一一对比法对4名员工进行绩效考核，考核情况如下表所示。（"+"表示考核对象比比较对象绩效水平高；"–"表示考核对象比比较对象绩效水平低；"0"表示两者绩效水平一致）由此可知，绩效最差的员工是（   ）。

比较对象＼被考核者	张××	李××	赵××	王××
张××	0	–	–	+
李××	+	0	–	+
赵××	+	+	0	+
王××	–	–	–	0

A.张××　　　　　　　　B.李××

C.赵××　　　　　　　　D.王××

24.【精编单选】在绩效考核时，为每一个职位的各个考核维度都设计出一个评分量表，量表上的每个分数刻度都对应地有一些典型行为的描述性文字说明，供考核者在对被考核者进行评价打分时参考。这种方法称为（   ）。

A.评级量表法　　　　　　B.书面鉴定法

C.关键事件法　　　　　　D.行为锚定评价法

考点九 薪酬与薪酬管理

B类	考频	难度	题量	做题时间
	中频	较容易	4道	2分钟

25.【2024单选】对企业来讲，薪酬是企业购买劳动力的成本，它能够给企业带来大于成本的预期收益，这属于薪酬的（   ）。

A.增值功能

B.改善用人活动功效的功能

C.协调企业内部关系和塑造企业文化的功能

D.促进企业变革和发展的功能

26.【2024多选】下列选项中，属于间接薪酬的有（   ）。

A.保险福利　　　　　　　B.儿童看护

C.绩效工资　　　　　　　D.带薪休假

E.员工分红

27.【2022/2021单选】企业根据员工所承担的工作或者所具备的技能而支付给员工的比较稳定的薪酬属于（   ）。

A.间接薪酬 　　　　　　　B.基本薪酬

C.补偿薪酬 　　　　　　　D.激励薪酬

28.【2021单选】（　　）是指企业内部各个职位之间薪酬的相互关系，反映了企业支付薪酬的内部一致性。

A.薪酬形式 　　　　　　　B.薪酬调整

C.薪酬结构 　　　　　　　D.薪酬水平

📝 考点十　企业薪酬制度设计的原则和流程

A 类	考频	难度	题量	做题时间
	高频	较容易	5 道	3 分钟

29.【2024单选】某员工获得的劳动报酬与其业绩绩效相符是（　　）原则。

A.员工个人公平 　　　　　B.内部公平

C.外部公平 　　　　　　　D.社会公平

30.【2023/2021单选】企业在进行薪酬制度设计时，内部各类、各级职位之间的薪酬标准要拉开适当的距离，避免平均化，提高员工的工作积极性，这体现了薪酬制度设计的（　　）原则。

A.量力而行 　　　　　　　B.合法

C.激励 　　　　　　　　　D.竞争

31.【2022单选】同一企业不同职务之间的薪酬水平应相互协调，即各种职务的薪酬都要与其贡献相一致，这属于（　　）原则。

A.员工个人公平 　　　　　B.内部公平

C.外部公平 　　　　　　　D.同行公平

32.【2022单选】企业进行薪酬制度设计时，应遵循国家有关法律法规的要求，做到合法合理付酬，这属于（　　）原则。

A.外部公平 　　　　　　　B.量力而行

C.合法 　　　　　　　　　D.竞争

33.【2021单选】企业在设计薪酬制度时必须考虑自身的经济实力，避免薪酬过高或薪酬过低的情况

出现，进而避免使企业成本过高或缺乏吸引力和竞争力，这反映的薪酬制度设计原则是（　　）。

A.公平原则 　　　　　　　B.激励原则

C.竞争原则 　　　　　　　D.量力而行原则

📝 考点十一　基本薪酬设计

C 类	考频	难度	题量	做题时间
	高频	较难	6 道	6 分钟

34.【2024/2020单选】建立企业薪酬等级时，能反映某一薪酬等级内部允许变动幅度的是（　　）。

A.薪酬浮动率 　　　　　　B.薪酬均值

C.薪酬区间 　　　　　　　D.薪酬级别

35.【2024/2020单选】某企业进行薪酬制度设计时，将员工的职位划分为若干个级别，按员工所处的职位级别确定其基本薪酬的水平和数额。该企业采用的薪酬制度设计方法是（　　）。

A.职位等级法 　　　　　　B.计点法

C.职位分类法 　　　　　　D.因素比较法

36.【2022多选】企业进行以职位为导向的基本薪酬制度设计时，常用方法包括（　　）。

A.关键绩效指标法

B.目标管理法

C.职位分类法

D.职位等级法

E.计点法

37.【2021多选】企业确定薪酬浮动率时，应考虑的因素主要有（　　）。

A.本企业各薪酬等级之间的价值差异

B.各薪酬等级自身的价值

C.本企业的薪酬支付能力

D.同行业其他企业同种职位的薪酬标准

E.本企业各薪酬等级的重叠比率

38.【精编单选】宽带型薪酬结构最大的特点是（　　）。

A.体现了员工职位评价的结果

B.职位等级能够反映出职位的价值差异

C.充分考虑了员工在本单位工作的时间

D.扩大了员工通过技术和能力的提升增加薪酬的可能性

39.【精编单选】 某企业进行薪酬制度设计时，首先将各种职位划分为若干种职位类型，找出各种职位中包含的共同"付酬因素"；然后把各"付酬因素"划分为若干等级，并对每一因素及其等级予以界定和说明，接着对每一"付酬因素"指派分数以及其在该因素各等级间的分配数值；最后，利用一张转换表将处于不同等级上的职位所得的"付酬因素"数值转换成具体的薪酬金额。该企业采用的薪酬制度设计方法是（ ）。

A.职位分类法
B.职位等级法
C.计点法
D.因素比较法

考点十二 激励薪酬设计

A类	考频	难度	题量	做题时间
	高频	较容易	4道	2分钟

40.【2023单选】 某企业规定，员工完成重大技术改进项目的可获得50万元奖励。这种激励薪酬属于（ ）。

A.利润分享计划

B.特殊绩效认可计划

C.员工持股计划

D.绩效调薪

41.【2022多选】 下列薪酬形式中，适用于个人激励的有（ ）。

A.绩效奖金
B.员工持股计划
C.利润分享计划
D.收益分享计划
E.特殊绩效认可计划

42.【2022/2021多选】 下列薪酬形式中，适用于群体激励的有（ ）。

A.住房公积金

B.月/季度浮动薪酬

C.计件工资

D.利润分享计划

E.员工持股计划

43.【2020多选】 下列薪酬形式中，属于激励薪酬的有（ ）。

A.带薪休假
B.保险福利
C.计件工资
D.股票期权
E.奖金

考点十三 福利

A类	考频	难度	题量	做题时间
	高频	较容易	6道	4分钟

44.【2024/2020多选】 下列属于国家法定福利的有（ ）。

A.儿童看护
B.公休假日
C.带薪休假
D.住房公积金
E.老人护理

45.【2023单选】 下列薪酬形式中，属于福利的是（ ）。

A.绩效奖金
B.出差补贴
C.加班费
D.带薪休假

46.【2023单选】 下列薪酬形式中，具有形式灵活多样，可以满足员工的不同需要，能减少员工对企业不满情绪作用的是（ ）。

A.绩效奖金

B.利润分享计划

C.绩效工资

D.福利

47.【2022单选】 企业提供给员工的各种福利属于（ ）。

A.补偿薪酬
B.激励薪酬
C.基本薪酬
D.间接薪酬

48.【2022单选】下列薪酬中，具有典型的保健性质的是（　　）。

A.奖金

B.基本薪酬

C.激励薪酬

D.福利

49.【2021多选】关于福利的独特优势的说法，正确的有（　　）。

A.福利可以使员工得到更多的实际收入

B.福利可以满足员工不同的需要

C.福利像直接薪酬一样促进员工工作绩效的提高

D.可以减少员工的不满意

E.可以为员工节省一定的支出

第九章　企业投融资决策与并购重组

📑 考点清单

做题建议：本章共 54 题，预计做题用时约 52 分钟。

备考建议：本章共 13 个考点，其中高频 5 个、中频 5 个、低频 3 个。本章在历年考试中一般占 16~20 分，含有案例分析题，具体参见"专项突破四"。本章考点清单如下。

考频	考点	考查角度	难度	题量	做题时间
高频 （5个）	考点二 货币时间价值的计算	角度1：计算一次性收付款项复利终值与现值	较难	10道	14分钟
		角度2：计算后付年金终值与现值			
		角度3：考查先付年金的概念与计算			
		角度4：考查递延年金的概念			
		角度5：计算优先股的股利现值			
	考点三 风险价值观念	角度1：考查单项资产的风险衡量	较容易	5道	3分钟
		角度2：计算风险报酬率			
	考点四 资本成本的构成	角度1：考查资本成本的构成	较难	8道	7分钟
		角度2：考查长期借款与长期债券资本成本率的计算与影响因素			
		角度3：考查普通股资本成本率的计算与影响因素			
	考点八 固定资产投资决策	角度1：考查现金流量的估算	较难	9道	11分钟
		角度2：考查贴现现金流量指标的内容和决策规则			
		角度3：考查项目风险的衡量与处理办法			
	考点十一 资产注入与资产置换	角度：考查资产注入与资产置换的含义	较容易	3道	2分钟
中频 （5个）	考点一 货币时间价值的概念	角度：考查货币时间价值的概念	较容易	3道	2分钟
	考点五 杠杆理论	角度：考查总杠杆系数的计算	较容易	1道	0.5分钟
	考点十 收购与兼并、分拆与分立	角度1：考查并购的含义	较容易	4道	3分钟
		角度2：辨析并购的类型			
		角度3：辨析并购的效应与分立的效应			
	考点十二 债转股和以股抵债	角度：辨析债转股和以股抵债的积极效应	较容易	2道	1分钟
	考点十三 企业价值评估	角度：考查企业价值评估的方法	较难	4道	4分钟

续表

考频	考点	考查角度	难度	题量	做题时间
低频 （3个）	考点六 资本结构理论	角度1：考查资本结构的含义	较难	3道	3分钟
		角度2：考查MM资本结构理论的内容			
		角度3：考查现代资本结构理论的内容			
	考点七 资本结构决策	角度：考查资本结构决策的方法	较难	1道	1分钟
	考点九 长期股权投资决策	角度：考查长期股权投资的特征	较容易	1道	0.5分钟

第九章

✎ 考点一 货币时间价值的概念

B类	考频	难度	题量	做题时间
	中频	较容易	3道	2分钟

1.【2023单选】因为货币资金可以再投资，所以货币的时间价值通常按（　　）计算。

A.单利　　　　　　　　　B.复利

C.标准差　　　　　　　　D.离差

2.【2022单选】货币时间价值是扣除通货膨胀和（　　）因素后的平均资金利润率。

A.机会成本　　　　　　　B.营业成本

C.资本成本　　　　　　　D.风险报酬

3.【2021单选】企业进行投资决策时，采用对不同时点资金折算的方法，其理论依据是（　　）。

A.货币时间价值理论　　　B.净收益观点

C.市场择时理论　　　　　D.资本结构理论

✎ 考点二 货币时间价值的计算

C类	考频	难度	题量	做题时间
	高频	较难	10道	14分钟

4.【2024单选】租期10年合同，约定从第三年起到第10年，每年末支付租金100万元，假定利率4%，租金现值是（　　）万元。

A.622.5　　　　　　　　B.409.7

C.878.9　　　　　　　　D.797.8

5.【2024单选】某司投1亿购买上市公司的优先股，约定每年股息500万，无到期日，则该笔投资股息收入可视为（　　）。

A.永续年金　　　　　　　B.后付年金

C.延期年金　　　　　　　D.企业年金

6.【2023单选】某科技公司与某物业公司签署办公场所租赁协议，租期为10年，约定3年后每年末支付租金80万元，共支付7年。这种租金形式为（　　）。

A.递延年金　　　　　　　B.先付年金

C.永续年金　　　　　　　D.后付年金

7.【2022单选】2021年12月31日，M公司与N公司签订3年租赁合同，并于2022年1月1日、2023年1月1日、2024年1月1日付款50万元，请问这种付款方式属于（　　）。

A.普通年金　　　　　　　B.先付年金

C.递延年金　　　　　　　D.永续年金

8.【2022单选】关于n期先付年金终值与n期后付年金终值关系的说法，正确的是（　　）。

A.n期先付年金终值比n期后付年金终值多计算1期利息

B.n期先付年金终值比n期后付年金终值少折现$n-1$期利息

C.n期先付年金终值比n期后付年金终值多折现$n-1$期利息

D.n期先付年金终值比n期后付年金终值少计算1期利息

9.【2022单选】甲公司从乙公司租入数控切割机一台，合同约定租期3年，甲公司每年年初支付给乙公司租金10万元，假定年复利率为5%，则甲公司支付的租金现值总计是（　　）万元。

A.28.59　　　　　　　　B.27.22

C.25.45　　　　　　　　D.26.87

10.【2021单选】关于n期先付年金与n期后付年金的说法，正确的是（　　）。

A.n期先付年金现值比n期后付年金现值多折现2期

B.n期先付年金现值比n期后付年金现值少折现1期

C.n期先付年金现值比n期后付年金现值少折现2期

D.n期先付年金现值比n期后付年金现值多折现1期

11.【2021单选】M公司以其闲置的5000万元购买某理财产品，期限为2年，年利率为3.9%，按照复利计息，则该公司到期可收回资金为（　　）万元。

A.4632　　　　　　　　B.5398

第九章

C.5000   D.5893

12.【2020单选】 某公司发行优先股，优先股每年股息为5.4元，投资者要求的年必要报酬率为5%，则该优先股的现值为（　　　）。

A.93   B.108

C.100   D.105

13.【2020单选】 A公司从B公司租入设备一台。合同约定租期5年，租期内A公司每年年末支付租金100万元，贴现率为10%，5年的年金现值系数为3.79，则5年租金总额的现值为（　　　）万元。

A.420.0   B.500.0

C.379.0   D.37.9

📝 考点三　风险价值观念

A 类	考频	难度	题量	做题时间
	高频	较容易	5 道	3 分钟

14.【2024单选】 某公司要从四个投资项目当中选择，甲乙丙丁各自报酬率的标准离差率分别为10.2%、20.5%、30.3%、50.4%，风险最大的是（　　　）。

A.甲   B.乙   C.丙   D.丁

15.【2023单选】 某公司计划投资生产A产品，经过资料收集、分析和测算得知，投资A产品的期望报酬率为30%，标准离差为10%，则投资A产品的标准离差率是（　　　）。

A.38.28%   B.18.00%

C.30.00%   D.33.33%

16.【2022多选】 企业衡量单项投资项目风险的指标有（　　　）。

A.获利指数   B.标准离差

C.标准离差率   D.年金系数

E.资金时间价值

17.【2021多选】 下列指标中，可用来比较不同单项投资项目风险大小的有（　　　）。

A.标准离差   B.时间价值率

C.标准离差率   D.资本成本率

E.获利指数

18.【精编单选】 某公司计划开发生产A产品。经测算，开发A产品的投资期望报酬率的标准离差率为50%，风险报酬系数为40%，则该公司开发A产品的风险报酬率是（　　　）。

A.12.5%   B.9.0%

C.45.0%   D.20.0%

📝 考点四　资本成本的构成

C 类	考频	难度	题量	做题时间
	高频	较难	8 道	7 分钟

19.【2024多选】 税收不会直接影响下列（　　　）的资本成本率水平。

A.长期借款   B.长期债券

C.配售普通股   D.发行普通股

E.发行优先股

20.【2024/2022单选】 M公司从银行借款2.5亿元，期限5年，年利率为9.8%，每年付息一次，到期一次性还本，筹资费用忽略不计，企业所得税税率为25%，该笔借款的资本成本率为（　　　）。

A.7.35%   B.7.02%

C.6.83%   D.7.89%

21.【2023单选】 某公司从银行借款3亿元，期限3年，借款年利率为7.5%，每年付息一次，到期一次性还本，筹资费用率为0.1%，公司所得税税率为25%，则该公司长期借款资本成本率为（　　　）。

A.4.12%   B.5.63%

C.4.25%   D.5.25%

22.【2020单选】 假定无风险报酬率为3.5%，市场平均报酬率为12.5%，某公司股票的风险系数为1.1。根据资本资产定价模型，则其普通股资本成本率为（　　　）。

A.13.4%　　　　B.14.1%　　　　C.12.5%　　　　D.9.9%

23.【2020多选】企业所得税会直接影响（　　　）资本成本率水平。

A.长期借款　　　　　　　　B.长期债券

C.配售普通股　　　　　　　D.发行普通股

E.发行优先股

24.【精编单选】某公司采用固定增长股利政策，每年股利固定增长率为5%，如果第一年的每股股利为0.8元，普通股每股融资净额为16元，则该公司发行普通股的资本成本率为（　　　）。

A.11%　　　　B.10%　　　　C.12%　　　　D.5%

25.【精编多选】根据股利折现模型，影响普通股资本成本率的因素有（　　　）。

A.股票发行价格　　　　　　B.股票发行费用

C.股利水平　　　　　　　　D.普通股股数

E.企业所得税税率

26.【精编多选】企业的资本成本包括（　　　）。

A.用资费用　　　　　　　　B.营业费用

C.销售费用　　　　　　　　D.筹资费用

E.制造费用

📝 考点五　杠杆理论

B类	考频	难度	题量	做题时间
	中频	较容易	1道	0.5分钟

27.【2024/2021单选】某企业财务杠杆系数、营业杠杆系数分别是1.8和1.5，则总杠杆系数是（　　　）。

A.2.7　　　　B.3.3　　　　C.0.3　　　　D.1.8

📝 考点六　资本结构理论

E类	考频	难度	题量	做题时间
	低频	较难	3道	3分钟

28.【2020单选】根据MM资本结构化，在没有企业

所得税和个人所得税的情况下，风险相同的企业，其价值不受（　　　）及其程度的影响。

A.亏损　　　　　　　　　　B.盈利

C.负债　　　　　　　　　　D.行业竞争

29.【精编单选】将调整成本纳入最优资本结构分析的理论的是（　　　）。

A.代理成本理论　　　　　　B.啄序理论

C.动态权衡理论　　　　　　D.市场择时理论

30.【精编单选】根据资本结构理论中的啄序理论，公司倾向于首先选择的筹资方式是（　　　）。

A.发行股票　　　　　　　　B.银行借款

C.发行债券　　　　　　　　D.内部筹资

📝 考点七　资本结构决策

E类	考频	难度	题量	做题时间
	低频	较难	1道	1分钟

31.【2020单选】使用每股利润分析法选择筹资方式时，计算得到的每股利润无差别点是两种或两种以上筹资方案下普通股每股利润相等时的（　　　）点。

A.营业利润　　　　　　　　B.息税前盈余

C.利润　　　　　　　　　　D.净利润

📝 考点八　固定资产投资决策

C类	考频	难度	题量	做题时间
	高频	较难	9道	11分钟

32.【2024单选】如果采用调整现金流量法对项目风险进行衡量和处理，确定肯定当量系数很重要，其数值在（　　　）之间。

A.-1～0　　　　　　　　　B.-1～1

C.1～100　　　　　　　　　D.0～1

33.【2024多选】不属于初始现金流的有（　　　）。

A.固定资产投资额

B.流动资产投资额

C.原来垫支在各种流动资产上的资金收回

D.付现成本

E.年营业收入

A.1   B.终结现金流量

C.初始现金流量   D.0

34.【2024多选】财务可行性评价指标包括净现值、内部报酬率、投资回收期和（   ）。

A.内部收益率   B.贴现率

C.获利指数   D.平均报酬率

E.获利收益

40.【精编单选】在估算项目营业现金流量时，营业现金流出量不包括（   ）。

A.水电费   B.直接材料费

C.直接工资费   D.折旧费

考点九 长期股权投资决策

E 类	考频	难度	题量	做题时间
	低频	较容易	1 道	0.5 分钟

35.【2023单选】企业在估算投资项目的初始现金流量和终结现金流量时，均要考虑（   ）的变化。

A.折旧   B.付现成本

C.所得税   D.流动资产

41.【精编单选】甲公司出资1亿元对乙公司进行股权投资，该项投资应计入（   ）。

A.甲公司资产负债表上的资产

B.乙公司资产负债表上的负债

C.甲公司资产负债表上的负债

D.甲公司资产负债表上的股东权益

36.【2023单选】G公司正在论证新建一条生产线项目的可行性。项目固定资产投资包括新建厂房投资100万元，购置设备投资800万元。固定资产折旧采用直线折旧法，折旧期为10年，假设无残值。项目建成投产后，每年可实现净利润180万元，该项目的年净营业现金流量为（   ）万元。

A.280   B.100

C.270   D.150

考点十 收购与兼并、分拆与分立

B 类	考频	难度	题量	做题时间
	中频	较容易	4 道	3 分钟

42.【2024单选】L公司计划并购Z公司，如果L公司利用Z公司资产的经营收入作为并购款支付的担保，则L公司采用的并购方式是（   ）。

A.杠杆并购   B.现金购买方式并购

C.非杠杆并购   D.二级市场并购

37.【2023单选】公司在多个互斥的投资方案选择决策中，当使用不同的决策指标所选的方案不一致时，在无资本限量的情况下，应以（   ）为选择标准。

A.动态投资回收期   B.获利指数

C.净现值   D.静态投资回收期

43.【2022单选】某电动汽车制造商用自有资金并购了一家电动汽车电池生产企业，此项并购属于（   ）。

A.混合并购   B.杠杆并购

C.横向并购   D.纵向并购

38.【2021单选】某项目进行到终结期时，固定资产残值收入为80万元，收回垫支的流动资产投资1080万元，企业所得税税率为25%，则该项目的终结现金流量为（   ）万元。

A.1160   B.1080   C.1000   D.980

44.【精编单选】可以化解公司内部竞争性冲突的重组方式是（   ）。

A.新设合并   B.收购

C.分立   D.吸收合并

39.【2020单选】内部报酬率是指投资项目净现值等于（   ）时的贴现率。

45.【精编单选】甲公司与乙公司合并设立新公司，则（　　）。

A.甲、乙公司均续存　　　　B.甲、乙公司均解散

C.仅甲公司解散　　　　　　D.仅乙公司解散

考点十一　资产注入与资产置换

A类	考频	难度	题量	做题时间
	高频	较容易	3道	2分钟

46.【2024/2023单选】M公司与N公司签署协议，M公司将持有的H公司90%的股份与N公司的建筑面积为17958平方米的房地产相互交易，差额部分用现金补足。此项重组方式属于（　　）。

A.资产置换　　　　　　　　B.吸收合并

C.以股抵债　　　　　　　　D.债转股

47.【2022多选】E公司将其资产注入F公司，F公司可选择用（　　）支付。

A.F公司的负债　　　　　　B.F公司的现金

C.F公司的资本公积　　　　D.F公司的库存股

E.F公司的股权

48.【2021单选】M公司将2亿元固定资产注入N公司，N公司定向增发新股给M公司，则N公司财务上的变化是（　　）。

A.负债增加　　　　　　　　B.固定资产增加

C.所有者权益减少　　　　　D.长期股权投资增加

考点十二　债转股和以股抵债

B类	考频	难度	题量	做题时间
	中频	较容易	2道	1分钟

49.【2023多选】M公司的大股东以其持有的对M公司的股权抵偿对M公司的债务，这给M公司带来的影响有（　　）。

A.资产负债率降低　　　　　B.净资产收益率提高

C.总资产增加　　　　　　　D.营业收入总额增加

E.每股收益提高

50.【2020单选】A公司的债权人B公司，将其持有的A公司的债权转成持有A公司的股权。这会使A公司的（　　）。

A.长期股权投资增加　　　　B.注册资本减少

C.负债减少　　　　　　　　D.资产增加

考点十三　企业价值评估

D类	考频	难度	题量	做题时间
	中频	较难	4道	4分钟

51.【2024多选】下列企业价值评估方法中，所评估的企业价值受其市值影响的有（　　）。

A.市销率法　　　　　　　　B.成本法

C.收益法　　　　　　　　　D.市净率法

E.市盈率法

52.【2022单选】企业价值评估法中需要确定贴现率的是（　　）。

A.收益法　　　　　　　　　B.市销率估值法

C.市净率法　　　　　　　　D.市盈率法

53.【2020多选】利用现金流量折现法进行企业估值，可选择的模型有（　　）。

A.调整现金流量模型

B.自由现金流折现模型

C.股利折现模型

D.资本资产定价模型

E.股权自由现金流折现模型

54.【精编多选】使用收益法对企业价值进行评估的具体方法有（　　）。

A.每股利润分析法　　　　　B.现金流量折现法

C.股利折现法　　　　　　　D.净现值法

E.目标成本

第十章　电子商务

考点清单

做题建议： 本章共 48 题，预计做题用时约 31 分钟。

备考建议： 本章共 14 个考点，其中高频 5 个、中频 8 个、低频 1 个。本章不含案例分析题，在历年考试中一般占 7~10 分。本章考点清单如下。

考频	考点	考查角度	难度	题量	做题时间
高频 （5个）	考点四 商流、资金流、物流、信息流的概念和特征	角度1：选出电子商务"四流"	较容易	6道	3分钟
		角度2：辨析电子商务"四流"的特征			
	考点八 电子商务的交易模式及特点	角度：辨析电子商务的交易模式及特点	较容易	6道	4分钟
	考点九 企业实施电子商务的运作步骤	角度：考查企业电子商务运作步骤的内容	较难	6道	6分钟
	考点十二 网络营销的概念和特点	角度：辨析网络营销的特点	较容易	3道	2分钟
	考点十四 网络营销方式	角度：辨析网络营销方式	较容易	5道	3分钟
中频 （8个）	考点一 电子商务产生的背景及概念	角度：辨析电子商务产生的主要因素	较容易	2道	1分钟
	考点二 电子商务的功能与特点	角度1：考查电子商务的功能	较容易	4道	2分钟
		角度2：考查电子商务的特点			
	考点三 电子商务的分类	角度：考查电子商务的分类	较容易	2道	1分钟
	考点五 电子商务对企业经营管理的影响	角度：选出电子商务对企业经营管理的影响	较容易	1道	0.5分钟
	考点六 电子商务的一般架构	角度：选出并辨析电子商务的一般架构	较容易	4道	3分钟
	考点七 电子商务运作系统的组成要素	角度：选出并辨析电子商务运作系统的组成要素	较容易	3道	2分钟
	考点十 电子支付的特点和分类	角度1：选出电子支付的分类	较容易	3道	2分钟
		角度2：选出电子支付的优势			
		角度3：辨析电子支付的方式与内容			
	考点十三 网络市场调研的方法	角度1：选出网络市场直接调研的方法	较容易	2道	1分钟
		角度2：选出网络市场间接调研的方法			
低频 （1个）	考点十一 第三方支付	角度：考查第三方支付的概念	较容易	1道	0.5分钟

📝 考点一 电子商务产生的背景及概念

B 类	考频	难度	题量	做题时间
	中频	较容易	2 道	1 分钟

1.【2023单选】电子商务产生的现实需求背景是（　　）。

A.经济全球化　　　　　B.生态绿色化

C.工艺专业化　　　　　D.分工协作化

2.【2022单选】电子商务产生的技术基础是（　　）。

A.工业技术革命　　　　B.互联网技术革命

C.信息技术革命　　　　D.电气技术革命

📝 考点二 电子商务的功能与特点

B 类	考频	难度	题量	做题时间
	中频	较容易	4 道	2 分钟

3.【2024/2020单选】交易双方通过计算机网络进行贸易，从洽谈、签约到订货、支付等事项，均通过网络完成，无须当面进行。这体现电子商务的（　　）特点。

A.经济全球化　　　　　B.运输全球化

C.资本虚拟化　　　　　D.交易虚拟化

4.【2023多选】与传统商务相比，电子商务的特点有（　　）。

A.交易虚拟化　　　　　B.交易透明化

C.服务个性化　　　　　D.支付纸币化

E.成本低廉化

5.【2020单选】某企业为了提高服务水平，通过电子商务平台收集用户对服务的意见和偏好，该企业的活动实现了电子商务的（　　）功能。

A.广告宣传　　　　　　B.网上订购

C.网络调研　　　　　　D.咨询洽谈

6.【2020多选】某房地产开发商开展电子商务战略，其电子商务平台可以实现的功能有（　　）。

A.网络调研　　　　　　B.网上订购

C.维修服务　　　　　　D.咨询洽谈

E.电子支付

📝 考点三 电子商务的分类

B 类	考频	难度	题量	做题时间
	中频	较容易	2 道	1 分钟

7.【2023/2021单选】下列产品中，可以实现完全电子商务的是（　　）。

A.共享单车　　　　　　B.网络电影

C.新能源汽车　　　　　D.智能手机

8.【2022多选】属于完全电子商务的有（　　）。

A.视频　　　　　　　　B.信息咨询

C.计算机　　　　　　　D.音乐

E.自行车

📝 考点四 商流、资金流、物流、信息流的概念和特征

A 类	考频	难度	题量	做题时间
	高频	较容易	6 道	3 分钟

9.【2024单选】电子商务中贯穿整个流程的是（　　）。

A.商流　　　　　　　　B.资金流

C.物流　　　　　　　　D.信息流

10.【2024单选】商流、资金流、物流、信息流是一个相互联系、互为伴随、共同支撑电子商务的整体，（　　）是动机和目的。

A.商流　　　　　　　　B.资金流

C.物流　　　　　　　　D.信息流

11.【2023多选】电子商务的"四流"中呈现单向流动的有（　　）。

A.能量流　　　　　　　B.资金流

C.人流　　　　　　　　D.物流

E.信息流

12.【2022/2020单选】电子商务的"四流"中具有

双向传递特点的是（　　　）。

A.信息流　　　　　　　　B.资金流

C.商流　　　　　　　　　D.物流

13.【2022单选】下列电子商务的"四流"中，商品所有权发生转移的过程是（　　　）。

A.信息流　　　　　　　　B.商流

C.物流　　　　　　　　　D.资金流

14.【2021单选】电子商务的"四流"指的是（　　　）。

A.商流、资金流、物流、信息流

B.商流、资金流、客户流、信息流

C.现金流、资金流、物流、数据流

D.商流、现金流、物流、数据流

✐ 考点五 电子商务对企业经营管理的影响

B类	考频	难度	题量	做题时间
	中频	较容易	1道	0.5分钟

15.【2022/2021多选】电子商务影响企业经营管理的领域有（　　　）。

A.管理思想　　　　　　　B.管理模式

C.组织结构　　　　　　　D.产品生产工艺

E.质量检验

✐ 考点六 电子商务的一般框架

B类	考频	难度	题量	做题时间
	中频	较容易	4道	3分钟

16.【2024单选】（　　　）是实现电子商务最底层的硬件基础设施。

A.网络层　　　　　　　　B.数据库层

C.信息发布与传输层　　　D.一般业务服务层

17.【2021多选】实现电子商务的最基层网络硬件基础设施包括（　　　）。

A.远程通信网　　　　　　B.有线电视网

C.无线通信网　　　　　　D.电网

E.互联网

18.【2020单选】在电子商务系统框架结构中，实现电子商务的基础设施层是（　　　）。

A.网络层　　　　　　　　B.数据库层

C.信息发布与传输层　　　D.业务服务层

19.【2020多选】从结构层次的角度看，电子商务系统的框架结构包括（　　　）。

A.供应销售

B.一般业务服务层

C.网络层

D.产业链层

E.信息发布与传输层

✐ 考点七 电子商务运作系统的组成要素

B类	考频	难度	题量	做题时间
	中频	较容易	3道	2分钟

20.【2023单选】下列电子商务运作系统的组成要素中，（　　　）是推动电子商务发展的根本力量。

A.认证中心　　　　　　　B.消费者

C.企业　　　　　　　　　D.网络支付体系

21.【2022多选】电子商务运作系统的组成要素包括（　　　）。

A.网络支付体系　　　　　B.物流配送体系

C.企业　　　　　　　　　D.消费者

E.咨询机构

22.【2021单选】电子商务运作系统中，保证相关主体身份真实性和交易安全性的机构是（　　　）。

A.企业　　　　　　　　　B.物流配送机构

C.认证中心　　　　　　　D.网络支付体系

✐ 考点八 电子商务的交易模式及特点

A类	考频	难度	题量	做题时间
	高频	较容易	6道	4分钟

23.【2024单选】下列电子商务交易模式中，普通个体消费者群体最多使用的是（　　　）。

A.B2B　　　　　　　　　B.C2C

C.B2G

D.C2G

A.功能设计

B.制定战略

C.流程设计

D.明确愿景

E.网站设计

24.【2023单选】张先生工作之余通过网约车平台提供网约车服务。这种商务活动模式属于（　　）电子商务。

A.B2C

B.C2C

C.B2G

D.B2B

25.【2023单选】B2G电子商务指的是（　　）。

A.企业对政府的电子商务

B.企业对企业的电子商务

C.企业对消费者的电子商务

D.消费者对消费者的电子商务

26.【2021单选】中国铁路12306向乘客提供火车票购买服务是（　　）电子商务模式。

A.B2B

B.B2C

C.C2C

D.B2G

27.【2020单选】某家电生产企业今年实施电子商务战略，开通网上商店，为终端消费者进行商品配送，提供电子支付系统。则该企业电子商务模式是（　　）。

A.C2C

B.B2C

C.B2G

D.B2B

28.【2020单选】O2O电子商务实现线上与线下协调集成，其本质属于（　　）。

A.B2G电子商务

B.B2C电子商务

C.B2B电子商务

D.C2C电子商务

30.【2023单选】某公司正在进行电子商务网站试运行，这种活动属于电子商务运作过程中（　　）阶段的工作。

A.电子商务组织实施

B.电子商务策略选择

C.系统设计与开发

D.电子商务战略制定

31.【2023单选】企业实施电子商务的首要步骤是（　　）。

A.系统设计

B.选择策略

C.明确愿景

D.确定业务模式

32.【2023多选】某公司正在组织力量开发设计其电子商务系统，则要进行的主要任务有（　　）。

A.网站设计

B.公司治理结构设计

C.数据库设计

D.流程设计

E.功能设计

33.【2022单选】网站的版面布局调整属于（　　）。

A.网站设计

B.功能设计

C.流程设计

D.数据库设计

34.【2020多选】电子商务系统的设计与开发的工作任务主要包括（　　）等。

A.系统开发

B.研发员工招聘设计

C.数据库设计

D.功能设计

E.网站设计

📝 考点九　企业实施电子商务的运作步骤

C 类	考频	难度	题量	做题时间
	高频	较难	6 道	6 分钟

29.【2024/2021多选】设计开发电子商务系统的具体工作任务有（　　）。

📝 考点十　电子支付的特点和分类

B 类	考频	难度	题量	做题时间
	中频	较容易	3 道	2 分钟

35.【2022/2021单选】下列移动支付终端中，用户通常选择使用的是（　　）。

A.智能手机　　　　　　　　B.移动POS机

C.移动个人计算机　　　　　D.平板电脑

36.【2022多选】与传统银行相比，网上银行的主要优势有（　　　）。

A.吸纳就业数量大　　　　　B.经营成本低廉

C.资金往来限制少　　　　　D.服务方便快捷

E.实现无纸化交易

37.【2020多选】与传统支付方式相比，电子支付的优势主要包括（　　　）。

A.无风险　　　　　　　　　B.方便

C.快捷　　　　　　　　　　D.高效

E.经济

✒ 考点十一　第三方支付

E类	考频	难度	题量	做题时间
	低频	较容易	1道	0.5分钟

38.【2022单选】能够解决先付款还是先发货矛盾的电子支付方式是（　　　）。

A.第一方支付　　　　　　　B.第三方支付

C.CA认证支付　　　　　　　D.自动柜员机支付

✒ 考点十二　网络营销的概念和特点

A类	考频	难度	题量	做题时间
	高频	较容易	3道	2分钟

39.【2024/2022单选】企业通过互联网展示商品图像，提供商品信息查询来实现供需双向沟通，这体现了电子商务的（　　　）。

A.交互性　　　　　　　　　B.多维性

C.经济性　　　　　　　　　D.整合性

40.【2023单选】某电器企业通过网络直播开展营销活动，减少了广告印刷费用，节省了渠道建设费用。这体现了网络营销的（　　　）。

A.整合性　　　　　　　　　B.交互性

C.经济性　　　　　　　　　D.精准性

41.【2021单选】网络营销将商品信息发布、收款和售后服务做了很好的集成，这体现了网络营销的（　　　）。

A.经济性　　　　　　　　　B.整合性

C.交互性　　　　　　　　　D.多维性

✒ 考点十三　网络市场调研的方法

B类	考频	难度	题量	做题时间
	中频	较容易	2道	1分钟

42.【2024/2021单选】属于网络间接调研方法的是（　　　）。

A.网上观察法　　　　　　　B.在线问卷法

C.访问相关网站　　　　　　D.网上实验法

43.【2022多选】下列网络市场调查的方法中，属于网络市场直接调研的方法有（　　　）。

A.网上观察法　　　　　　　B.搜索引擎法

C.网上实验法　　　　　　　D.在线问卷法

E.数据库

✒ 考点十四　网络营销方式

A类	考频	难度	题量	做题时间
	高频	较容易	5道	3分钟

44.【2024单选】利用用户口碑传播的网络营销方式是（　　　）。

A.网络社群营销　　　　　　B.病毒式营销

C.网络口碑营销　　　　　　D.博客营销

45.【2023单选】某公司以新闻报道的方式在门户网站传播公司品牌。这种网络营销方式属于（　　　）。

A.博客营销　　　　　　　　B.网络口碑营销

C.病毒式营销　　　　　　　D.网络软文营销

46.【2023单选】下列网络营销方式中，具有将电视广告与互联网营销相结合特点的是（　　　）。

A.网络视频营销　　　　　　B.网络事件营销

C.网络图片营销　　　　　　D.网络软文营销

47.【2022单选】下列网络营销活动中，能够精准定位且具有强互动性的营销方式是（　　）。

A.网络事件营销　　　　　B.微信营销

C.网络社群营销　　　　　D.网络口碑营销

48.【2020单选】某企业通过官方门户网站的新闻报道，把企业、品牌、产品、服务等相关信息及时、全面地向社会公众广泛传播宣传，该企业所采用的网络营销方式是（　　）。

A.网络知识性营销　　　　B.网络直复营销

C.网络软文营销　　　　　D.博客营销

第十一章　国际商务运营

考点清单

做题建议： 本章共 40 题，预计做题用时约 33 分钟。

备考建议： 本章共 11 个考点，其中高频 3 个、中频 6 个、低频 2 个。本章不含案例分析题，在历年考试中一般占 4~10 分。本章内容在 2023 年版教材中有新编，过往真题大多不具有参考性，以本卷收录的真题为复习参考。本章考点清单如下。

考频	考点	考查角度	难度	题量	做题时间
高频 （3个）	考点二 跨国公司的概念及组织形式	角度1：考查跨国公司的法律组织形式	较难	7道	7分钟
		角度2：考查跨国公司的管理组织形式			
	考点三 跨国公司的国外市场进入方式	角度1：辨析不同国外市场进入方式的特点	较难	4道	3分钟
		角度2：选出国外市场进入的方式			
	考点六 国际直接投资选址	角度：辨析生产选址的基本战略	较容易	1道	0.5分钟
中频 （6个）	考点四 国际直接投资的动机	角度：辨析国际直接投资的动机	较容易	2道	1分钟
	考点五 国际直接投资理论	角度：辨析国际直接投资理论的内容	较容易	4道	2分钟
	考点七 国际直接投资收益、成本和政策工具	角度1：选出国际直接投资给东道国带来的收益	较容易	2道	1分钟
		角度2：选出东道国国际直接投资的政策工具			
	考点九 国际贸易术语	角度：辨析国际贸易术语	较难	6道	6分钟
	考点十 国际商品出口的主要业务环节	角度1：考查出口报检的要求	较难	8道	8分钟
		角度2：考查出口收汇核销单填写要求			
		角度3：考查不同运输方式的内容			
		角度4：考查货运险的内容			
	考点十一 国际商品进口的主要业务环节	角度1：选出国际商品进口的主要业务环节	较难	2道	2分钟
		角度2：考查进口报关的要求			
低频 （2个）	考点一 国际商务的含义	角度：选出国际商务活动的类型	较容易	2道	1分钟
	考点八 交易磋商与合同签订	角度1：选出有效发盘的条件	较容易	2道	1分钟
		角度2：辨析发盘的撤回与撤销			

考点一 国际商务的含义

E类	考频	难度	题量	做题时间
	低频	较容易	2道	1分钟

1.【2024单选】国际商务活动的核心主体是（　　）。

A.国家　　　　　　　　B.个人

C.跨国公司　　　　　　D.国有企业

2.【精编单选】下列活动，不是国际商务活动的是（　　）。

A.国际贸易

B.国际直接投资

C.特许经营等其他国际经济活动

D.国内建分厂

考点二 跨国公司的概念及组织形式

C类	考频	难度	题量	做题时间
	高频	较难	7道	7分钟

3.【2024单选】属于跨国公司中子公司的特征的是（　　）。

A.没有独立性，不是法人

B.总公司对其债务负有无限责任

C.可以以自己的名义开展业务

D.便于管理

4.【2024多选】判定一家企业是否是跨国公司的结构标准包括（　　）。

A.在两个或两个以上的国家经营业务

B.公司的所有权为两个或两个以上国籍的人所有

C.公司的高级经理人员来自两个或两个以上的国家

D.公司的组织形式以全球性地区结构和全球性产品结构为基础

E.跨国公司在国外的生产值、销售额、利润额、资产额或雇员人数必须达到某一个百分比，一般是25%

5.【2023单选】从跨国公司的法律组织形式看，关于分公司的说法，错误的是（　　）。

A.分公司没有自己独立的财产权

B.分公司设立手续比较简单，便于管理

C.分公司不能在东道国从事投资生产、接受信贷、谈判签约等业务

D.分公司没有自己独立的公司名称和章程

6.【2022/2021单选】下列跨国公司的管理组织形式中，能够提升效率，有利于统一成本核算和利润考核，但难以实现产品多样化的是（　　）

A.全球产品结构　　　　B.全球性地区结构

C.全球职能结构　　　　D.全球混合结构

7.【2021单选】形成区位主义观念，忽视公司的全球战略目标和总体利益，难以开展跨地区的新产品的研究与开发，符合这种特征的是（　　）。

A.国际业务部　　　　　B.全球性地区结构

C.全球产品结构　　　　D.全球职能结构

8.【2021单选】在跨国公司的法律组织形式中，没有法人地位，不能开展投资生产、谈判签约等业务的是（　　）。

A.联络办事处　　　　　B.母公司

C.子公司　　　　　　　D.分公司

9.【2020单选】在跨国公司的法律组织形式中，不具有独立的法人地位，但可以在东道国开展业务的是（　　）。

A.联络办事处　　　　　B.母公司

C.子公司　　　　　　　D.分公司

考点三 跨国公司的国外市场进入方式

C类	考频	难度	题量	做题时间
	高频	较难	4道	3分钟

10.【2024多选】跨国公司进入国外市场的方式中，难以实现区位经济和经验曲线效应，缺乏对技术的控制的方式有（　　）。

A.出口　　　　　　　　B.交钥匙工程

C.技术授权　　　　　　D.全资子公司

E.合资企业

11.【精编单选】下列关于出口模式的特点，说法错误的是（   ）。

A.避免在东道国进行制造和经营活动通常所需的巨额成本

B.有利于跨国公司实现经验曲线效应和区位经济

C.能够避免关税壁垒带来的风险

D.大宗商品的运输费用高

12.【精编单选】特许经营主要用于（   ）类型的企业。

A.服务   B.制造

C.投资   D.高新技术

13.【精编多选】跨国公司的国外市场进入方式有（   ）。

A.合资企业

B.资产收购

C.出口

D.交钥匙工程

E.特许经营

考点四 国际直接投资的动机

B类	考频	难度	题量	做题时间
	中频	较容易	2道	1分钟

14.【2024单选】国内市场饱和或者遇到强有力的竞争对手时，投资者进行投资决策的动机是（   ）。

A.市场导向型动机

B.降低成本导向型动机

C.优惠政策导向型动机

D.技术与管理导向型动机

15.【2020单选】M公司把国内闲置的技术和设备转移到非洲进行投资生产，这种国际直接投资动机属于（   ）。

A.优惠政策导向型动机

B.分散投资风险导向型动机

C.降低成本导向型动机

D.技术与管理导向型动机

考点五 国际直接投资理论

B类	考频	难度	题量	做题时间
	中频	较容易	4道	2分钟

16.【2023多选】根据邓宁的国际生产折衷理论，企业适合以出口贸易的形式开展国际经济活动，则该企业具备的优势有（   ）。

A.差异化优势

B.所有权优势

C.内部化优势

D.比较优势

E.区位优势

17.【2023多选】根据邓宁的国际生产折衷理论，企业适合采取对外直接投资的形式开展国际经济活动，则该企业应同时拥有的优势有（   ）。

A.内部化优势

B.所有权优势

C.差异化优势

D.区位优势

E.比较优势

18.【2021单选】根据弗农的产品生命周期理论，产品创新阶段的特征是（   ）。

A.绝大部分产品供应国内市场，少部分产品通过出口贸易的形式满足国际市场的需求

B.要发展对外直接投资，转让成熟技术

C.在发展中国家进行直接投资，转让标准化技术，并从国外进口该产品

D.通过技术转让方参与国际竞争

19.【2021单选】根据国际生产折衷理论，某企业只选择以技术转让形式参与国际经济贸易，则该企业具备的优势是（   ）。

A.所有权优势

B.内部化优势

C.区位优势

D.所有权优势和内部化优势

考点六 国际直接投资生产选址

A 类	考频	难度	题量	做题时间
	高频	较容易	1 道	0.5 分钟

20.【2024 单选】下列跨国公司进行生产选址的情形，适合采用分散生产战略的是（　　）。

A.贸易壁垒高

B.产品能满足共同需要

C.产品的价值重量比高

D.区位外部性对公司的重要程度高

考点七 国际直接投资收益、成本和政策工具

E 类	考频	难度	题量	做题时间
	低频	较容易	2 道	1 分钟

21.【2023 多选】国际直接投资可以为东道国带来的收益有（　　）。

A.经济独立性效应 　　 B.国际收支效应

C.经济增长效应 　　 D.就业效应

E.资源转移效应

22.【2023 多选】在国际直接投资活动中，东道国鼓励国际直接投资的政策有（　　）。

A.减免税收 　　 B.提供资助或补贴

C.规定最低投资额 　　 D.规定最低出口量

E.提供低息贷款

考点八 交易磋商与合同签订

B 类	考频	难度	题量	做题时间
	中频	较容易	2 道	1 分钟

23.【2023 多选】在交易磋商中，有效发盘的条件有（　　）。

A.向一个或一个以上的特定人提出

B.表明订立合同的意思

C.发盘必须送达受盘人

D.发盘没有被撤回或撤销

E.发盘的内容必须十分确定

24.【2022 单选】甲公司向乙公司寄出了一份发盘，随后又发出了一份发盘作废的通知，并在发盘到达乙公司的前一天晚上送达，这属于（　　）。

A.发盘撤回

B.发盘失效

C.发盘撤销

D.发盘作出了实质性改变

考点九 国际贸易术语

D 类	考频	难度	题量	做题时间
	中频	较难	6 道	6 分钟

25.【2024 单选】根据《2020 年国际贸易术语解释通则》，下列贸易术语中，风险转移的界限为"货交第一承运人"的是（　　）。

A.CIP 　　 B.CIF

C.CFR 　　 D.FOB

26.【2023 单选】根据《2020 年国际贸易术语解释通则》，下列贸易术语中，适用于任何运输方式的是（　　）。

A.CIF 　　 B.CFR

C.CIP 　　 D.FOB

27.【2023 多选】根据《2020 年国际贸易术语解释通则》，下列贸易术语中，交货地点规定为"指定的装运港口"的有（　　）。

A.CFR 　　 B.DDP

C.FOB 　　 D.CIF

E.DAP

28.【精编单选】根据《2020 年国际贸易术语解释通则》，下列贸易术语中，进口报关责任及费用承担方为卖方的是（　　）。

A.CIF 　　 B.DDP

C.CPT 　　 D.EXW

29.【精编单选】根据《2020 年国际贸易术语解释通则》，下列贸易术语中，出口报关责任及费用承担方为买方的是（　　）。

A.CIF   B.DDP

C.CPT   D.EXW

30.【精编多选】根据《2020年国际贸易术语解释通则》，下列贸易术语中，保险责任及费用承担方为卖方的有（   ）。

A.CIF   B.DDP

C.CIP   D.EXW

E.DAP

✐ 考点十 国际商品出口的主要业务环节

D 类	考频	难度	题量	做题时间
	中频	较难	8 道	8 分钟

31.【2024单选】商品出口如果采用信用证结算，关于卖方审证、改证的说法，错误的是（   ）。

A.在同一信用证上如有多处需要修改的，应当一次提出

B.如发现信用证内容与合同规定不符，应及时直接向开证行提出修改

C.卖方审证着重审核信用证内容与买卖合同是否一致

D.如一份修改通知书中包括多项内容，只能全面接受或全部拒绝

32.【2024单选】关于班轮运输的说法，错误的是（   ）。

A.班轮运输具有固定航线、固定港口、固定船舶和相对固定的船期

B.班轮运输的服务对象是非特定的，分散的众多货主，具有公共承运人的性质

C.班轮运输中卖方通常凭大副收据向船方或其代理人交付运费并换取正式提单

D.班轮运输中包括装卸费用，即货物由承运人负责配载装卸

33.【2024单选】某公司投保的平安险，可以获得赔偿的是（   ）。

A.船舶搁浅造成的全部损失

B.海啸造成的货物部分损失

C.战争造成的全部损失

D.由于雷电造成的部分损失

34.【2024多选】办理出口收汇核销的基本程序包括（   ）。

A.银行出具核销专用联

B.报检审核

C.申领核销单

D.报关审核

E.外汇管理部门核销

35.【2024多选】国际标准化组织制定的标准运输标志的内容通常包括（   ）。

A.收货人或买方名称的英文缩写字母或简称

B.参考号，如运单号、订单号或发票号

C.目的地

D.件号

E.发货人地址

36.【2023单选】出境货物最迟应在出口报关或装运前（   ）报检。

A.14天   B.3天

C.7天   D.24小时

37.【2023单选】某公司对某批出口货物投保了我国海运一切险，则被保险货物遭遇的以下风险中，其导致的损失不能得到保险赔偿的是（   ）。

A.战争   B.沉没

C.失火   D.恶劣气候

38.【2022多选】在我国出口收汇核销制度下，需要在出口核销单上填写内容并盖章的监管部门或者业务部门有（   ）。

A.税务局   B.银行

C.海关   D.外汇管理局

E.商检局

✎ 考点十一 国际商品进口的主要业务环节

D类	考频	难度	题量	做题时间
	中频	较难	2道	2分钟

39.【2024/2023单选】某公司进口了一批电子产品，CIF总值为1000万元，由于某种原因，在运输工具进境第18天才向海关办理进口申报，根据我国海关法，该公司需缴纳滞报金（　　）万元。

A.0.5　　　　　　　　　　B.5

C.20　　　　　　　　　　D.2

40.【2023多选】在履行信用证结算方式下的FOB进口合同时，由进口商负责办理的业务环节有（　　）。

A.投保货运险　　　　　　B.申请开立信用证

C.制单结汇　　　　　　　D.租船或订舱

E.进口报关

专项突破篇

本篇说明：

"专项突破"就是哪个板块不行就强化哪个板块，哪个板块进入瓶颈期就集中攻坚哪个板块，有针对性地对同一类型题目进行集中练习，巩固学习成果。该篇共分为 4 个专项，即方法策略专项、数字记忆专项、计算题专项、案例分析专项，覆盖工商管理专业知识和实务学科 77 个考点，题量总计 225 道。

1. **方法策略专项：** 工商管理专业知识和实务学科中所有涉及方法策略题的集中练习，共涉及 19 个考点，分布于 8 个章节中，该部分内容在历年考试中一般占 10~15 分。

2. **数字记忆专项：** 工商管理专业知识和实务学科中所有涉及数字记忆题的集中练习，共涉及 12 个考点，多集中在第二章，少部分分布在第一章、第七章、第十一章，该部分内容在历年考试中一般占 4~10 分。

3. **计算题专项：** 工商管理专业知识和实务学科中所有计算题的集中练习，共有 41 个计算目标，涉及 16 个考点，分布于 9 个章节中，该部分内容在历年考试中一般占 12~16 分。

4. **案例分析专项：** 工商管理专业知识和实务学科中案例分析题的集中练习。案例分析题在历年考试中，共 20 题，40 分，为不定项选择题，本专项所列案例内容为真题和根据真题改编的模拟题，涉及 30 个考点，分布于 6 个章节中，均为高频考点。

	专项突破一 方法策略专项	专项突破二 数字记忆专项	专项突破三 计算题专项	专项突破四 案例分析专项	合计
考点数量（个）	19	12	16	30	77
题目数量（道）	57	46	46	76	225
做题时间（分钟）	42	32	58	95	227

专项突破一　方法策略

考点清单

做题建议： 本专项共 57 题，预计做题用时约 42 分钟。

备考建议： 本专项为工商管理专业知识和实务学科中所有涉及方法策略内容的集中练习，共涉及 19 个考点，分布在 8 个章节中，内容比较分散，适合集中练习。本专项在历年考试中一般占 10~15 分。本专项由模拟题和部分真题构成，按考频由高到低排序，旨在帮助考生通过练习牢固掌握考点内容。本专项考点清单如下。

方法策略考查方向	所属考点	所属章节	难度	题量	做题时间
企业内部环境分析法	企业内部环境分析	第一章	较容易	3 道	2 分钟
产品定价方法与定价策略	产品定价方法、新产品定价策略、产品组合定价策略	第三章	较难	9 道	11 分钟
生产作业计划的编制方法	生产作业计划的编制方法	第五章	较容易	3 道	2 分钟
企业技术创新决策定性评估方法	技术创新决策定性评估方法	第七章	较难	3 道	3 分钟
人力资源需求与供给预测方法	人力资源需求与供给预测	第八章	较容易	5 道	3 分钟
绩效考核的方法	绩效考核的方法	第八章	较容易	4 道	2 分钟
网络市场调研的方法	网络市场调研的方法	第十章	较容易	2 道	1 分钟
战略控制的方法	企业战略控制	第一章	较容易	2 道	1 分钟
企业外部环境分析法	企业外部环境分析	第一章	较容易	2 道	1 分钟
企业定性决策分析方法	定性决策方法与定量决策方法	第一章	较容易	4 道	2 分钟
企业定量决策分析方法	定性决策方法与定量决策方法	第一章	较容易	3 道	2 分钟
产品组合策略与新产品开发策略	产品策略	第三章	较容易	2 道	1 分钟
家族品牌策略	品牌战略	第三章	较容易	2 道	1 分钟
项目组合评估方法	项目组合评估方法	第七章	较容易	2 道	1 分钟
以职位为导向的基本薪酬设计方法	基本薪酬设计	第八章	较容易	3 道	2 分钟
企业价值评估的方法	企业价值评估	第九章	较难	3 道	3 分钟
库存控制的基本方法	库存管理	第六章	较容易	2 道	1 分钟
资本结构决策的方法	资本结构决策	第九章	较难	2 道	2 分钟
项目风险衡量的方法	固定资产投资决策	第九章	较难	1 道	1 分钟

企业内部环境分析法

1.【单选】通过分析影响企业优势和劣势的关键因素，进行内部战略环境分析的方法是（ ）。

A.决策树分析法   B.EFE矩阵分析法

C.期望决策损益法   D.IFE矩阵分析法

2.【多选】下列方法中，可用于企业内部环境分析的方法有（ ）。

A.杜邦分析法   B.波士顿矩阵分析法

C.价值链分析法   D.核心竞争力分析法

E.EFE矩阵分析法

3.【多选】下列分析方法中，可用于企业战略环境分析的有（ ）。

A.波士顿矩阵   B.EFE矩阵

C.杜邦分析法   D.IFE矩阵

E.波特"五力模型"

产品定价方法与定价策略

4.【单选】某智能手表厂家在进行产品定价时，手表定价相对较低，但电池、表带等产品定价相对较高。这种产品组合定价策略属于（ ）策略。

A.产品束定价   B.副产品定价

C.产品线定价   D.备选产品定价

5.【单选】某智能手表生产厂商将其生产的高、中、低档商品分别定价为1888元、1588元和988元，这种产品定价策略属于（ ）策略。

A.备选产品定价   B.副产品定价

C.产品束定价   D.产品线定价

6.【单选】某石油企业炼制的沥青产品定价策略属于（ ）策略。

A.备选产品定价   B.副产品定价

C.产品束定价   D.产品线定价

7.【单选】某企业推出买3个滤芯就赠送一个滤水壶活动，滤芯售价为69.9元，这种产品组合定价策略为（ ）策略。

A.附属产品定价   B.备选产品定价

C.产品线定价   D.副产品定价

8.【单选】某智能手机生产企业推出新产品时，制定了一个较低的价格，以求迅速占领市场。这种新产品定价策略属于（ ）策略。

A.渗透定价   B.撇脂定价

C.温和定价   D.心理定价

9.【单选】某食品加工企业在其新产品上市时，将价格定得很高，以求尽可能地在短期内获得高额利润，这种新产品定价策略属于（ ）策略。

A.温和定价   B.撇脂定价

C.分段定价   D.渗透定价

10.【多选】下列产品定价方法中，属于竞争导向定价法的有（ ）。

A.密封投标定价法   B.随行就市定价法

C.盈亏平衡定价法   D.认知价值定价法

E.竞争价格定价法

11.【多选】下列定价策略中，属于产品组合定价策略的有（ ）策略。

A.温和定价   B.市场渗透定价

C.备选产品定价   D.副产品定价

E.附属产品定价

12.【多选】下列定价策略中，属于新产品定价策略的有（ ）。

A.温和定价策略   B.密封投标定价策略

C.附属产品定价策略   D.市场渗透定价策略

E.撇脂定价策略

生产作业计划的编制方法

13.【单选】适合成批轮番生产类型企业的生产作业计划编制方法是（ ）。

A.生产周期法

B.在制品定额法

C.累计编号法

D.准时制法

14.【单选】提前期法适用于（　　　）类型企业生产作业计划的编制。

A.大批大量生产

B.多品种小批量生产

C.成批轮番生产

D.单件小批生产

15.【单选】某企业作为小批生产企业，适合采用的生产作业计划编制方法是（　　　）。

A.累计编号法　　　　　　B.在制品定额法

C.生产周期法　　　　　　D.准时制法

✐ 企业技术创新决策定性评估方法

16.【单选】某企业运用动态排序列表法进行技术创新方案的筛选，详细情况见下表（表中 IRR 为预期内部收益率，PTS 为技术成功的概率，NPV 为预期收益净现值，括号中的数值为每列指标单独排序的序号）。该企业应该应用（　　　）。

项目标号	$IRR \times PTS$	$NPV \times PTS$	战略重要性
甲	17.5（1）	6.8（3）	4（3）
乙	16.9（2）	5.5（4）	3（2）
丙	14.5（4）	8.1（1）	2（4）
丁	15.4（3）	7.6（2）	5（1）

A.项目甲　　　　　　　　B.项目乙

C.项目丙　　　　　　　　D.项目丁

17.【单选】某企业对两个研发项目方案进行评估，确定了四个关键指标（见下表），然后对每一个方案进行是否满意的定性判断，满意为1，不满意为0，最后根据总评，选择了项目甲。

指标	预期绩效	
	项目甲	项目乙
开发成功的可能性	1	1
技术的先进性	1	0
获得专利的可能性	1	1
消费市场的营利性	0	1

该企业采用的评估方法为（　　　）。

A.轮廓图法　　　　　　　B.检查清单法

C.动态排序列表法　　　　D.敏感性分析法

18.【多选】关于技术创新决策评估方法中的评分法的说法，不正确的有（　　　）。

A.项目的关键因素之间通常具有很强的独立性

B.项目的评价标准可以根据项目的实际情况灵活确定

C.项目关键因素的权重依据客观因素确定

D.可以采用财务指标进行评价，也可以采用非财务指标进行评价

E.最终得出的综合指标实际意义不明确

✐ 人力资源需求与供给预测方法

19.【单选】下列人力资源预测方法中，由专家依赖自己的知识、经验和分析判断能力，对企业的人力资源需求进行判断与预测的方法是（　　　）。

A.人员核查法　　　　　　B.一元回归分析法

C.德尔菲法　　　　　　　D.检查清单法

20.【单选】简便易行，适合短期人力资源需求预测的方法是（　　　）。

A.德尔菲法　　　　　　　B.管理人员判断法

C.管理人员接续计划法　　D.头脑风暴法

21.【单选】某企业对市场部门的人力资源需求进行预测，由市场部经理和总监根据工作中的经验和对企业未来业务量增减情况的直觉考虑，来预测营销人员的需求数量。该企业采用的人力资源需求预测方法是（　　　）。

A.管理人员判断法　　　　B.线性回归分析法

C.马尔切夫模型法　　　　D.管理人员接续计划法

22.【单选】下列人力资源需求预测方法中，能够避免参加预测的专家因身份地位的差别、人际关系及群体压力等因素对意见表达的影响的定性预测方法是（　　　）。

A.德尔菲法　　　　　　　　B.哥顿法

C.人员核查法　　　　　　　D.管理人员判断法

23.【多选】人力资源需求预测的方法有（　　　）。

A.转换比率分析法　　　　　B.管理人员判断法

C.管理人员接续计划法　　　D.德尔菲法

E.一元回归分析法

✐ 绩效考核的方法

24.【单选】某企业长期记录员工在工作中发生的直接影响其工作绩效的重要行为，以对员工的工作绩效进行评价。该企业采用的绩效考核方法是（　　　）。

A.书面鉴定法　　　　　　　B.一一对比法

C.关键事件法　　　　　　　D.民主评议法

25.【单选】企业某部门运用一一对比法对所属的4名员工进行绩效考核，考核情况如下表（"+"表示考核对象比比较对象绩效水平高。"−"表示考核对象比比较对象绩效水平低）所示。

		被考核者			
		赵某	钱某	孙某	李某
比较对象	赵某	0	−	+	+
	钱某	+	0	+	+
	孙某	−	−	0	+
	李某	−	−	−	0
获高评价次数		1	0	2	3

由此可知，绩效最优的员工是（　　　）。

A.赵某　　　B.钱某　　　C.孙某　　　D.李某

26.【单选】在绩效考核时，为每一个职位的各个考核维度都设计出一个评分量表，量表上的每个分数刻度都对应有一些典型行为的描述性文字说明，供考核者在对被考核者进行评价打分时参考。这种方法称为（　　　）。

A.评级量表法　　　　　　　B.书面鉴定法

C.关键事件法　　　　　　　D.行为锚定评价法

27.【单选】某企业对一名销售主管进行绩效考核。首先由该销售主管做个人述职报告；然后由销售部经理、其他生产主管以及该销售主管所管理的员工对该主管的工作绩效做出评价；最后综合分析各方面意见得出该主管的绩效考核结果。这种绩效考核方法是（　　　）。

A.民主评议法　　　　　　　B.行为锚定法

C.目标管理法　　　　　　　D.评级量表法

✐ 网络市场调研的方法

28.【单选】某企业决定采用网络市场间接调研方法进行市场调查，可以采用的方法是（　　　）。

A.网上观察法　　　　　　　B.搜索引擎法

C.网上实验法　　　　　　　D.在线问卷法

29.【多选】下列网络市场调查的方法中，属于网络市场直接调研的方法有（　　　）。

A.网上实验法　　　　　　　B.搜索引擎法

C.网上观察法　　　　　　　D.在线问卷法

E.访问相关网站

✐ 战略控制的方法

30.【单选】下列方法中，可以用于战略控制的是（　　　）。

A.平衡计分卡　　　　　　　B.价值链分析法

C.名义小组技术　　　　　　D.生命周期分析法

31.【多选】下列方法中，企业可选择的战略控制方法有（　　　）。

A.平衡计分卡　　　　　　　B.PESTEL分析法

C.杜邦分析法　　　　　　　D.IFE分析法

E.利润计划轮盘

✐ 企业外部环境分析法

32.【多选】以下属于行业环境分析的有（　　　）。

A.利润轮盘计划　　　　　　B.杜邦分析

C.波特"五力分析"　　　　D.战略群体分析

E.生命周期分析

33.【多选】以下属于外部环境分析方法的有

（　　　）。

A.价值链分析法　　　　B.IFE分析法

C.PESTEL分析法　　　　D.战略群体分析法

E.竞争结构分析法

✎ 企业定性决策分析方法

34.【单选】以匿名方式通过几轮函询征求专家的意见，组织决策小组对每一轮的意见进行汇总整理后作为参考再发给各专家，供专家分析判断，以提出新的论证的定性决策方法是（　　　）。

A.哥顿法　　　　　　　B.德尔菲法

C.名义小组技术　　　　D.头脑风暴法

35.【单选】某花瓶生产企业邀请11名专家进行集体讨论，首先要求专家以抽象画的"插花"为主题，提出各种插花方法的奇思妙想，而后将问题具体化为"花瓶样式"，进行深入讨论后该企业根据讨论结果做出了决策，该企业采取的经营决策方法是（　　　）。

A.德尔菲法　　　　　　B.名义小组技术

C.哥顿法　　　　　　　D.头脑风暴法

36.【单选】下列方法中，（　　　）受心理因素影响较大，易屈服于权威者或大多数人的意见，忽视少数派的意见。

A.管理人员判断法　　　B.哥顿法

C.德尔菲法　　　　　　D.头脑风暴法

37.【多选】下列经营决策方法中，适用于企业定性决策的有（　　　）。

A.哥顿法　　　　　　　B.线性规划法

C.德尔菲法　　　　　　D.后悔值法

E.头脑风暴法

✎ 企业定量决策分析方法

38.【单选】某食品生产企业要进行风险型经营决策，风险型定量决策的方法是（　　　）。

A.盈亏平衡法　　　　　B.决策树分析法

C.后悔值法　　　　　　D.线性规划法

39.【多选】下列决策方法中，属于确定型决策方法的有（　　　）。

A.线性规划法　　　　　B.盈亏平衡法

C.德尔菲法　　　　　　D.等概率法

E.后悔值法

40.【多选】下列经营决策方法中，适用于企业定量决策的有（　　　）。

A.哥顿法　　　　　　　B.盈亏平衡法

C.德尔菲法　　　　　　D.乐观原则

E.决策树分析法

✎ 产品组合策略与新产品开发策略

41.【多选】某电脑制造企业多年来致力于中低端市场，为应对竞争，该企业调整产品组合，推出面向高端客户的电脑产品，并进入手机行业，新增手机生产线。该企业采用的产品经营策略有（　　　）。

A.缩减产品组合策略　　B.产品线延伸策略

C.扩大产品组合策略　　D.产品线现代化策略

E.产品线集中化策略

42.【多选】按照新产品革新程度不同，新产品开发策略分为（　　　）。

A.创新策略　　　　　　B.跟进策略

C.抢先策略　　　　　　D.自主研发策略

E.模仿策略

✎ 家族品牌策略

43.【单选】某空调生产企业针对高端产品品牌定位为"*帝"，中端品牌定位为"*月"，低端品牌定位为"*星"，则该企业使用的品牌策略为（　　　）。

A.统一品牌策略

B.个别品牌策略

C.分类家族品牌策略

D.企业名称与个别品牌并用策略

44.【多选】下列品牌策略中，属于家族品牌策略的有（   ）。

A.品牌创新策略　　　　B.个别品牌策略

C.统一品牌策略　　　　D.扩展品牌策略

E.品牌延伸策略

项目组合评估方法

45.【多选】 矩阵法对企业的每一项重要技术从
（   ）两个维度进行分析。

A.技术的新颖程度　　　B.技术的价格

C.技术的复杂程度　　　D.技术的重要性

E.技术的相对竞争地位

46.【多选】 项目组合评估方法包括（   ）。

A.矩阵法　　　　　　　B.轮廓图法

C.动态排序列表法　　　D.评分法

E.项目地图法

以职位为导向的基本薪酬设计方法

47.【单选】 某企业进行薪酬制度设计时，将员工
的职位划分为若干个级别，按员工所处的职位级别
确定其基本薪酬的水平和数额。该企业采用的薪酬
制度设计方法是（   ）。

A.职位分类法　　　　　B.评级量表法

C.职位等级法　　　　　D.因素比较法

48.【单选】 某企业进行薪酬制度设计时，将各种
职位划分为若干种职位类型，找出各种职位中包含
的共同"付酬因素"，然后把各"付酬因素"划分
为若干等级，并对每一因素及其等级予以界定和说
明，接着对每一"付酬因素"指派分数以及其在该
因素各等级间的分配数值；最后，利用一张转换表
将处于不同职级上的职位所得的"付酬因素"数值
转换成具体的薪酬金额。该企业采用的薪酬制度设
计方法是（   ）。

A.职位等级法　　　　　B.职位分类法

C.计点法　　　　　　　D.因素比较法

49.【多选】 企业进行基本薪酬制度设计时，常用
方法有（   ）。

A.职位分类法　　　　　B.目标管理法

C.计点法　　　　　　　D.职位等级法

E.关键事件法

企业价值评估的方法

50.【单选】 企业价值评估法中需要确定贴现率的
是（   ）。

A.市盈率法　　　　　　B.收益法

C.市净率法　　　　　　D.市销率法

51.【多选】 利用现金流量折现法进行企业估值，
可选择的模型有（   ）。

A.资本资产定价模型　　B.自由现金流折现模型

C.股利折现模型　　　　D.调整现金流量模型

E.股权自由现金流折现模型

52.【多选】 使用收益法对企业价值进行评估的具
体方法有（   ）。

A.目标利润法　　　　　B.现金流量折现法

C.股利折现法　　　　　D.净现值法

E.每股利润分析法

库存控制的基本方法

53.【单选】 某乳制品生产企业每隔一个固定间隔
周期去订货，订货量由当时库存情况确定，以达到
目标库存量为限度，该企业所采用的库存控制方法
是（   ）。

A.定量控制法　　　　　B.定期控制法

C.ABC库存分类法　　　D.订货点法

54.【多选】 库存控制的方法包括（   ）。

A.定期控制法　　　　　B.准时制法

C.定量控制法　　　　　D.订货点法

E.ABC库存分类法

资本结构决策的方法

55.【单选】 使用每股利润分析法选择筹资方式
时，计算得到的每股利润无差别点是多个筹资方案
下普通股每股利润相等时的（   ）点。

A.营业利润　　　　　　　B.净利润

C.利润　　　　　　　　　D.息税前盈余

56.【单选】根据每股利润分析法，当公司实际的息税前盈余额大于每股利润无差别点时，公司宜选择（　　　）筹资方式。

A.资本成本递增型　　　　B.资本成本固定型

C.资本成本递减型　　　　D.资本成本波动型

项目风险衡量的方法

57.【多选】在投资决策中，项目风险的衡量和处理方法有（　　　）。

A.调整资产结构法　　　　B.调整资本成本法

C.调整营业杠杆法　　　　D.调整折现率法

E.调整现金流量法

专项突破二　数字记忆

📋 考点清单

做题建议：本专项共 46 题，预计做题用时约 32 分钟。

备考建议：本专项为工商管理专业知识和实务学科中所有涉及数字记忆的集中练习，共涉及 12 个考点，多集中在第二章，少部分分布在第一章、第六章、第七章、第十一章，在历年考试中一般占 4~10 分。本专项由模拟题和部分真题构成，按考频由高到低排序，旨在帮助考生通过练习牢固掌握考点内容。本专项考点清单如下。

数字记忆考查方向	所属考点	所属章节	难度	题量	做题时间
发起人股东的要求	股东的分类与构成	第二章	较容易	6 道	3 分钟
股份有限公司股东会的相关规定	有限责任公司股东会和股份有限公司股东会	第二章	较难	6 道	6 分钟
股份有限公司董事会的相关规定	有限责任公司和股份有限公司董事会	第二章	较容易	8 道	6 分钟
有限责任公司和股份有限公司监事会的相关规定	有限责任公司和股份有限公司监事会	第二章	较容易	7 道	5 分钟
专利和商标的相关规定	知识产权管理	第七章	较容易	4 道	2 分钟
内外部因素评价矩阵	企业外部环境分析、企业内部环境分析	第一章	较容易	2 道	1 分钟
有限责任公司股东会的决议规则	有限责任公司股东会和股份有限公司股东会	第二章	较容易	2 道	1 分钟
有限责任公司董事会成员的组成和任期	有限责任公司和股份有限公司董事会	第二章	较容易	2 道	1 分钟
国家出资公司董事会的相关规定	国家出资公司董事会	第二章	较容易	3 道	2 分钟
进出口货物的相关要求	国际商品出口的主要业务环节、国际货物进口的主要业务环节	第十一章	较容易	2 道	1 分钟
独立董事的任职资格	独立董事	第二章	较难	2 道	2 分钟
活性指数的含义	装卸搬运	第六章	较难	2 道	2 分钟

✍️ 发起人股东的要求

1.【单选】 我国公司法规定，股份有限公司发起人持有的本公司股份自公司成立之日起（　　）不得转让。

A.6个月内　　　　　　　　B.1年内

C.1个月内　　　　　　　　D.2年内

2.【单选】 王某等13人拟发起设立股份有限公司。根据我国公司法，发起人中在中华人民共和国境内有居所的至少应达到（　　）人。

A.3　　　　B.5　　　　C.6　　　　D.7

3.【单选】 我国公司法对股份有限公司发起人的人数规定是（　　）。

A.应当有2人以上100人以下的发起人

B.应当有3人以上100人以下的发起人

C.应当有1人以上200人以下的发起人

D.应当有3人以上200人以下的发起人

4.【单选】 某有限责任公司于2024年9月30日成立，王某是该公司的发起人股东。根据我国公司法，王某的股份在（　　）后才能转让。

A.2025年10月29日　　　　B.2025年9月29日

C.2024年12月29日　　　　D.2025年3月29日

5.【单选】 王某是甲公司的发起人股东，公司成立后，王某因抽逃出资2000万元被查处。根据我国公司法，对王某处以（　　）的罚款。

A.50万元～100万元　　　　B.100万元～300万元

C.250万元～750万元　　　　D.250万元～1000万元

6.【多选】 根据我国公司法，关于股份有限公司发起人的说法，正确的有（　　）。

A.发起人持有的本公司股份不得转让

B.须有1/3以上的发起人在中国境内有住所

C.自然人作为发起人应当具有完全民事行为能力

D.股份有限公司应当有2人以上100人以下的发起人

E.发起人抽逃出资的，处以所抽逃出资金额5%以上、15%以下的罚款

✍️ 股份有限公司股东会的相关规定

7.【单选】 某公司为上市公司，根据我国公司法，下列情形中该公司应召开临时股东会的是（　　）。

A.1/5的监事提议召开

B.持有该公司5%股份的股东请求召开

C.该公司未弥补的亏损额达实收股本总额的1/5

D.董事人数不足法律规定人数的2/3

8.【单选】 下列情形中，应当在两个月内召开临时股东会的是（　　）。

A.董事人数不足法律规定人数的1/3

B.公司未弥补的亏损达实收股本总额的1/3

C.合计持有公司5%以上股份的股东请求

D.单独持有公司5%以上股份的股东请求

9.【单选】 在股份有限公司中，单独或者合计持有公司3%以上股份的股东可以在股东会召开（　　）日前提出临时提案并书面提交董事会。

A.10　　　　B.15　　　　C.7　　　　D.20

10.【单选】 股份有限公司股东会表决年度利润分配方案和弥补亏损方案，须经出席会议的股东所持表决权（　　）通过。

A.过半数　　　　　　　　B.1/3以上

C.2/3以上　　　　　　　　D.全体

11.【单选】 根据我国公司法，股份有限公司召开股东会修改公司章程，所形成的决议必须经出席会议的股东所持表决权的（　　）通过。

A.1/3以上　　　　　　　　B.1/2以上

C.2/3以上　　　　　　　　D.全体

12.【多选】 根据我国公司法，关于股份有限公司股东会的说法，正确的有（　　）。

A.股东会应当每年召开两次

B.股东会的表决实行一人一票

C.股东可以委托代理人出席股东会

D.股东会增加注册资本的决议，必须经出席会议的股东所持表决权的过半数通过

E.股东会享有对公司重要事项的最终决定权

股份有限公司董事会的相关规定

13.【单选】 我国公司法规定，股份有限公司设立董事会，其成员数量为（　　）。

A.5人以上　　　　　　　　B.5～17人

C.3人以上　　　　　　　　D.3～17人

14.【单选】 我国公司法规定，股份有限公司董事会定期会议每年度至少召开（　　）次。

A.1　　　　B.2　　　　C.3　　　　D.4

15.【单选】 根据我国公司法，召集董事会会议应当于会议召开（　　）日前通知全体董事和监事。

A.7　　　　B.10　　　　C.15　　　　D.30

16.【单选】 2024年4月1日，某股份有限公司董事长接到监事会召开董事会临时会议的提议，根据我国公司法，该公司董事长应最晚在（　　）之前召集和主持董事会会议。

A.2024年4月15日　　　　B.2024年4月7日

C.2024年4月30日　　　　D.2024年4月10日

17.【单选】 根据我国公司法，董事会的表决实行（　　）原则。

A.一人一票　　　　　　　　B.一股一票

C.累计投票　　　　　　　　D.资本多数决

18.【单选】 某股份有限公司董事会由13名董事组成。根据我国公司法，该公司的董事会会议必须至少有（　　）人出席方可举行。

A.5　　　　B.6　　　　C.7　　　　D.11

19.【多选】 关于股份有限公司设立董事会的组成的说法，正确的有（　　）。

A.股份有限公司董事会的成员为3～19人

B.董事会成员中可以有公司职工代表，职工代表由公司职工通过职工代表大会、职工大会或者其他形式民主选举产生

C.每届任期不得超过5年

D.董事任期届满，连选可以连任

E.董事长和副董事长由董事会以全体董事的2/3以上成员选举产生

20.【多选】 根据我国公司法，关于股份有限公司董事会会议的说法，错误的有（　　）。

A.董事会每年度至少召开两次会议

B.1/3以上董事可以提议召开董事会临时会议

C.1/3以上监事可以提议召开董事会临时会议

D.2/3以上监事可以提议召开董事会临时会议

E.代表1/10以上表决权的股东可以提议召开董事会临时会议

有限责任公司和股份有限公司监事会的相关规定

21.【单选】 关于有限责任公司召开监事会会议的说法，正确的是（　　）。

A.每年至少召开两次会议

B.每年至少召开一次会议

C.每半年至少召开一次会议

D.每3个月至少召开一次会议

22.【单选】 某有限责任公司设立监事会，根据我国公司法，该公司监事会成员为（　　）人以上。

A.9　　　　B.7　　　　C.5　　　　D.3

23.【单选】 关于有限责任公司监事会决议的说法，正确的是（　　）。

A.监事会决议应当经1/3以上监事通过

B.监事会决议应当经全体监事过半数通过

C.监事会决议应当经2/3以上监事通过

D.监事会决议应当经全体监事通过

24.【单选】 我国公司法规定，股份有限公司设立监事会，其成员为（　　）人以上。

A.5　　　　B.9　　　　C.7　　　　D.3

25.【单选】 关于股份有限公司召开监事会定期会

议的说法，正确的是（　　　　）。

A.至少每3个月召开一次

B.至少每半年召开两次

C.至少每6个月召开一次

D.至少每年召开一次

26.【单选】根据我国公司法，关于股份有限公司监事会的说法，错误的是（　　　　）。

A.监事会中职工代表比例不得少于1/3

B.监事会主席由全体监事过半数选举产生

C.监事会成员不得少于3人

D.监事会的监事任期届满不得连任

27.【多选】下列人员中可以担任公司监事的有（　　　　）。

A.因贪污被判处刑罚，执行期满逾5年

B.因犯罪被剥夺政治权利，执行期满逾5年

C.较小的债务到期未清偿

D.限制民事行为能力

E.较大的债务到期未清偿

✎ 专利和商标的相关规定

28.【单选】某公司的注册商标于2024年12月30日期满，则该公司应最迟在（　　　　）前按照规定办理续展手续，否则其商标将被注销。

A.2025年6月30日　　　　B.2024年12月30日

C.2023年12月30日　　　　D.2024年1月30日

29.【单选】某公司的一项注册商标于2024年10月17日有效期满，该公司于2024年5月17日办理了续展手续。根据我国商标法，关于该注册商标续展后有效期的说法，正确的是（　　　　）。

A.有效期自2024年5月17日起计算

B.有效期自2024年10月18日起计算

C.有效期自2024年5月18日起计算

D.有效期自2024年10月17日起计算

30.【单选】某企业于2023年12月5日申请注册商标，2024年8月18日获得核准注册，该商标的有效

期至（　　　　）结束。

A.2034年8月17日　　　　B.2043年12月4日

C.2033年12月5日　　　　D.2028年12月5日

31.【单选】我国某企业于2023年10月11日向我国专利部门提交实用新型专利申请，2024年6月28日获得核准，该专利的有效期至（　　　　）结束。

A.2034年6月27日　　　　B.2033年10月10日

C.2044年6月28日　　　　D.2043年10月11日

✎ 内外部因素评价矩阵

32.【多选】关于外部因素评价矩阵的说法，正确的有（　　　　）。

A.所有因素的权重总和必须等于1

B.外部因素评价矩阵是战略控制的方法

C.总加权分数的数值范围为1分至5分

D.总加权分数高于2.5分，说明企业对外部影响因素的反应较差

E.外部因素评价矩阵从机会和威胁两方面找出影响企业的关键因素

33.【多选】关于内部因素评价矩阵的说法，正确的有（　　　　）。

A.所有因素的权重总和必须等于1

B.总加权分数高于2.5分，说明企业的竞争地位强势

C.内部因素评价矩阵是内部环境分析的方法

D.总加权分数的数值范围为0分至4分

E.内部因素评价矩阵从机会和威胁两方面找出影响企业的关键因素

✎ 有限责任公司股东会的决议规则

34.【单选】有限责任公司股东会表决年度利润分配方案须经出席会议的股东所持表决权（　　　　）通过。

A.过半数　　　　B.1/3以上

C.2/3以上　　　　D.3/4以上

35.【单选】某有限责任公司召开股东会表决增加注册资本事项。根据我国公司法，此项决议须经出

席会议的股东所持表决权（　　）通过。

A.全体   B.过半数

C.2/3以上   D.1/3以上

有限责任公司董事会成员的组成和任期

36.【单选】 我国公司法规定有限责任公司董事会的成员为（　　）。

A.3人以上   B.5人以上

C.3～13人   D.3～15人

37.【单选】 有限责任公司董事的任期由公司章程规定，但每届任期不得超过（　　）年，任期届满，连选可以连任。

A.2   B.3   C.4   D.5

国家出资公司董事会的相关规定

38.【单选】 国有独资公司董事会成员中，应当有（　　）外部董事。

A.3人以上   B.1/3以上

C.过半数   D.1/4以上

39.【单选】 国家出资公司董事会的表决规则是（　　）。

A.一人一票

B.一股一票

C.履行出资人职责的机构决定

D.本级人民政府决定

40.【多选】 关于国有独资公司董事会，下列说法正确的是（　　）。

A.董事会要有半数的外部董事

B.董事会设董事长一人，可以设副董事长

C.董事会要有1/3以上的外部董事

D.董事会表决实行一股一权

E.董事会表决实行一人一票

进出口货物的相关要求

41.【单选】 出境货物最迟应在出口报关或装运前

（　　）报检。

A.14天   B.3天   C.7天   D.24小时

42.【单选】 某公司进口了一批货物，CIF总值为2000万元，根据我国海关法，应自运输工具申报进境（　　）天内向海关办理进口申报，3个月内不申报的由海关进行变卖处理。

A.7   B.10   C.14   D.15

独立董事的任职资格

43.【单选】 某上市公司决定聘任独立董事。根据我国公司法，下列人员中不得担任该公司独立董事的是（　　）。

A.在该公司附属企业任职的人

B.持有该公司0.5%已发行股份的人

C.3年前持有该公司3%已发行股份的人

D.在持有该公司1%已发行股份的股东单位任职的人

44.【多选】 根据我国公司法，关于上市公司独立董事的说法，正确的有（　　）。

A.间接持有上市公司已发行股份1%以上的人员可以担任该上市公司独立董事

B.在直接持有上市公司已发行股份5%以上的股东单位任职的人员不得担任该上市公司独立董事

C.上市公司独立董事必须具有3年以上法律、经济或其他履行独立董事职责的工作经验

D.上市公司前10名股东中的自然人股东的直系亲属不得担任上市公司的独立董事

E.在上市公司任职的人员不得担任该上市公司的独立董事

活性指数的含义

45.【单选】 关于活性指数的说法，错误的是（　　）。

A.任何场景下，活性指数越大越好

B.3级表示货物被放置在台车上或用起重机吊钩钩住，即刻可以移动的状态

C.1级表示货物装箱或经捆扎后的状态

D.4级表示被装卸搬运的货物已经被启动，处于直接作业的状态

46.【单选】下列关于平均活性指数的说法，错误的是（　　）。

A.当 σ <0.5时，大部分物料处于集装化状态，采

用料箱、推车等存放物料的方式改善当前的状态

B.当0.5< σ <1.3时，采用叉车或动力搬动车

C.当1.3< σ <2.3时，采用单元化的连续装卸和搬运加以改善

D.当 σ >2.3时，处于活性指数为3的状态，用拖车或机车车头拖挂的装卸搬运方式

专项突破三　计算题

📋 考点清单

做题建议：本专项共 46 题，预计做题用时约 58 分钟。

备考建议：本专项为工商管理专业知识和实务学科中所有计算题的集中练习，共涉及 16 个考点，分布在 9 个章节中。内容分散，部分公式记忆较难，计算量较大，在历年考试中一般占 12~16 分。本专项由模拟题和部分真题构成，按考频由高到低排序，旨在帮助考生通过练习牢固掌握考点内容。本专项考点清单如下。

计算考查方向	所属考点	所属章节	难度	题量	做题时间
产品定价方法的应用	产品定价方法	第三章	较容易	2 道	2 分钟
单一品种生产条件下生产能力的核定	生产能力的核定	第五章	较容易	4 道	4 分钟
经济订购批量与最佳订购次数的计算	库存管理	第六章	较难	3 道	5 分钟
技术价值评估方法的应用	技术价值评估方法	第七章	较容易	3 道	3 分钟
人力资源需求量和供给量的计算	人力资源需求和供给预测方法	第八章	较容易	3 道	3 分钟
货币时间价值的计算	货币时间价值	第九章	较难	5 道	8 分钟
资本成本率的计算	资本成本的构成	第九章	较难	5 道	8 分钟
现金流量的估算	现金流量的估算	第九章	较难	3 道	5 分钟
市场占有率的计算	市场营销规划战略	第三章	较容易	2 道	2 分钟
分销渠道绩效评估指标的计算	分销渠道绩效评估	第四章	较容易	3 道	3 分钟
薪酬区间的计算	基本薪酬设计	第八章	较容易	2 道	2 分钟
风险价值指标的计算	风险价值的衡量	第九章	较容易	2 道	2 分钟
定量决策方法的计算	定量决策方法	第一章	较难	6 道	8 分钟
生产间隔期的计算	期量标准	第五章	较容易	1 道	1 分钟
杠杆系数的计算	杠杆理论	第九章	较容易	1 道	1 分钟
进口报关滞报金的计算	国际贸易出口实务	第十一章	较难	1 道	1 分钟

✎ **产品定价方法的应用**

1.【单选】假设某餐具制造商的单位可变成本为20元，固定成本为40万元，预期销售量为50000件，如果制造商希望销售收益率为20%，按照成本加成定价法，则加成后的价格为（　　）元。

A.33.6　　　　B.21.6　　　　C.22.6　　　　D.18.1

2.【单选】甲企业决定推出一种破壁机，经测算，生产这种破壁机的投资额为3000万元，年固定成本为1600万元，年变动成本为1400万元，年预期投资收益率为20%，预计年销量为3万台。根据目标利润定价法，该破壁机的目标价格为（　　）元/台。

A.1680　　　　B.1200　　　　C.1280　　　　D.1080

✎ **单一品种生产条件下生产能力的核定**

3.【单选】某生产企业拥有设备20台，每日有效工作时间8.5小时，每台设备每小时能生产10件产品，则该企业日生产能力是（　　）件。

A.1700　　　　B.850　　　　C.1600　　　　D.1900

4.【单选】某食品加工企业的一条装配流水线每日有效工作时间为8小时，该条流水线节拍为8分钟，则该流水线每日的生产能力是（　　）箱。

A.45　　　　B.60　　　　C.80　　　　D.120

5.【单选】某车间生产面积400平方米，单一生产产品A，单位面积有效工作时间为每日8小时，每件产品A占用生产面积2平方米，生产一件产品A占用时间为1小时，则该车间的日生产能力是（　　）件。

A.800　　　　B.1200　　　　C.1500　　　　D.1600

6.【单选】某车间单一生产某产品，车间共有车床10台，全年制度工作日设为200天，两班制，每班工作7.5小时，设备计划修理时间占有效工作时间的10%，单件产品的时间定额为5小时，则设备组的年生产能力为（　　）件。

A.1500　　　　B.3000　　　　C.4750　　　　D.5400

✎ **经济订购批量和最佳订购次数的计算**

7.【单选】某企业每年需要某种原材料8000吨，单次订货费用为400元，每吨年保管费为160元，则该企业的经济订购批量为（　　）吨。

A.150　　　　B.100　　　　C.200　　　　D.400

8.【单选】某生产企业对某种原材料的年需求量为2000吨，该原材料的单价为5000元／吨，单次订购成本为300元，每吨原材料的年持有成本占其价值的百分比为0.6%，则该原材料的经济订购批量为（　　）吨。

A.600　　　　B.200　　　　C.400　　　　D.800

9.【单选】某商城销售洗衣机，采用定期库存控制系统进行库存控制。洗衣机年销售量为1600台，采购单价为2000元／台，订购成本为200元／次，每台洗衣机的年持有成本为100元，则最佳年订购次数为（　　）次。

A.20　　　　B.10　　　　C.30　　　　D.40

✎ **技术价值评估方法的应用**

10.【单选】某企业开发一项技术，物质消耗400万元，人力消耗500万元，技术复杂系数1.3，风险概率60%，根据技术价值评估的成本模型，该技术成果的价格为（　　）万元。

A.1170　　　　B.1950　　　　C.2925　　　　D.1900

11.【单选】某企业拟购买一项新技术。经调查，2年前类似技术交易转让价格为30万元，技术剩余寿命10年。经专家鉴定，该项新技术剩余寿命12年，技术效果比2年前类似交易技术提高10%，技术交易市场的价格水平比2年前提高30%。根据市场模拟模型，该企业购买该项新技术的评估价格为（　　）万元。

A.51.48　　　　B.33.17　　　　C.36.00　　　　D.39.60

12.【单选】甲企业拟购买一项新技术。经预测，该技术可再使用5年。采用该项新技术后，甲企业产品价格比同类产品每件可提高40元，预计未来5年产品的年销量分别为6万件、6万件、7万件、5万件、5万件。根据行业投资收益率，折现率确定为10%，复利现值系数见下表：

	1	2	3	4	5
10%	0.909	0.826	0.751	0.683	0.621

根据效益模型计算，该项新技术的价格为（　　）万元。

A.793.16　　　　　　　　B.650.24

C.887.48　　　　　　　　D.920.52

人力资源需求量和供给量的计算

13.【单选】某企业现有业务主管18人，预计明年将有2人提升为部门经理，退休2人，辞职1人。此外，该企业明年将从外部招聘3名业务主管，从业务员中提升2人为业务主管。采用管理人员接续计划法预测该企业明年业务主管的供给量为（　　）人。

A.13　　　　B.15　　　　C.18　　　　D.22

14.【单选】某企业每增加1000万元销售额，管理人员、销售人员、后勤人员增加比例为1∶6∶2，共计9人。2024年销售额增加3000万元，根据转换比率法，管理人员需要增加（　　）人。

A.6　　　　B.3　　　　C.18　　　　D.27

15.【单选】某企业经过调查研究与分析，确认该企业的销售额和所需销售人员数量成正相关关系，并建立了一元线性回归预测模型$y=a+bx$，x代表销售额（单位：万元），y代表销售人员数量（单位：人），参数$a=20$，$b=0.03$，同时，该企业预计2024年销售额将达到1000万元。根据一元回归分析法计算，该企业2024年需要销售人员（　　）人。

A.50　　　　B.65　　　　C.70　　　　D.100

货币时间价值的计算

16.【单选】某公司以其闲置的5000万元购买某理财产品，期限为2年，年利率为3.9%，按照复利计

息，则该公司到期可收回资金为（　　）万元。

A.4962　　　B.5398　　　C.5648　　　D.5869

17.【单选】甲公司从乙公司处租入设备一台。合同约定租期5年，租期内A公司每年年末支付租金100万元，贴现率为10%，5年的年金现值系数为3.79，则5年租金总额的现值为（　　）万元。

A.420　　　B.500　　　C.379　　　D.378.9

18.【单选】甲公司从乙公司租入数控机床一台。合同约定租期是5年，甲公司租期内每年年末支付给乙公司租金10万元，假定年利率为10%，则甲公司支付的租金总额现值合计为（　　）万元。

A.24.87　　　B.35.38　　　C.37.91　　　D.40.68

19.【单选】甲公司从乙公司租入数控切割机一台，合同约定租期3年，甲公司每年年初支付给乙公司租金10万元，假定年复利率为5%，则甲公司支付的租金现值总计为（　　）万元。

A.28.59　　　B.27.22　　　C.25.45　　　D.26.87

20.【单选】某公司发行优先股，约定无到期日，每年股息6元，假设年利率为10%，则该优先股股利的现值为（　　）元。

A.45　　　B.50　　　C.55　　　D.60

资本成本率的计算

21.【单选】某公司从银行借款3亿元，期限3年，借款年利率为7.5%，每年付息一次，到期一次性还本，筹资费用率为0.1%，公司所得税税率为25%，则该公司这笔长期借款资本成本率为（　　）。

A.4.12%　　　B.5.63%　　　C.4.25%　　　D.5.25%

22.【单选】某公司从银行借款2.5亿，期限5年，年利率9.8%，每年付息一次，到期一次性还本，筹资费用忽略不计，企业所得税税率为25%，该笔借款的资本成本率为（　　）。

A.7.35%　　　B.7.02%　　　C.6.83%　　　D.7.89%

23.【单选】某公司向银行贷款8000万元，期限5年，年利率为7%。每年付息一次，到期一次还本，企业所得税税率为25%，筹资费用忽略不计，则该笔资金的资本成本率为（　　　）。

A.4.95%　　　B.5.25%　　　C.6.75%　　　D.7.05%

24.【单选】假定无风险报酬率为3.5%，市场平均报酬率为12.5%。某公司股票的风险系数为1.1，根据资本资产定价模型，则其普通股资本成本率为（　　　）。

A.13.4%　　　B.14.1%　　　C.12.5%　　　D.9.9%

25.【单选】某公司采用固定增长股利政策，每年股利固定增长率为5%，如果第一年的每股股利为0.8元，普通股每股融资净额为16元，则该公司发行普通股的资本成本率为（　　　）。

A.11%　　　B.10%　　　C.12%　　　D.5%

现金流量的估算

26.【单选】G公司正在论证新建一条生产线项目的可行性。项目固定资产投资包括新建厂房投资100万元，购置设备投资800万元，固定资产折旧采用直线折旧法，折旧期10年，假设无残值。项目建成投产后，每年可实现净利润180万元，该项目的年净营业现金流量为（　　　）万元。

A.280　　　B.100　　　C.270　　　D.150

27.【单选】某项目进行到终结期时，固定资产残值收入为80万元，收回垫支的流动资产投资为1080万元，企业所得税税率为25%，则该项目的终结现金流量为（　　　）万元。

A.1160　　　B.1080　　　C.1000　　　D.980

28.【单选】某企业计划2024年投资建设一条新生产线。经测算，项目厂房投资为500万元，设备投资额为400万元，流动资产投资额为100万元，与该投资相关的其他费用为150万元，企业所得税税率为25%，该项目初始现金流出量为（　　　）万元。

A.863　　　B.900　　　C.1150　　　D.1100

市场占有率的计算

29.【单选】某企业销售额5000万元，最大竞争者销售额8000万元，整个市场销售额为4亿元，则其相对市场占有率为（　　　）。

A.62.5%　　　B.20%　　　C.25%　　　D.12.5%

30.【单选】某企业销售额5000万元，最大竞争者销售额8000万元，整个市场销售额为4亿元，则其绝对市场占有率为（　　　）。

A.62.5%　　　B.20%　　　C.25%　　　D.12.5%

分销渠道绩效评估指标的计算

31.【单选】某企业2024年商品销售额为1000万元，其中，网络渠道销售额为500万元，网络渠道费用额为350万元，则该企业2024年的网络渠道费用率是（　　　）。

A.35%　　　B.50%　　　C.60%　　　D.70%

32.【单选】某企业渠道商品的2023年销售额为4000万元，2024年的销售额为5000万元，则该企业2024年的渠道销售增长率为（　　　）。

A.20%　　　B.30%　　　C.80%　　　D.25%

33.【单选】某企业2024年实际收到销售款为6000万元，2024年的销售收入为8000万元，则该企业的销售回款率为（　　　）。

A.75%　　　B.80.5%　　　C.100%　　　D.133.3%

薪酬区间的计算

34.【单选】某企业进行基本薪酬设计时，第三薪酬等级的薪酬区间中值为2000元，薪酬浮动率为20%，则该薪酬等级的区间最高值为（　　　）元。

A.4800　　　B.3600　　　C.3000　　　D.2400

35.【单选】某企业划分了六个薪酬等级；每一薪酬等级又分别划分了若干薪酬级别。各薪酬级别之间的差距是相等的。其中，第四薪酬等级分为四个薪酬级别，第四薪酬等级的薪酬区间中值为5万元/年，薪酬浮动率为10%。该企业第四薪酬等级中的第二薪酬级别的薪酬值为（　　）万元/年。

A.4.83　　　B.4.38　　　C.5.28　　　D.4.67

风险价值指标的计算

36.【单选】 某公司计划投资生产甲产品，经过资料收集、分析和测算得知，投资甲产品的期望报酬率为30%，标准离差为10%，则投资甲产品的标准离差率是（　　）。

A.300%　　　　　　　　B.20%

C.40%　　　　　　　　D.33.33%

37.【单选】 某公司计划开发甲产品。经测算，开发生产甲产品的投资期望报酬率的标准离差率为50%，风险报酬系数为40%，则该公司开发甲产品的风险报酬率是（　　）。

A.12.5%　　　B.25%　　　C.45%　　　D.20%

定量决策方法的计算

38.【单选】 某企业拟开发新产品，有四种设计方案可供选择，每种方案均存在市场需求高、市场需求一般、市场需求低三种可能的市场状态，但各种状态发生的概率难以测算，有关资料如下表（单位：万元）所示：

	市场需求高	市场需求一般	市场需求低
甲	50	40	20
乙	70	50	0
丙	100	30	−20
丁	80	20	−10

运用乐观原则，该企业应该选（　　）方案。

A.甲　　　B.乙　　　C.丙　　　D.丁

39.【单选】 某企业拟开发新产品，有四种设计方案可供选择，每种方案均存在市场需求高、市场需求一般、市场需求低三种可能的市场状态，但各种状态发生的概率难以测算，有关资料如下表（单位：万元）所示：

	市场需求高	市场需求一般	市场需求低
甲	50	40	20
乙	70	50	0
丙	100	30	−20
丁	80	20	−10

运用悲观原则，该企业应该选（　　）方案。

A.甲　　　B.乙　　　C.丙　　　D.丁

40.【单选】 某企业拟开发新产品，有四种设计方案可供选择，每种方案均存在市场需求高、市场需求一般、市场需求低三种可能的市场状态，但各种状态发生的概率难以测算，有关资料如下表（单位：万元）所示：

	市场需求高	市场需求一般	市场需求低
甲	50	40	20
乙	70	50	0
丙	100	30	−20
丁	80	20	−10

运用折中原则，乐观系数为0.75，该企业应该选（　　）方案。

A.甲　　　B.乙　　　C.丙　　　D.丁

41.【单选】 某企业拟开发新产品，有四种设计方案可供选择，每种方案均存在市场需求高、市场需求一般、市场需求低三种可能的市场状态，但各种状态发生的概率难以测算，有关资料如下表（单位：万元）所示：

	市场需求高	市场需求一般	市场需求低
甲	50	40	20
乙	65	50	0
丙	100	30	−20
丁	80	25	−10

运用后悔值原则，该企业应该选（　　）方案。

A.乙　　　　　　　　B.丁

C.甲　　　　　　　　D.丙

42.【单选】 某企业拟开发新产品，有四种设计方案可供选择，每种方案均存在市场需求高、市场需求求一般、市场需求低三种可能的市场状态，但各种状态发生的概率难以测算，有关资料如下表（单位：万元）所示：

	市场需求高	市场需求一般	市场需求低
甲	50	40	20
乙	70	50	0
丙	100	30	−20
丁	80	20	−10

运用等概率原则，该企业应该选（　　）方案。

A.甲 　　　　　　　　　　B.乙

C.丙 　　　　　　　　　　D.丁

43.【单选】某房地产公司进军医药行业，成立了药业子公司。该子公司准备生产新药，有甲药、乙药和丙药三种产品方案可供选择。每种新药均存在着市场需求高、市场需求一般、市场需求低三种市场状态。每种方案的市场状态及其概率、损益值如下表（单位：万元）所示。

方案	市场状态及概率		
	市场需求高	市场需求一般	市场需求低
	0.3	0.5	0.2
生产甲药	45	20	−15
生产乙药	35	15	5
生产丙药	30	16	9

若该药业子公司选择期望损益决策法进行决策，应选择生产（　　）。

A.甲药 　　　B.乙药 　　　C.丙药 　　　D.都可以

✎ 生产间隔期的计算

44.【单选】某公司成批轮番生产一种产品，生产批量为400件，平均日产量为25件。该公司这种产品的生产间隔期是（　　）天。

A.15 　　　B.20 　　　C.16 　　　D.14

✎ 杠杆系数的计算

45.【单选】某企业财务杠杆系数、营业杠杆系数分别是1.8和1.5，则总杠杆系数是（　　）。

A.2.7 　　　B.3.3 　　　C.0.3 　　　D.1.8

✎ 进口报关滞报金的计算

46.【单选】某公司进口了一批电子产品，CIF总值为2000万元，由于某种原因，在运输工具进境第17天才向海关办理进口申报，根据我国海关法，该公司需缴纳滞报金（　　）万元。

A.0.5 　　　B.5 　　　C.20 　　　D.3

专项突破四　案例分析

考点清单

做题建议：本专项共 19 个案例，76 题，预计做题用时约 95 分钟。本专项题量较多，建议按章节拆分练习。

备考建议：本专项为工商管理专业知识和实务学科中案例分析题的集中练习。案例分析题在历年考试中，共 20 题，40 分，为不定项选择，在未知单选还是多选的情况下，有很大可能漏选。由于其考点比较集中，考生复习时需要重点突破案例分析模块。本专项所列案例内容为真题和根据真题改编的模拟题，涉及 30 个考点，分布在 6 个章节中，均为高频考点。本专项考点清单如下。

案例考查方向	所属考点	所属章节	难度	题量	做题时间
外部环境分析方法	企业外部环境分析	第一章	较容易	12 道（三个案例）	15 分钟
核心竞争力的内容	企业内部环境分析				
价值链分析的内容					
SWOT 战略的含义	企业综合分析				
成本领先战略和差异化战略的判断和实施路径辨析	基本竞争战略				
多元化战略和一体化战略的判断	密集型战略 VS 多元化战略 VS 一体化战略				
战略联盟的类型	战略联盟				
国际化经营战略的类型	国际化经营战略				
定性与定量分析决策方法的内容	定性决策方法与定量决策方法				
期望损益决策法的计算					
后悔值原则的计算					
折中原则的计算					
目标市场选择模式的辨析	目标市场的选择	第三章	较容易	12 道（三个案例）	15 分钟
市场定位的方式	市场定位				
产品组合的长度、宽度	产品策略				
产品组合策略					
成本加成定价法的计算	产品定价方法				
目标利润定价法的计算					
新产品定价策略的辨析	新产品定价策略				
产品组合定价策略的辨析	组合产品定价策略				
促销策略的类型	促销策略				
家族品牌策略的类型	品牌战略				
假定产品法的应用	生产能力的核定	第五章	较难	12 道（三个案例）	15 分钟
提前期法的应用	生产作业计划的编制方法				
在制品定额法的应用					

案例考查方向	所属考点	所属章节	难度	题量	做题时间
发明专利和商标的有效期限	知识产权管理	第七章	较容易	12 道 （三个案例）	15 分钟
成本模型的计算	技术价值的评估方法				
市场模拟模型的计算					
效益模型的计算					
技术创新内部组织模式类型	企业技术创新内部组织模式				
研发的类型	企业研发管理				
研发模式的类型					
人力资源具体计划的内容	人力资源规划的内容与含义	第八章	较容易	12 道 （三个案例）	15 分钟
人力资源需求预测与供给预测方法	人力资源需求与供给预测				
影响企业外部人力资源供给的因素					
转换比率法的计算					
一元回归模型的计算					
马尔切夫模型的计算					
基本薪酬等级的内容与计算	基本薪酬设计				
期望报酬率的计算	风险价值观念	第九章	较难	16 道 （四个案例）	20 分钟
标准离差与标准离差率辨析					
风险报酬率的特点					
普通股资本成本率的计算	资本成本的构成				
初始现金流的计算	固定资产投资决策				
营业现金流的计算					
终结现金流的计算					
贴现现金流量指标的特点和决策规则					
财务可行性评价指标的辨析					
项目风险衡量的方法与特点					
吸收合并的特点	收购与兼并、分拆与分立				
并购的类型					
分拆的要求					
市盈率与市销率的计算	企业价值评估				

案例分析

第一章　企业战略与经营决策

案例分析（一）

某大型钢铁集团通过大规模的并购活动，兼并多家钢铁生产企业，进一步扩大钢铁产品的市场占有率。同时，为了降低产品成本，该集团又购买了矿山，自主生产和供应铁矿石。另外，该集团积极采取"走出去"战略，在欧洲多国建立独资子公司，向当地供应高端钢材产品，实现当地生产，当地销售。为了获取新的利润增长点，该集团发展非钢产业，进军电脑行业，生产新型电脑产品，共有A产品、B产品、C产品、D产品四种电脑产品方案可供选择；每种产品均存在市场需求高、市场需求一般、市场需求低三种可能的市场状态，但各种状态发生的概率难以测算。在市场调查的基础上，该集团对四种备选方案的损益值进行了预测，在不同市场状态下损益值如下表（单位：百万元）所示。

产品方案的决策损益表

产品方案	市场需求高	市场需求一般	市场需求低
A 产品	60	40	10
B 产品	75	30	50
C 产品	80	35	−20
D 产品	90	50	−30

根据以上资料，回答下列问题：

1.该集团目前实施的战略有（　　　）。

A.前向一体化战略　　B.多元化战略

C.后向一体化战略　　D.国际化战略

2.该企业进行战略制定的首要步骤是（　　　）。

A.准备战略方案

B.确定企业愿景、企业使命和战略目标

C.评价选择战略方案

D.市场环境分析

3.若采用后悔值原则进行新型电脑产品的决策，该集团应选择的方案为生产（　　　）。

A.A产品　　　　　　B.D产品

C.B产品　　　　　　D.C产品

4.若该集团采用定性决策方法进行新产品决策，可以选用的方法有（　　　）。

A.名义小组技术　　　B.哥顿法

C.利润轮盘分析法　　D.杜邦分析法

案例分析（二）

某服装生产企业实施差异化战略，向消费者提供与众不同的产品，获得竞争优势。该企业为了降低原材料采购成本，进入纺织行业，自主生产和供应服装加工所需面料。该企业以许可经营的形式积极拓展海外市场，允许国外企业使用该企业的专利、商标、设计款式，扩大企业的国际声誉。同时，该企业积极进行新产品开发，不断推出新款服装。拟推出的新款服装共有甲产品、乙产品、丙产品、丁产品四种开发方案可供选择；每种产品方案均存在着市场需求高、市场需求一般、市场需求低三种可能的市场状态，但各种状态发生的概率难以测算。在市场调查的基础上，该服装生产企业对四种备选方案的损益值进行了预测，在不同市场状态下损益值如下表（单位：百万元）所示。

产品方案的决策损益表

产品方案	市场需求高	市场需求一般	市场需求低
甲产品	270	110	10
乙产品	265	100	30
丙产品	280	140	−10
丁产品	250	150	20

根据以上资料，回答下列问题：

5.该企业实施差异化战略，可以选择的途径是（　　　）。

A.设计并更换为更具个性化的服装品牌名称

B.扩大生产规模，形成规模效应

C.创新服装款式

D.提供独特的服装售后服务

6.该企业自主生产和供应面料的战略是（　　　）。

A.前向一体化战略　　　　　B.后向一体化战略

C.市场开发战略　　　　　　D.联盟战略

7.该企业进行风险型决策分析的方法有（　　）。

A.期望损益决策法　　　　　B.线性规划法

C.盈亏平衡点法　　　　　　D.决策树分析法

8.若采用后悔值原则进行新款服装的决策，该企业应选择的方案为开发（　　）。

A.丁产品　　　　　　　　　B.乙产品

C.甲产品　　　　　　　　　D.丙产品

案例分析（三）

　　某汽车生产企业通过联合生产形式与外国某世界 500 强汽车公司建立战略联盟，获得良好的市场效果。为降低企业生产成本，该企业进军汽车配件行业，自主生产和供应汽车配件。同时，为扩大企业利润，该企业建立手机事业部，推出自主品牌的新型手机。通过预测，手机市场存在畅销、一般、滞销三种市场状态，新型手机的生产共有甲、乙、丙、丁四种方案可供选择，每种方案的市场状态及损失值如下表（单位：万元）所示。

产品方案的决策损益表

方案	畅销	一般	滞销
甲	430	300	50
乙	440	350	−100
丙	500	390	−120
丁	530	380	−220

根据以上资料，回答下列问题：

9.该企业与世界500强汽车公司建立的战略联盟是（　　）。

A.技术开发与研究联盟　　　B.产品联盟

C.营销联盟　　　　　　　　D.产业协调联盟

10.该企业目前实施的战略是（　　）。

A.多元化战略　　　　　　　B.成本领先战略

C.前向一体化战略　　　　　D.后向一体化战略

11.采用折中原则进行决策（乐观系数为0.75），则该企业应采用的手机生产方案为（　　）。

A.甲　　　　B.乙　　　　C.丙　　　　D.丁

12.若采用后悔值原则进行决策，则该企业应采用的手机生产方案为（　　）。

A.甲　　　　B.乙　　　　C.丙　　　　D.丁

第三章　市场营销与品牌管理

案例分析（四）

　　某企业的产品组合为 2 种液晶电视机、3 种空调机、5 种洗衣机和 4 种电冰箱。为了扩大液晶电视机的销量，该企业与经销商签订协议，约定"10 天内付款的客户可享受 2% 的价格优惠，超过 10 天但 30 天以内付款的客户全额付款"。同时，该企业拟开发一种新型电冰箱，经测算，投资额为 5000 万元，单位成本为 2000 元／台，预期销售量为 50000 台，投资收益率为 20%。该种电冰箱推出后，该企业为了抢占市场份额，决定将电冰箱的价格定得较低，同时还参与公益活动扩大产品的知名度。

根据以上资料，回答下列问题：

13.该企业的产品组合的长度为（　　）。

A.5　　　　B.10　　　　C.12　　　　D.14

14.根据目标利润定价法，该企业的新型电冰箱的目标价格为（　　）元／台。

A.2020　　　B.2200　　　C.3000　　　D.3200

15.电冰箱上市后，该企业采用的定价策略为（　　）。

A.温和定价策略

B.市场渗透定价策略

C.产品组合定价策略

D.撇脂定价策略

16.该企业采用的促销策略有（　　）。

A.公共关系　　　　　　　　B.人员推销

C.销售促进　　　　　　　　D.广告

案例分析（五）

甲企业专门生产经营女士服装，其产品分为春秋装系列、夏装系列和冬装系列类型，分别使用"星梦""仙梦""彩梦"品牌。为了进一步提高竞争力，该企业进军儿童市场，决定开发一款女童夏装。经测算，生产该款女童夏装的投资额为 2000 万元，年固定成本为 400 万元，年变动成本为 200 万元，预计年销售量为 10 万件，预期年投资收益率为 20%。女童夏装开发成功后，该企业又迅速开发了女童春秋装和冬装。为进一步扩大销量，该企业开展了一系列促销活动，如通过电视、网络等媒介实施付费宣传，冠名赞助儿童电视节目等。

根据以上资料，回答下列问题：

17. 该企业采用的目标市场模式为（　　）。

A.产品／市场集中化　　　B.全面进入

C.选择性专业化　　　　　D.产品专业化

18. 该企业采用的家族品牌战略为（　　）。

A.个别品牌策略

B.统一品牌策略

C.企业名称与个别品牌并用策略

D.分类家族品牌策略

19. 根据目标利润定价法，该企业女童夏装的目标价格为（　　）元。

A.80　　　B.150　　　C.100　　　D.130

20. 该企业采用的促销方法为（　　）。

A.直复营销　　　　　B.人员推销

C.广告　　　　　　　D.公共关系

案例分析（六）

甲企业生产经营电视、空调、冰箱、洗衣机四类产品，每类产品冠以不同的品牌。目前，该企业决定开发一种智能洗地机，经测算，生产这种洗地机的年固定成本为 26000 万元，年变动成本为 14000 万元，成本加成率为 20%，预计年销售量为 40 万台。智能洗地机上市后，该企业为洗地机冠以全新的品牌名称。为在短期内获得高额利润，该企业决定将智能洗地机的价格定得较高，与此同时，还积极开展促销活动，通过电视、网络等媒介实施付费宣传，在大型商场开设陈列柜台，进行现场表演，向公众推介其智能洗地机，扩大品牌影响力。

根据上述资料，回答下列问题：

21. 智能洗地机上市后，该企业产品组合宽度为（　　）。

A.3　　　　B.4　　　　C.5　　　　D.6

22. 智能洗地机上市后，该企业采用的定价策略为（　　）。

A.温和定价策略

B.产品组合定价策略

C.市场渗透定价策略

D.撇脂定价策略

23. 该企业对智能洗地机采用的促销策略为（　　）。

A.公共关系　　　　　B.广告

C.人员推销　　　　　D.销售促进

24. 根据成本加成定价法，该企业智能洗地机的价格为（　　）元／台。

A.1000　　　B.1200　　　C.2400　　　D.2000

第五章　生产管理

案例分析（七）

某企业生产甲、乙、丙、丁四种产品，各种产品在铣床组的台时定额分别为 40 小时、50 小时、20 小时、80 小时；铣床组共有铣床 12 台，每台铣床的年有效工作时间为 4400 小时；甲、乙、丙、丁四种产品计划年产量分别为 1500 台、1200 台、2400 台、900 台，对应的总产量的比重分别为 0.25、0.2、0.4、0.15。该企业采用假定产品法进行多品种生产条件下铣床组生产能力核算，得出年生产假定产品的能力为 1320 台。

根据上述资料，回答下列问题：

25.假定产品的台时定额是（　　）小时。

A.55　　　　B.35　　　　C.30　　　　D.40

26.铣床组年生产甲产品的能力为（　　）台。

A.198　　　　B.330　　　　C.264　　　　D.528

27.该企业采用假定产品法计算生产能力，则推断该企业可能的生产特征是（　　）。

A.产品劳动量差别小　　　　B.产品工艺差别小

C.产品结构差别大　　　　D.产品订单量差别大

28.影响该铣床组生产能力的因素有（　　）。

A.铣床的体积

B.铣床组的台时定额

C.铣床组的有效工作时间

D.铣床组拥有铣床的数量

案例分析（八）

　　某机电生产企业生产单一机电产品，其生产计划部门运用提前期法来确定机电产品在各车间的生产任务。甲车间是生产该种机电产品的最后车间，2024 年 11 月应生产到 3000 号，产品的平均日产量为 100 台。该种机电产品在乙车间的出产提前期为 20 天，生产周期为 10 天，假定各车间的生产保险期为 0 天。

根据以上资料，回答下列问题：

29.该企业运用提前期法编制生产作业计划，可以推测该企业属于（　　）企业。

A.单件小批生产　　　　B.大量大批生产

C.成批轮番生产　　　　D.小批量生产

30.乙车间2024年11月出产产品的累计号是（　　）。

A.4600号　　　　B.5000号

C.4800号　　　　D.5500号

31.乙车间2024年11月投入生产的累计号是（　　）。

A.5500号　　　　B.5600号

C.8800号　　　　D.6000号

32.该企业运用提前法编制生产作业计划，优点是（　　）。

A.可以用来检查零部件生产的成套性

B.生产任务可以自动修改

C.提高生产质量

D.各个车间可以平衡地编制生产作业计划

案例分析（九）

　　某企业的产品生产按照工艺顺序需连续经过甲车间、乙车间、丙车间、丁车间的生产才能完成。该企业运用在制品定额法来编制下一个生产周期的生产计划。在下一个生产周期各车间生产计划如下：丁车间出产量为 2000 件，计划允许废品及损耗量为 50 件，期末在制品定额为 300 件，期初预计在制品结存量为 150 件；丙车间投入量为 2000 件，乙车间半成品外销量为 1000 件，期末库存半成品定额为 400 件，期初预计库存半成品结存量为 200 件。

根据以上资料，回答下列问题：

33.该企业运用在制品定额法编制生产作业计划，可以推断该企业属于（　　）企业。

A.单件小批生产　　　　B.小批量生产

C.成批轮番生产　　　　D.大量大批生产

34.该企业应最后编制（　　）的生产作业计划。

A.甲车间　　　　B.乙车间

C.丙车间　　　　D.丁车间

35.丁车间下一个生产周期的投入量是（　　）件。

A.1600　　　　B.1960　　　　C.2200　　　　D.2300

36.乙车间下一个生产周期的出产量是（　　）件。

A.3000　　　　B.3200　　　　C.3600　　　　D.4500

第七章　技术创新管理

案例分析（十）

　　甲企业拟引进乙企业的专利技术，应用后发现没有达到预期，于是打算对此进行技术升级改造。

甲企业与某研究所签订合同，委托该研究所对技术进行评估。经过评估，该技术开发中的物质消耗为300万元，人力消耗为400万元，技术复杂系数为1.6，研究开发的风险概率为60%。经评估后，甲企业决定立项开发该技术，并从各个部门抽调10人组建新的部门负责攻关。3年后，技术开发成功。甲企业于2023年3月15日向国家专利部门提交了发明专利申请，2024年6月20日，国家知识产权局授予甲企业该项技术发明专利权。

根据以上资料，回答下列问题：

37. 若采用技术价值评估的成本模型计算，该项技术的价格为（　　）万元。

A.2800

B.4800

C.1867

D.6400

38. 甲企业为开发该项新技术设立的创新组织属于（　　）。

A.企业技术中心

B.内企业

C.新事业发展部

D.技术创新小组

39. 关于甲企业获得的该项技术专利权有效期的说法，正确的是（　　）。

A.有效期限为10年

B.有效期限自2024年6月20日起计算

C.有效期限自2023年3月15日起计算

D.有效期限为20年

40. 从研发的类型看，甲企业该技术研发属于（　　）。

A.合作研究

B.基础研究

C.应用研究

D.开发研究

案例分析（十一）

甲企业拟引进乙企业的专利技术，经专家评估，该技术能够将甲企业的技术能力大幅提高，该技术的技术性能修正系数为1.15，时间修正系数为1.1，

技术寿命修正系数为1.2。经调查，2年前类似技术交易转让价格为50万元。甲企业与乙企业签订合同约定，甲企业支付款项后可以使用该项技术。甲企业使用该技术后，发现对技术能力的提高不及预期，于是同丙企业签订合作协议，将相关技术研发委托给丙企业。技术开发成功后，甲企业于2019年9月17日向国家专利部门提交了发明专利申请，2021年7月20日国家知识产权局授予甲企业该项技术发明专利权。随后甲企业运用该项发明专利进行生产，并于2023年8月15日申请注册商标，2024年2月20日获得核准注册。

根据以上资料，回答下列问题：

41. 采用市场模拟模型计算，甲企业购买该技术的评估价格为（　　）万元。

A.58.6

B.63.7

C.69.8

D.75.9

42. 甲企业将技术研发委托给丙企业的研发模式称为（　　）。

A.自主研发

B.项目合作

C.研发外包

D.联合开发

43. 关于甲企业该项技术发明专利权有效期的说法，正确的有（　　）。

A.有效期至2039年9月16日

B.有效期至2041年7月19日

C.有效期至2031年7月19日

D.有效期满后专利权终止

44. 关于甲企业获得的商标有效期的说法，正确的是（　　）。

A.有效期限为10年

B.有效期限自2023年8月15日起计算

C.有效期限自2024年2月20日起计算

D.有效期限为20年

案例分析（十二）

甲企业与某研究所签订合同，委托该研究所对一项技术进行可行性论证、技术预测、专题技术调

查。经预测，该技术可再使用 5 年。采用该项新技术后，预计未来 5 年产品的收入分别为 100 万元、100 万元、110 万元、90 万元、80 万元。根据行业投资收益率，折现率确定为 10%，复利现值系数见下表：

	1	2	3	4	5
10%	0.909	0.826	0.751	0.683	0.621

经评估后，甲企业决定立项开发该技术，并从各个部门抽调专人组成新的事业部专门进行研发。2 年后，技术开发成功。甲企业于 2022 年 8 月 4 日向国家专利部门提交了发明专利申请，2024 年 1 月 12 日国家知识产权局授予甲企业该项技术发明专利权。

根据以上资料，回答下列问题：

45.根据效益模型计算，该项新技术的价格为（　　）万元。

A.396.58　　　　　　　　B.372.62

C.367.26　　　　　　　　D.360.29

46.甲企业为开发该项新技术设立的创新组织属于（　　）。

A.内企业

B.技术创新小组

C.新事业发展部

D.企业联盟

47.关于甲企业获得的该项技术专利权有效期的说法，正确的是（　　）。

A.有效期限为15年

B.有效期限自2024年1月12日起计算

C.有效期限自2022年8月4日起计算

D.有效期限为20年

48.甲企业的研发模式称为（　　）。

A.自主研发

B.联合开发

C.研发外包

D.项目合作

第八章　人力资源规划与薪酬管理

案例分析（十三）

某企业为了加强薪酬管理，决定对现有的薪酬制度进行改革，探索在研发部等专业技术人员较为集中的部门建立宽带型薪酬结构，以更好地调动专业技术人员的工作积极性。根据职位评价的结果，该企业共划分了六个薪酬等级，每一薪酬等级又分别划分了若干薪酬级别，各薪酬级别之间的差距是相等的。其中，第四薪酬等级分为四个薪酬级别，第四薪酬等级的薪酬区间中值为 5 万元／年，薪酬浮动率为 10%。

根据以上资料，回答下列问题：

49.该企业第四薪酬等级的薪酬区间最高值为（　　）万元／年。

A.5.5　　　　B.5　　　　C.6.52　　　　D.6.12

50.该企业第四薪酬等级中的第二薪酬级别的薪酬值为（　　）万元／年。

A.4.83　　　　　　　　B.4.67

C.5.16　　　　　　　　D.4.52

51.薪酬浮动率对于调整薪酬水平具有一定的作用，确定薪酬浮动率时要考虑的因素有（　　）。

A.本企业各薪酬等级之间的价值差异

B.本企业各薪酬等级自身的价值

C.同一行业其他企业同种职位的薪酬标准

D.本企业的薪酬支付能力

52.宽带型薪酬结构最大的特点是（　　）。

A.体现了员工职位评价的结果

B.职位等级能够反映出职位的价值差异

C.充分考虑了员工在本单位工作的时间

D.扩大了员工通过技术和能力的提升增加薪酬的可能性

案例分析（十四）

某企业根据人力资源需求与供给状况及相关资料，制订2024年人力资源总体规划和人员接续及升迁计划。经过调查研究，确认该企业的市场营销人员变动矩阵。如下表所示。

职务	现有人数	年平均人员调动概率				年平均离职率
		销售总监	销售经理	业务主管	业务员	
业务总监	1	0.9				0.1
业务经理	5	0.1	0.8			0.1
业务主管	30		0.1	0.8		0.1
业务员	240			0.1	0.8	0.1

根据以上资料，回答下列问题：

53.该企业对人力资源需求状况进行预测时，可采用的方法为（　　）。

A.杜邦分析法　　　　　　B.一元回归分析法

C.管理人员判断法　　　　D.关键事件法

54.根据马尔可夫模型法计算，该企业2024年业务员的内部供给量为（　　）人。

A.180　　　B.192　　　C.216　　　D.168

55.该企业制订的人员接续及升迁计划属于（　　）。

A.长期规划　　　　　　B.具体计划

C.总体规划　　　　　　D.中期规划

56.影响该企业人力资源外部供给量的因素是（　　）。

A.所在地区人口总量和人力资源供给率

B.所在行业劳动力市场供求状况

C.所属行业的价值链长度

D.所在地区人力资源总体构成

案例分析（十五）

某企业进行人力资源需求与供给预测。通过统计研究发现，销售额每增加500万元，需增加管理人员、销售人员和客服人员共20人。新增人员中，管理人员、销售人员和客服人员的比例是1：7：2。

该企业预计2024年销售额将比2023年销售额增加1000万元。根据人力资源需求与供给情况，该企业制订了总体规划和人员补充计划。

根据以上资料，回答下列问题：

57.根据转换比率分析法计算，该企业2024年需要增加管理人员（　　）人。

A.4　　　　　B.8　　　　　C.12　　　　D.28

58.该企业进行人力资源供给预测时，可采用的方法是（　　）。

A.人员核查法　　　　　　B.马尔可夫模型法

C.关键事件法　　　　　　D.管理人员接续计划法

59.影响该企业人力资源外部供给量的因素有（　　）。

A.宏观经济形势与失业率

B.企业人才流失率

C.本地区人力资源总体构成

D.本地区人口总量与人力资源供给率

60.该企业制订人员补充计划时主要应考虑（　　）。

A.补充人员的数量　　　　B.职务轮换幅度

C.改善人员知识技能　　　D.补充人员的类型

第九章　企业投融资决策与并购重组

案例分析（十六）

某公司正在论证某生产线改造项目的可行性，经测算，项目完成后生产线的经济寿命为10年。项目固定资产投资为5500万元，项目终结时残值收入为500万元，流动资产投资为1000万元。项目完成并投产后，预计每年销售收入增加2500万元，每年总固定成本（不含折旧）增加100万元，每年总变动成本增加900万元，假设该公司所得税税率为25%。

根据以上资料，回答下列问题：

61.该项目的初始现金流量为（　　）万元。

A.5000　　　B.5500　　　C.6000　　　D.6500

62.该项目的年净营业现金流量为（ ）万元。

A.1000　　　B.1125　　　C.1250　　　D.2100

63.该公司若采用内部报酬率法判断项目的可行性，项目可行的标准是该项目的（ ）。

A.内部报酬率大于资本成本率

B.内部报酬率小于资本成本率

C.内部报酬率大于必要报酬率

D.内部报酬率小于必要报酬率

64.若该项目风险比较大，基于谨慎原则，公司计算净现值时应该选择（ ）。

A.较高的折现率　　　　　B.较低的折现率

C.较高的离差率　　　　　D.较低的离差率

案例分析（十七）

某公司正在论证新建一条生产线项目的可行性。经测算，项目的经济寿命为 5 年，项目固定资产投资额为 1000 万元，期末残值收入为 100 万元，流动资产收回 100 万元；项目各年现金流量见表 1，假设该公司选择的贴现率为 10%，现值系数见表 2。

表 1　项目各年现金流量表（单位：万元）

年份	0	1	2	3	4	5
现金流量合计	-1100	180	400	400	400	400

表 2　现值系数表

复利现值系数					
年份	1	2	3	4	5
10%	0.909	0.826	0.751	0.683	0.621

年金现值系数					
年份	1	2	3	4	5
10%	0.909	1.736	2.487	3.170	3.791

根据以上资料，回答下列问题：

65.该项目的终结现金流量为（ ）万元。

A.100　　　B.200　　　C.300　　　D.320

66.该项目的净现值为（ ）万元。

A.504　　　B.19　　　C.216　　　D.618

67.根据净现值法的决策规则，该项目可行的条件是净现值（ ）。

A.大于零　　　　　　　B.小于零

C.等于零　　　　　　　D.大于投资额

68.评价该项目在财务上是否可行，除了计算项目的净现值，还可以计算项目的（ ）。

A.投资回收期　　　　　B.内部报酬率

C.获利指数　　　　　　D.风险报酬系数

案例分析（十八）

G 公司拟建一条生产线，经调研和测算，该生产线的经济寿命为 10 年，新建厂房投资额为 200 万元，设备投资额为 600 万元，流动资产投资额为 120 万元。公司决定，该投资形成的固定资产采用直线法计提折旧，无残值。该生产线建成投产后的第 2 年至第 10 年，每年可实现 200 万元净利润。公司总经理要求在进行项目可行性分析时，要根据风险评估来调整现金流量，以体现谨慎原则。

根据以上资料，回答下列问题：

69.该生产线的年净营业现金流量为（ ）万元。

A.100　　　B.150　　　C.240　　　D.280

70.评估该生产线项目财务可行性时，该公司可采用的贴现现金流量指标是（ ）。

A.净现值　　　　　　　B.内部报酬率

C.标准离差率　　　　　D.年金现值系统

71.估算该生产与投资现金流量时，该生产线的流动资产投资额应计入（ ）。

A.初始现金流量　　　　B.营业现金流量

C.终结现金流量　　　　D.自由现金流量

72.该公司若采用获利指数判断项目的可行性，项目可行的标准是该项目的（ ）。

A.获利指数大于或等于1

B.获利指数小于或等于1

C.获利指数等于1

D.获利指数小于1

A.7%   B.10%   C.15%   D.20%

案例分析（十九）

某企业准备用自有资金5亿元投资一个项目，现在有甲、乙两个项目可供选择。据预测，未来市场状况存在繁荣、一般、衰退三种可能性，概率分别为0.3、0.4和0.3，两项投资在不同市场状况的预计年报酬率如下表所示。为了做出正确决定，公司需进行风险评价。

市场状况	发生概率	预计年报酬率	
		甲项目	乙项目
繁荣	0.3	20%	40%
一般	0.4	10%	10%
衰退	0.3	0	−10%

根据以上资料，回答下列问题：

73.甲项目的期望报酬率为（　　）。

74.如果甲、乙两个项目的期望报酬率相同，则标准离差大的项目（　　）。

A.风险小

B.风险大

C.报酬离散程度小

D.报酬离散程度大

75.如果甲、乙两个项目的期望报酬率不同，则需通过计算（　　）比较两个项目的风险。

A.风险报酬率

B.风险报酬系数

C.资本成本率

D.标准离差率

76.该企业选择风险大的项目进行投资，是为了获取（　　）。

A.更高的风险报酬

B.更高的货币时间价值

C.更低的债务资本成本

D.更低的营业成本

易错易混篇

本篇说明：

　　"易错易混"为工商管理专业知识和实务学科中各章节中容易混淆、记错的考点内容的集中练习，包含 26 处易错易混点，分布在 10 个章节中，题量总计 79 题。本部分整体难度较大。易错易混考点内容分布广泛，适合在整体复习阶段进行集中强化练习与记忆。

易错易混点数量（个）	题目数量（道）	做题时间（分钟）
26	79	73

易错易混

📋 考点清单

做题建议： 本部分共 79 题，预计做题用时约 73 分钟。

备考建议： 本部分包含 26 处易错易混点，分布在 10 个章节中，为工商管理专业知识和实务学科中所有易错易混内容的集中练习，整体难度较大。本部分除部分真题外，均在保留真题精髓的基础上改编，旨在帮助考生通过本部分牢固掌握本学科高频易错易混的内容。本专题考点清单如下。

易错易混点名称		所属章节	难度	题量	做题时间
易错易混点 1	企业愿景 VS 企业使命 VS 战略目标的辨析	第一章	较难	3 道	3 分钟
易错易混点 2	外部环境分析法 VS 内部环境分析法	第一章	较难	3 道	3 分钟
易错易混点 3	多元化战略 VS 一体化战略	第一章	较难	3 道	3 分钟
易错易混点 4	契约式战略联盟	第一章	较难	4 道	4 分钟
易错易混点 5	国际化经营战略	第一章	较难	3 道	3 分钟
易错易混点 6	不同类型定量决策方法	第一章	较难	2 道	2 分钟
易错易混点 7	股东会职权 VS 董事会职权 VS 独立董事职权 VS 监事会职权	第二章	较难	5 道	5 分钟
易错易混点 8	心理变量 VS 行为变量	第三章	较难	3 道	3 分钟
易错易混点 9	产品组合定价策略	第三章	较容易	3 道	2 分钟
易错易混点 10	消费品的分类	第四章	较容易	3 道	1 分钟
易错易混点 11	渠道成员的激励方法	第四章	较难	3 道	3 分钟
易错易混点 12	渠道权力的来源	第四章	较难	4 道	4 分钟
易错易混点 13	渠道冲突的分类	第四章	较难	4 道	4 分钟
易错易混点 14	渠道畅通性指标 VS 渠道盈利能力指标	第四章	较难	2 道	2 分钟
易错易混点 15	生产能力的类型	第五章	较容易	3 道	2 分钟
易错易混点 16	产品产值指标	第五章	较容易	3 道	2 分钟
易错易混点 17	不同类型企业的期量标准	第五章	较难	3 道	3 分钟
易错易混点 18	不合理的运输方式	第六章	较容易	3 道	2 分钟
易错易混点 19	技术创新战略的类型	第七章	较难	3 道	5 分钟
易错易混点 20	项目地图法	第七章	较难	3 道	3 分钟
易错易混点 21	人力资源具体规划的内容与目标	第八章	较难	4 道	4 分钟
易错易混点 22	资本结构理论	第九章	较难	3 道	3 分钟
易错易混点 23	债转股 VS 以股抵债	第九章	较容易	2 道	2 分钟
易错易混点 24	跨国公司的管理组织形式	第十一章	较难	3 道	3 分钟
易错易混点 25	跨国公司的国外市场进入方式	第十一章	较难	2 道	2 分钟
易错易混点 26	货运险的内容	第十一章	较难	2 道	2 分钟

易错易混点 1 企业愿景 VS 企业使命 VS 战略目标的辨析

1.【单选】 关于企业愿景的说法，正确的是（　　）。

A.企业愿景管理包括开发愿景、瞄准愿景、修正愿景三个主要步骤

B.企业愿景由企业高层领导者独断制定，并自上而下推行

C.企业愿景回答了"企业的业务是什么"这一问题

D.企业愿景包括核心信仰和未来前景两部分

2.【单选】 关于企业战略目标的说法，正确的是（　　）。

A.战略目标是企业一定时期的任务目标

B.战略目标说明了企业的根本性质

C.战略目标可以对企业进行全面战略分析

D.战略目标是企业未来欲实现的宏大远景目标以及对它的准确描述

3.【多选】 关于企业使命的说法，正确的有（　　）。

A.企业使命等同于企业愿景

B.企业使命阐明了企业的根本性质与存在的理由

C.企业使命的定位由企业经营哲学的定位、企业形象的定位和企业生存目的定位三部分构成

D.企业使命包括核心信仰和未来前景两部分

E.企业使命回答"企业业务是什么"的问题

易错易混点 2 外部环境分析法 VS 内部环境分析法

4.【单选】 以下属于行业环境分析的是（　　）。

A.价值链分析　　　　　　B.杜邦分析法

C.波特"五力模型"分析　D.波士顿矩阵分析

5.【多选】 下列方法中，可用于企业战略环境分析的有（　　）。

A.波士顿矩阵分析　　　　B.战略群体分析

C.一元回归模型分析　　　D.价值链分析

E.波特"五力模型"分析

6.【多选】 下列方法中，可用于企业内部环境分析的方法有（　　）。

A.波特"五力模型"分析法

B.核心竞争力分析法

C.波士顿矩阵分析法

D.EFE矩阵分析法

E.价值链分析法

易错易混点 3 多元化战略 VS 一体化战略

7.【单选】 为降低原材料成本，某牛奶生产企业进军畜牧业，建立奶牛场。该企业采取的是（　　）战略。

A.水平多元化　　　　　　B.同心型多元化

C.垂直多元化　　　　　　D.非相关多元化

8.【单选】 某家电制造企业同时生产电冰箱、电视机和洗衣机等不同类型的家电产品，该企业采用（　　）战略。

A.前向一体化　　　　　　B.非相关多元化

C.水平多元化　　　　　　D.垂直多元化

9.【多选】 为降低生产成本，某汽车制造企业进军钢铁制造行业，自主供应原材料。该企业采取的企业战略有（　　）。

A.前向一体化战略　　　　B.后向一体化战略

C.水平多元化战略　　　　D.垂直多元化战略

E.非相关多元化战略

易错易混点 4 契约式战略联盟

10.【单选】 某服装制造企业通过生产业务外包的形式扩大生产，提高市场占有率。该企业采用的战略联盟形式是（　　）。

A.产品联盟　　　　　　　B.技术开发与研究联盟

C.营销联盟　　　　　　　D.产业协调联盟

11.【单选】 为了避免恶性竞争，甲科技公司与多家科技公司结成战略联盟，建立全面协调和分工的

易错易混

联盟体系。该战略联盟的形式是（　　）。

A.营销联盟　　　　　　B.技术研究与开发联盟

C.产品联盟　　　　　　D.产业协调联盟

12.【单选】 某服装生产企业通过特许经营形式与多家服装零售企业建立战略联盟，该战略联盟属于（　　）。

A.产品联盟　　　　　　B.研发联盟

C.营销联盟　　　　　　D.产业协调联盟

13.【多选】 下列战略联盟形式中，属于契约式战略联盟的有（　　）。

A.相互持股　　　　　　B.营销联盟

C.合资企业　　　　　　D.产业协调联盟

E.产品联盟

易错易混点 5 国际化经营战略

14.【单选】 在跨国公司的经营战略中，有利于跨国公司同时取得低成本优势、产品差异化优势和引发技术扩大效应的战略是（　　）。

A.本土化战略　　　　　B.跨国战略

C.全球标准化战略　　　D.国际战略

15.【单选】 在国际市场竞争中，当地区调适的压力高而成本降低的压力低时，跨国企业最适合采用的战略是（　　）。

A.跨国战略　　　　　　B.全球标准化战略

C.本土化战略　　　　　D.国际战略

16.【单选】 某饼干生产企业不严格区分国内市场和国外市场，向国内外市场销售相同品质和口味的饼干。该企业实施的国际化经营战略是（　　）。

A.全球化战略　　　　　B.一体化战略

C.跨国化战略　　　　　D.多国化战略

易错易混点 6 不同类型定量决策方法

17.【多选】 下列决策方法中，属于确定型决策方法的有（　　）。

A.盈亏平衡点法　　　　B.线性规划法

C.期望损益决策法　　　D.等概率分析法

E.一元回归分析法

18.【多选】 下列决策方法中，属于风险型决策方法的有（　　）。

A.线性规划法　　　　　B.期望损益决策法

C.决策树分析法　　　　D.管理人员判断法

E.后悔值分析法

易错易混点 7 股东会职权 VS 董事会职权 VS 独立董事职权 VS 监事会职权

19.【多选】 我国上市公司董事会的职权有（　　）。

A.执行股东会决议

B.决定公司的利润分配方案

C.制定公司的基本管理制度

D.决定公司财务负责人的聘任

E.决定公司内部管理机构的设置

20.【多选】 根据我国公司法，股东享有的权利有（　　）。

A.股东会的出席权

B.董事的选举权

C.经理的聘任权

D.内部管理机构的设置权

E.股份的转让权

21.【多选】 根据我国公司法，有限责任公司和股份有限公司监事会的职权有（　　）。

A.向股东会会议提出提案

B.制定公司基本管理制度

C.检查公司财务

D.提议召开临时股东会会议

E.决定公司利润分配方案

22.【多选】 根据我国公司法，不属于有限责任公司经理职权的有（　　）。

A.执行股东会的决议

B.制定公司的具体规章

C.组织实施公司投资方案

D.主持公司的生产经营管理工作

E.决定公司内部管理结构的设置

23.【多选】我国上市公司独立董事的职权有（　　）。

A.向董事会提议召开监事会

B.提议召开董事会会议

C.独立聘请中介机构，对上市公司具体事项进行审计、咨询或者核查

D.聘任或解聘公司某部门业务负责人

E.向董事会提议召开临时股东会

✎ 易错易混点 8 心理变量 VS 行为变量

24.【单选】某企业根据消费者对产品的使用状况，将消费者分为从未使用者、曾经使用者、潜在使用者、首次使用者和经常使用者等。该企业采用了（　　）市场细分的标准。

A.人口变量　　　　　　B.地理变量

C.行为变量　　　　　　D.心理变量

25.【多选】下列市场细分变量中，属于行为变量的有（　　）。

A.追求的利益　　　　　B.购买动机

C.使用者状况　　　　　D.购买时机

E.价值取向

26.【多选】下列市场细分变量中，属于心理变量的有（　　）。

A.使用者状况　　　　　B.购买时机

C.使用频率　　　　　　D.购买动机

E.价值取向

✎ 易错易混点 9 产品组合定价策略

27.【多选】下列定价策略中属于产品组合定价策略的有（　　）策略。

A.附属产品定价　　　　B.副产品定价

C.渗透定价　　　　　　D.招徕定价

E.产品线定价

28.【单选】某企业将其生产的高、中、低档糖果分别定价为388元、58元和18元，这种产品定价策略属于（　　）策略。

A.招徕定价　　　　　　B.撇脂定价

C.产品束定价　　　　　D.产品线定价

29.【单选】某城市共有5个景点，每个景点票价分别为15元、20元、100元、120元、180元，通票价格为300元。这种产品组合定价策略为（　　）策略。

A.产品线定价　　　　　B.温和定价

C.产品束定价　　　　　D.附属产品定价

✎ 易错易混点 10 消费品的分类

30.【单选】按照消费者购买习惯不同，消费品可以分为不同类型。现阶段对大多数普通消费者而言，美容美发产品属于（　　）。

A.选购品　　　　　　　B.特殊品

C.非渴求品　　　　　　D.便利品

31.【单选】下列商品中，属于非渴求品的是（　　）。

A.应急雨伞　　　　　　B.百科全书

C.方便面　　　　　　　D.智能手机

32.【单选】按照消费者购买习惯不同，消费品可以分为不同类型。现阶段对大多数普通消费者而言，工艺陶器品属于（　　）。

A.选购品　　　　　　　B.便利品

C.非渴求品　　　　　　D.特殊品

✎ 易错易混点 11 渠道成员的激励方法

33.【单选】下列企业激励渠道成员的方法中，属于扶持激励的是（　　）。

A.交流市场信息　　　　B.合作制订经营计划

C.公关宴请　　　　　　D.提供广告津贴

34.【单选】某公司召集经销商，交流市场信息，并让经销商发泄不满，这种激励方法是（　　）。

A.扶持激励　　　　　　　B.沟通激励

C.情绪激励　　　　　　　D.业务激励

35.【多选】 下列渠道成员激励方法中，属于业务激励的有（　　　）。

A.融资支持

B.提供产品、技术动态信息

C.合作制订经营计划

D.实施优惠促销

E.佣金总额动态管理

易错易混点 12　渠道权力的来源

36.【单选】 在分销渠道管理中，建议战略是一种与渠道权力运用相关的战略，其必要的权力来源是（　　　）。

A.专长权、奖励权、法定权

B.专长权、信息权、强迫权

C.专长权、信息权、奖励权

D.认同权、强迫权、奖励权

37.【单选】 在渠道权力的运用战略中，请求战略的权力来源是（　　　）。

A.认同权、奖励权、强迫权

B.专长权、奖励权、信息权

C.专长权、奖励权、强迫权

D.强迫权、奖励权、信息权

38.【多选】 在下列渠道权力来源中，属于中介性权力的有（　　　）。

A.奖励权　　　　　　　　B.专长权

C.信息权　　　　　　　　D.强迫权

E.认同权

39.【多选】 渠道权力运用的战略中，信息交换战略的必要的权力来源有（　　　）。

A.信息权　　　　　　　　B.法定权

C.奖励权　　　　　　　　D.认同权

E.专长权

易错易混点 13　渠道冲突的分类

40.【单选】 分销渠道成员通过相互对抗消除渠道成员之间潜在的、有害的紧张气氛和不良动机的行为，或通过提出分歧并克服分歧，激励对方并相互挑战，从而共同提高绩效，这种渠道冲突是（　　　）。

A.潜伏性冲突　　　　　　B.功能性冲突

C.虚假性冲突　　　　　　D.破坏性冲突

41.【单选】 企业随着业务规模扩大和经销商数量的增加，出现了区域窜货问题。按渠道冲突对企业发展的影响方向划分，该企业面对的渠道冲突属于（　　　）。

A.垂直冲突　　　　　　　B.功能性冲突

C.水平冲突　　　　　　　D.破坏性冲突

42.【单选】 甲公司和乙公司为同一渠道的零售商，甲、乙两家公司由于产品的售价产生了渠道冲突，该冲突属于（　　　）。

A.功能性冲突　　　　　　B.破坏性冲突

C.水平冲突　　　　　　　D.垂直冲突

43.【单选】 双方存在利益冲突，但是没有对抗性行为属于（　　　）。

A.冲突　　　　　　　　　B.功能性冲突

C.虚假性冲突　　　　　　D.潜伏性冲突

易错易混点 14　渠道畅通性指标 VS 渠道盈利能力指标

44.【多选】 下列分销渠道运行绩效评估指标中，用于评价渠道盈利能力的指标有（　　　）。

A.渠道费用利润率　　　　B.分销渠道费用率

C.渠道销售增长率　　　　D.货款回收速度

E.渠道资产利润率

45.【多选】 下列分销渠道运行绩效评估指标中，用于评价渠道畅通性的指标有（　　　）。

A.分销渠道费用率　　　　B.销售回款率

C.商品周转速度　　　　　D.市场覆盖率

E.渠道销售增长率

易错易混点 15 生产能力的类型

46.【单选】反映企业现实生产能力的是（　　　　）。

A.查定生产能力　　　　B.计划生产能力

C.设计生产能力　　　　D.审核生产能力

47.【单选】企业进行基本建设时，在技术文件中所写明的生产能力是（　　　　）。

A.设计生产能力　　　　B.查定生产能力

C.计划生产能力　　　　D.现实生产能力

48.【多选】生产能力按其技术组织条件的不同，分为（　　　　）。

A.设计生产能力　　　　B.查定生产能力

C.控制生产能力　　　　D.评估生产能力

E.计划生产能力

易错易混点 16 产品产值指标

49.【单选】下列生产计划指标中，属于产品产值指标的是（　　　　）。

A.产品的名称　　　　B.产品的型号

C.工业增加值　　　　D.产品合格率

50.【多选】根据具体内容与作用的不同，产品产值指标分为（　　　　）。

A.工业商品产值　　　　B.工业总产值

C.工业成品产值　　　　D.工业原材料值

E.工业零售产值

51.【单选】下列产值指标中，由新创造的价值与固定资产折旧价值共同构成的指标是（　　　　）。

A.产品产值　　　　B.工业增加值

C.工业总产值　　　　D.工业成品产值

易错易混点 17 不同类型企业的期量标准

52.【单选】节拍是（　　　　）类型企业编制生产作业计划的重要依据。

　A.大批量流水线生产　　　B.成批轮番生产

C.小批生产　　　　D.单件生产

53.【多选】适用于成批轮番生产企业的期量标准有（　　　　）。

A.批量　　　　B.生产周期

C.生产提前期　　　　D.节拍

E.生产间隔期

54.【多选】适用于单件小批生产企业的期量标准有（　　　　）。

A.生产周期　　　　B.生产间隔期

C.批量　　　　D.节奏

E.生产提前期

易错易混点 18 不合理的运输方式

55.【单选】在商品运输中，同一品种货物在同一地点运进的同时又向外运出，这种情况属于（　　　　）。

A.倒流运输　　　　B.迂回运输

C.重复运输　　　　D.对流运输

56.【单选】在商品运输中，货物从销售地向产地运输，这种运输属于（　　　　）。

A.无效运输　　　　B.重复运输

C.对流运输　　　　D.倒流运输

57.【单选】最严重的不合理运输形式是（　　　　）。

A.空驶运输　　　　B.运力选择不当

C.重复运输　　　　D.无效运输

易错易混点 19 技术创新战略的类型

58.【单选】企业针对竞争者的弱项和自己的相对优势，推出新的技术来取代现有的主导技术。这种技术创新战略属于（　　　　）。

A.切入型战略　　　　B.进攻型战略

C.自主型战略　　　　D.防御型战略

59.【单选】根据企业所期望的技术竞争地位的不同，企业技术创新战略可分为（　　　　）。

A.自主创新战略与模仿创新战略

B.进攻型战略与防御型战略

C.切入型战略与撇脂战略

D.技术领先战略与技术跟随战略

60.【多选】根据技术来源的不同，企业技术创新战略分为（　　）。

A.模仿创新战略　　　　　B.委托创新战略

C.技术领先战略　　　　　D.技术跟随战略

E.自主创新战略

✐ 易错易混点20 项目地图法

61.【单选】关于风险—收益气泡图中四种项目类型的说法，正确的是（　　）。

A.牡蛎型项目是企业长期竞争优势的源泉

B.白象型项目开发成功率较高、预期收益低

C.面包和黄油型项目有助于开拓新市场、带来高额利润

D.珍珠型项目是企业重要的短期现金流来源

62.【多选】关于项目地图法中各种类型项目的说法，正确的有（　　）。

A.白象型项目预期收益高、开发成功率高

B.牡蛎型项目预期收益较高、技术成功概率低

C.珍珠型项目是企业长期竞争优势的源泉

D.牡蛎型项目是企业快速发展的动力

E.面包和黄油型项目是企业短期现金流的来源基础

63.【多选】关于项目地图法中各种类型项目的说法，正确的有（　　）。

A.对于白象型项目，企业应终止或排除

B.牡蛎型项目是企业长期竞争优势的源泉

C.珍珠型项目是企业快速发展的动力

D.牡蛎型项目预期收益高、技术成功概率高

E.面包和黄油型项目是企业短期现金流的来源基础

✐ 易错易混点21 人力资源具体规划的内容与目标

64.【单选】下列企业人力资源规划的具体计划

中，以降低人工成本、维护企业规范和改善人力资源结构为目标的计划是（　　）。

A.员工使用计划　　　　　B.退休解聘计划

C.劳动关系计划　　　　　D.人员培训计划

65.【单选】以下属于以优化人员结构为目标的计划是（　　）。

A.薪酬激励计划　　　　　B.劳动关系计划

C.人员培训计划　　　　　D.人员补充计划

66.【单选】下列企业人力资源计划类型中，以提高员工知识技能、改善员工工作作风为目标的计划是（　　）。

A.员工培训计划　　　　　B.员工使用计划

C.员工招聘计划　　　　　D.劳动关系计划

67.【单选】下列企业人力资源计划中，将目标定为优化部门编制和人员结构的是（　　）。

A.员工招聘计划　　　　　B.人员使用计划

C.人员招聘计划　　　　　D.劳动关系计划

✐ 易错易混点22 资本结构理论

68.【单选】将调整成本纳入最优资本结构分析的理论是（　　）。

A.市场择时理论　　　　　B.啄序理论

C.动态权衡理论　　　　　D.代理成本理论

69.【单选】根据MM资本结构理论，在没有企业和个人所得税的情况下，风险相同的企业，其价值不受（　　）及其程度的影响。

A.盈利　　　　　　　　　B.亏损

C.负债　　　　　　　　　D.成本

70.【多选】下列属于现代资本结构理论的有（　　）。

A.啄序理论　　　　　　　B.代理成本理论

C.市场择时理论　　　　　D.MM资本结构理论

E.动态权衡理论

✏️ 易错易混点 23 债转股 VS 以股抵债

71.【单选】甲公司的债权人乙公司，将其持有的甲公司的债权转成持有甲公司的股权。这会使甲公司的（　　　）。

A.资产增加　　　　　　　B.长期股权投资增加

C.负债减少　　　　　　　D.净资产收益率提高

72.【多选】甲公司的大股东以其持有的甲公司的股权抵偿对甲公司的债务，这给甲公司带来的影响有（　　　）。

A.总资产增加　　　　　　B.净资产收益率提高

C.资产负债率降低　　　　D.营业收入总额增加

E.每股收益提高

✏️ 易错易混点 24 跨国公司的管理组织形式

73.【单选】易于实行严格的规章制度，有利于成本核算和利润考核的跨国公司管理组织形式，属于（　　　）。

A.全球产品结构　　　　　B.全球职能结构

C.全球性地区结构　　　　D.矩阵式组织结构

74.【单选】能够加强产品的技术、生产和信息的统一管理，最大限度地减少国内和国际业务差别的跨国公司的管理组织形式是（　　　）。

A.全球性地区结构　　　　B.全球产品结构

C.矩阵式组织结构　　　　D.国际业务部

75.【单选】下列跨国公司的管理组织形式中，（　　　）是对公司业务实行交叉管理和控制，即将

职能主线和产品／地区主线结合起来的组织形式。

A.全球职能结构　　　　　B.全球混合结构

C.全球产品结构　　　　　D.矩阵式组织结构

✏️ 易错易混点 25 跨国公司的国外市场进入方式

76.【单选】特许经营主要用于（　　　）类型的企业。

A.投资　　　　　　　　　B.制造

C.服务　　　　　　　　　D.高新技术

77.【单选】技术授权主要用于（　　　）类型的企业。

A.服务　　　　　　　　　B.制造

C.投资　　　　　　　　　D.高新技术

✏️ 易错易混点 26 货运险的内容

78.【单选】某公司对某批出口货物投保了我国海运一切险，则被保险货物遭遇的以下风险中，其导致的损失不能得到保险赔偿的是（　　　）。

A.失火　　　　　　　　　B.沉没

C.战争　　　　　　　　　D.山体滑坡

79.【单选】下列情形不属于水渍险的赔偿范围的是（　　　）。

A.自然灾害造成的全部损失

B.一般外来风险

C.自然灾害造成的部分损失

D.救助费用

模考冲刺篇

本篇说明：

考前查漏，找出薄弱点；实战检测，验收学习成果。

"模考冲刺"包含 3 套全真模拟卷，每套模考冲刺卷合计 140 分，合格分数线为 84 分，包含：

单项选择题——60 题，每题 1 分，共 60 分。每题的备选项中，只有 1 个最符合题意。

多项选择题——20 题，每题 2 分，共 40 分。每题的备选项中，有 2 个或 2 个以上符合题意，至少有 1 个错项。错选，本题不得分；少选，所选的每个选项得 0.5 分。

案例分析题——20 题，每题 2 分，共 40 分。由单选和多选组成。错选，本题不得分；少选，所选的每个选项得 0.5 分。

	模考冲刺一	模考冲刺二	模考冲刺三	合计
题目数量（道）	100	100	100	300
做题时间（分钟）	90	90	90	270

模考冲刺一

一、单项选择题（共 60 题，每题 1 分。每题的备选项中，只有一个最符合题意）

1.以下方法中，属于风险型经营决策方法的是（　　）。

A.期望损益决策法　　　B.哥顿法

C.盈亏平衡法　　　　　D.等概率原则

2.股份有限公司股东会表决增加或者减少注册资本的决议，须经代表（　　）表决权的股东通过。

A.1/3以上　　　　　　B.1/2以上

C.2/3以上　　　　　　D.3/4以上

3.某林场为了扩展经营范围，出资建立了一家家具加工生产厂，进行家具的生产加工，该企业采用的战略属于（　　）战略。

A.成本领先　　　　　　B.非相关多元化

C.后向一体化　　　　　D.前向一体化

4.物品从生产领域向消费领域流动的过程中，增加了物流系统的服务功能，提高了物流对象的附加价值，降低了物流系统的成本。这是指物流具有的（　　）功能。

A.运输　　　　　　　　B.装卸搬运

C.储存　　　　　　　　D.流通加工

5.企业为了提高人力资源质量，实施人力资源管理战略，广泛吸收外部优秀人才，使得该企业员工的质量得到了大幅度的提升。从战略层次分析，该企业实施的战略属于（　　）战略。

A.企业成长　　　　　　B.企业职能

C.企业总体　　　　　　D.企业业务

6.根据大卫·艾克的品牌资产"五星"概念模型，品牌资产的核心是（　　）。

A.品牌认知度　　　　　B.品牌知名度

C.品牌忠诚度　　　　　D.品牌联想度

7.关于企业的核心竞争力的说法，错误的是（　　）。

A.企业所拥有的区位优势属于资源竞争力

B.企业先进的管理制度属于关系竞争力

C.企业核心竞争力具有持久性

D.企业核心竞争力对企业一系列产品或服务的竞争都有促进作用

8.根据服务质量差距模型，企业的管理者认知的顾客期望和服务提供者制定的服务标准不一致导致的差距是（　　）。

A.质量感知差距　　　　B.服务传递差距

C.质量标准差距　　　　D.感知服务差距

9.为了扭转亏损，某家电生产企业将旗下的洗衣机事业部整体出售，这一做法表明该企业采取的是（　　）。

A.放弃战略　　　　　　B.转向战略

C.清算战略　　　　　　D.稳定战略

10.关于战略控制的说法，错误的是（　　）。

A.战略控制过程要严格但不能过度

B.战略控制要确保目标实现

C.战略控制过程不可更改

D.战略控制要反映不同业务的性质和需要

11.某企业按照顾客购买本品牌产品的忠诚程度，把顾客划分为忠诚顾客和一般客户，则该企业市场细分的变量属于（　　）。

A.人口变量　　　　　　B.心理变量

C.地理变量　　　　　　D.行为变量

12.工业增加值属于（　　　）。

A.产品品种指标　　　　　　　B.产品产值指标

C.产品产量指标　　　　　　　D.产品质量指标

13.下列不属于企业技术创新内部组织模式的是（　　　）。

A.产学研联盟　　　　　　　　B.内企业

C.技术创新小组　　　　　　　D.新事业发展部

14.关于发起人股东的说法，错误的是（　　　）。

A.外国企业不得成为我国企业的法人

B.法人作为发起人应当是法律上的不受限制者

C.公司不能成立时，对设立行为所产生的债务和费用负连带责任

D.发起人持有本公司股票自公司成立之日起1年内不得转让

15.关于原始所有权和法人产权的说法，错误的是（　　　）。

A.原始所有权是终极所有权

B.原始所有权表现为股权，法人产权表现为对公司财产的实际控制权

C.股东一旦出资入股，不能要求退股而抽走资本

D.股东可以出席股东会议并对有关决议进行表决，可以直接参与公司管理

16.某公司在大城市建立许多分装厂，由分装厂建立经营部，负责向各个零售终端供应产品，则该公司采用的消费品分销渠道模式是（　　　）。

A.独家经销模式　　　　　　　B.厂家直供模式

C.多家经销模式　　　　　　　D.平台式销售模式

17.下列商品中，不适合完全电子商务的是（　　　）。

A.音乐　　　　　　　　　　　B.电影

C.计算机软件　　　　　　　　D.汽车

18.企业进行外部宏观环境战略分析时，适用的方法是（　　　）。

A.IFE分析法　　　　　　　　B.波特"五力模型"

C.PESTEL分析法　　　　　　D.EFE分析法

19.某公司经常与经销商交流市场信息，为经销商提供产品、技术动态信息。这种经销商激励方法属于（　　　）。

A.差别激励　　　　　　　　　B.扶持激励

C.沟通激励　　　　　　　　　D.业务激励

20.某服装厂按年龄把消费者分为老年人、中年人和儿童，针对每类消费者设计和生产不同的服装满足其需求，则该企业采用的目标市场策略是（　　　）。

A.无差异营销战略　　　　　　B.集中性营销战略

C.差异性营销战略　　　　　　D.进攻型营销战略

21.渠道冲突根据利益冲突与对抗性行为的关系可分为不同类型，如存在冲突的利益，但不存在对抗性的行为是指（　　　）。

A.虚假冲突　　　　　　　　　B.潜伏性冲突

C.冲突　　　　　　　　　　　D.不冲突

22.按服务对象和服务特征划分，客运、医疗、美容、餐饮等服务产品应归类为针对（　　　）的服务。

A.人的思想　　　　　　　　　B.无形资产

C.人的身体　　　　　　　　　D.物体

23.分销渠道管理中，建议权是一种与渠道权力运用相关的战略，其必要的权力来源是（　　　）。

A.法定权、专长权、奖励权

B.专长权、信息权、强迫权

C.专长权、信息权、奖励权

D.认同权、奖励权、强迫权

24.提前期法适用于（　　　）类型企业生产作业计划的编制。

A.单件小批生产　　　　　　　B.大量大批生产

C.成批轮番生产　　　　　　　D.多品种小批量生产

25.关于有限责任公司股东会的说法，不正确的是（　　）。

A.会议决议分为普通决议和特别决议

B.普通决议需经代表1/2以上表决权的股东通过

C.会议分为定期会议和临时会议

D.股东会是最高权力机构

26.根据服务质量差距模型，企业管理者对顾客期望的感知和服务提供者制定的服务标准不一致导致的差距是（　　）。

A.质量标准差距　　　　　B.服务传递差距

C.服务感知差距　　　　　D.期望感知差距

27.关于A－U过程创新模式的说法，正确的是（　　）。

A.不稳定阶段产品创新和工艺创新都呈下降趋势

B.过渡阶段产品创新和工艺创新都呈上升趋势

C.不稳定阶段研发经费支出较高，不易获得好的经济效益

D.稳定阶段创新的重点是以提高质量和降低成本为目标的渐进性的产品创新

28.某企业通过市场环境分析发现该企业的油漆业务市场机会低，面临的威胁低，该企业的油漆业务属于威胁—机会矩阵图中的（　　）。

A.冒险业务　　　　　　B.理想业务

C.成熟业务　　　　　　D.困难业务

29.某有限责任公司是一家刚刚成立的新能源汽车生产制造企业，拟召开首次股东会会议讨论相关事宜。根据我国公司法，此次会议的召集人应为（　　）。

A.董事长

B.过半数股东推选的股东

C.总经理

D.出资最多的股东

30.企业生产计划指标中的成品返修率属于（　　）指标。

A.产品产量　　　　　　B.产品产值

C.产品品种　　　　　　D.产品质量

31.按服务对象和服务特征划分，会计、银行、法律服务等服务产品应归类为针对（　　）的服务。

A.物体　　　　　　　　B.人的身体

C.信息处理　　　　　　D.人的思想

32.某铣工车间生产面积1000平方米，单一生产甲产品，单位面积有效工作时间为每日7小时，每件甲产品占用生产面积10平方米，生产一件甲产品占用时间为3.5小时，则该铣工车间的日生产能力是（　　）件。

A.600　　　　B.400　　　　C.200　　　　D.300

33.在运输枕芯等松泡产品的过程中，为了减少运输物品所占用的容积，降低运输储存费用，最适合使用的包装技法是（　　）。

A.缓冲包装技法

B.防潮包装技法

C.合理选择包装的形状尺寸

D.对其进行体积压缩

34.某企业采用定期库存控制系统进行库存控制。电视机年销售量为1600台，采购单价200元／台，订购成本100元／台，每台电视机的年持有成本为50元，则最佳年订购次数为（　　）次。

A.20　　　　　B.10　　　　　C.30　　　　　D.40

35.某公司的注册商标于2024年3月30日期满，则该公司最迟应在（　　）前按照规定办理续展手续，否则其商标将被注销。

A.2024年3月30日　　　　　B.2034年3月30日

C.2024年9月30日　　　　　D.2024年4月30日

36.中国铁路12306向乘客提供购买火车票服务是（　　）电子商务模式。

A.C2C　　　　B.B2C　　　　C.O2O　　　　D.C2G

模考冲刺一

37.某企业拟购买一项新技术。经调查，2年前类似技术交易转让价格为50万元，技术剩余寿命10年。经专家鉴定，该项新技术剩余寿命12年，技术效果比2年前类似交易技术提高30%，技术交易市场的价格水平比2年前提高10%。根据市场模拟模型，该企业购买该项新技术的评估价格为（　　）万元。

A.85.8　　　　　B.63.17　　　　　C.56　　　　　D.49.6

38.某企业在对销售主管进行绩效考核时，在听取个人述职报告后，由销售部经理、其他业务主管以及销售员对每位销售主管的工作绩效作出评价，该方法为（　　）。

A.书面鉴定法　　　　　　B.关键事件法

C.民主评议法　　　　　　D.行为锚定法

39.甲企业联合其他企业组成企业联盟，以甲、乙企业为核心层，甲企业的供应商为外围层，并建立了联盟协调委员会，该模式是（　　）。

A.平行模式　　　　　　B.星形模式

C.联邦模式　　　　　　D.扁平模式

40.某企业运用动态排序列表法进行技术创新方案的筛选，详细情况见下表（表中IRR为预期内部收益率，PTS为技术成功的概率，NPV为预期收益净现值，括号中的数值为每列指标单独排序的序号）。该企业应该应用（　　）。

项目编号	$IRR×PTS$	$NPV×PTS$	战略重要性
甲	13.9（4）	8.6（2）	2（3）
乙	17.3（1）	6.9（4）	3（2）
丙	15.2（3）	9.1（1）	1（4）
丁	16.1（2）	8.1（3）	4（1）

A.项目甲　　　　　　B.项目乙

C.项目丙　　　　　　D.项目丁

41.新成立的企业进行生产线建设应依据（　　）。

A.历史生产能力　　　　B.查定生产能力

C.设计生产能力　　　　D.计划生产能力

42.某企业订购的60吨大米即将到库，入甲仓库的A1货架，货架长6米、宽2米、高3米，货架的容积充满系数为60%，上架存放货品的单位质量为200千克／立方米，则需要（　　）个货架。

A.4　　　　B.14　　　　C.6　　　　D.16

43.企业内部各类、各级职位之间的薪酬标准要适当拉开距离，可以提高员工的工作积极性。这体现了薪酬制度设计的（　　）。

A.合法原则　　　　　　B.公平原则

C.激励原则　　　　　　D.量力而行原则

44.企业提供给员工的各种福利属于（　　）。

A.补偿薪酬　　　　　　B.激励薪酬

C.基本薪酬　　　　　　D.间接薪酬

45.下列人力资源需求预测方法中，能够避免参加预测的专家因身份地位的差别、人际关系及群体压力等因素对意见表达的影响的定性预测方法是（　　）。

A.德尔菲法　　　　　　B.转换比率分析法

C.人员核查法　　　　　D.一元回归分析法

46.某企业根据职位评价的结果，将企业职位划分为五个薪酬等级，每一薪酬等级又分别划分了若干薪酬级别，各薪酬级别之间的差距是相等的。其中，第四薪酬等级分为五个薪酬级别，薪酬区间中值为20万元／年，薪酬浮动率为30%。该企业第四薪酬等级中的第二薪酬级别的薪酬值为（　　）万元／年。

A.20　　　　B.17　　　　C.22　　　　D.14

47.某公司以其闲置的3000万元购买某理财产品，期限为2年，年利率为4%，按照复利计息，则该公司到期可收回资金为（　　）万元。

A.3632.6　　　　　　B.5313.4

C.3244.8　　　　　　D.5893.7

48.甲公司将2亿元固定资产注入乙公司，乙公司定

向增发新股给甲公司，则乙公司财务上的变化是
（　　）。

A.负债增加　　　　　　　B.固定资产增加

C.长期股权投资增加　　　D.所有者权益减少

49.当跨国公司面临的地区调试压力较大而降低成本的压力较小时，应采用（　　）。

A.全球标准化战略　　　　B.多国化战略

C.跨国化战略　　　　　　D.国际化战略

50.项目进行到终结期时，固定资产残值收入为100万元，收回垫支的流动资产投资960万元，企业所得税税率为25%，则该项目的终结现金流量为（　　）万元。

A.100　　　　　　　　　　B.1060

C.960　　　　　　　　　　D.860

51.贵重物品、鲜活货物和精密仪器的运输应选择（　　）。

A.公路运输　　　　　　　B.水路运输

C.管道运输　　　　　　　D.航空运输

52.使用每股利润分析法选择筹资方式时，计算得到的每股利润无差别点是多个筹资方案下普通股每股利润相等时的（　　）。

A.营业利润　　　　　　　B.净利润

C.利润　　　　　　　　　D.息税前盈余点

53.在商业模式画布分析时，"哪些关键业务花费最多？"体现了企业的（　　）模块。

A.关键业务　　　　　　　B.重要伙伴

C.成本结构　　　　　　　D.收入来源

54.某公司发行优先股，优先股每年股息为6.4元，投资者要求的年必要报酬率为5%，则该优先股的现值为（　　）元。

A.108　　　　　　　　　　B.128

C.100　　　　　　　　　　D.98

55.在电子商务的运作过程中，电子商务网站推广属于（　　）阶段的工作。

A.选择电子商务策略

B.系统设计与开发

C.制定电子商务战略

D.电子商务组织实施

56.某企业为了提高服务水平，通过电子商务平台收集用户对服务的意见和偏好。该企业的这种活动实现了电子商务的（　　）功能。

A.网上服务　　　　　　　B.交易管理

C.咨询洽谈　　　　　　　D.网络调研

57.网络营销将商品信息发布、收款和售后服务做了很好的集成，这体现了网络营销的（　　）。

A.超前性　　　　　　　　B.高效性

C.集成性　　　　　　　　D.技术性

58.在跨国公司的法律组织形式中，没有法人地位，不能开展投资生产、谈判签约等业务，只能开展信息收集、联络客户等活动的是（　　）。

A.分公司　　　　　　　　B.母公司

C.子公司　　　　　　　　D.联络办事处

59.下列关于出口模式的特点，说法错误的是（　　）。

A.避免在东道国进行制造和经营活动通常所需的巨额成本

B.能够避免关税壁垒带来的风险

C.有利于跨国公司实现经验曲线效应和区位经济

D.大宗商品的运输费用高

60.某公司把国内闲置的技术和设备转移到非洲进行投资生产，这种国际直接投资动机属于（　　）。

A.优惠政策导向型动机

B.技术与管理导向型动机

C.分散投资风险导向型动机

D.降低成本导向型动机

二、多项选择题（共20题，每题2分。每题的备选项中，有2个或2个以上符合题意，至少有1个错项。错选，本题不得分；少选，所选的每个选项得0.5分）

61.根据所处工艺阶段的不同，在制品可以分为（　　）。

A.半成品　　　　　　　B.入库前成品

C.毛坯　　　　　　　　D.车间在制品

E.办完入库手续的成品

62.下列方法中，企业可选择的战略控制的方法有（　　）。

A.杜邦分析法　　　　　B.杠杆分析法

C.利润计划轮盘　　　　D.平衡计分卡

E.PESTEL分析法

63.根据股利折现模型，影响普通股资本成本率的因素有（　　）。

A.普通股融资净额　　　B.发行费用

C.发行价格　　　　　　D.股利政策

E.企业所得税税率

64.第三方物流模式的价值体现在（　　）。

A.提高企业竞争力

B.提高顾客服务水平和质量

C.降低成本

D.实现集成化的管理模式

E.规避投资、存货等风险

65.我国上市公司董事会的职权有（　　）。

A.对公司增加或减少注册资本做出决议

B.决定公司的利润分配方案

C.执行股东会决议

D.决定公司内部管理机构的设置

E.审议批准监事会的报告

66.下列定价策略中，属于产品组合定价策略的有（　　）策略。

A.产品线定价　　　　　B.市场渗透定价

C.备选产品定价　　　　D.温和定价

E.产品束定价

67.下列渠道成员激励方法中，属于业务激励的有（　　）。

A.提供广告津贴

B.合作制订经营计划

C.交流市场信息

D.安排经销商会议

E.让经销商发泄不满

68.下列激励薪酬中，适用于群体激励的有（　　）。

A.计件制　　　　　　　B.工时制

C.收益分享计划　　　　D.绩效调薪

E.利润分享计划

69.分销渠道畅通性评估常用的评价指标有（　　）。

A.市场覆盖率　　　　　B.市场占有率

C.渠道销售增长率　　　D.商品周转速度

E.货款回收速度

70.生产控制的基本程序主要包括（　　）。

A.实施执行　　　　　　B.编制生产计划

C.控制决策　　　　　　D.测量比较

E.制定控制标准

71.关于波特"五力模型"的说法，正确的有（　　）。

A.行业的进入壁垒越高，新进入者的威胁水平越低

B.替代品的价格越高，替代品的威胁水平越低

C.行业中供应者的数量越少，供应者的谈判能力越强

D.购买者拥有的供应者越多，购买者的谈判能力越低

E.现有企业之间的竞争常常表现在价格、广告、产品介绍、售后服务等方面

72.下列属于装卸搬运作业特点的有（　　）。

A.装卸搬运作业量大、对象复杂

B.装卸搬运作业均衡

C.装卸搬运作业具有起讫性

D.装卸搬运作业不具有伴生性

E.装卸搬运作业对安全性要求高

73.根据我国公司法，关于股份有限公司发起人的说法，正确的有（　　）。

A.须有1/3以上的发起人在中国境内有住所

B.发起人持有的本公司股份不得转让

C.自然人作为发起人应当具有完全民事行为能力

D.公司不能成立时，发起人对认股人已缴纳的股款负返还股款并加算银行同期存款利息的连带责任

E.发起人抽逃出资的，处以所抽逃出资金额15%以上25%以下的罚款

74.关于企业联盟模式的说法，正确的有（　　）。

A.星形联盟的核心是盟主企业

B.平行式联盟的协调机制为自发性协调

C.联邦模式的联盟伙伴地位平等独立

D.平行式联盟适用于垂直供应链型企业

E.星形联盟的组织结构分为核心层和外围层

75.服务产品的特征有（　　）。

A.质量稳定　　　　　　B.无形性

C.所有权的不可转让性　D.不可储存性

E.不可分离性

76.管理创新的内部动因包括（　　）。

A.自我价值实现　　　　B.责任感

C.经济性动机　　　　　D.社会文化的变迁

E.经济的发展变化

77.某食品企业拟进入国际市场，可选择的方式有（　　）。

A.出口　　　　　　　　B.技术授权

C.特许经营　　　　　　D.全资子公司

E.许可证经营

78.下列人力资源绩效考核活动中，属于绩效反馈阶段的活动有（　　）。

A.改进人力资源开发与管理活动

B.指导被考核者制订绩效改进计划

C.指出被考核者在绩效方面的问题

D.与被考核者沟通绩效考核结果

E.绩效考核评价

79.设计开发电子商务系统的具体工作任务有（　　）。

A.流程设计　　　　　　B.制定战略

C.网页开发　　　　　　D.渠道建设

E.数据库设计

80.跨国公司进入国外市场的方式中，难以实现区位经济和经验曲线效应，缺乏对技术的控制的方式有（　　）。

A.出口

B.交钥匙工程

C.技术授权

D.全资子公司

E.合资企业

三、案例分析题（共20题，每题2分，由单选和多选组成。错选，本题不得分；少选，所选的每个选项得0.5分）

（一）

某汽车生产企业强化战略管理，建设了完善的采购系统、生产系统、营销系统。通过高效的运营管理系统推动公司不断发展壮大，形成特有的核心竞争力，市场占有率不断提高。2020年，该企业在分析外部环境后，正式进军医药行业，成立了药业子公司。该子公司准备生产新药，有甲药、乙药和丙药三种产品方案可供选择。每种新药均存在着市场需求高、市场需求一般、市场需求低三种市场状态。每种方案的市场状态及其概率、损益值如下表（单位：万元）所示。

药业子公司三种产品方案的决策损益表

方案	市场状态及概率		
	市场需求高	市场需求一般	市场需求低
	0.3	0.5	0.2
生产甲药	45	20	−15
生产乙药	35	15	5
生产丙药	30	16	9

根据以上材料，回答下列问题：

81. 该企业因高效的运营管理系统所形成的核心竞争力是（　　　）。

A.人才竞争力　　　　　　B.关系竞争力

C.能力竞争力　　　　　　D.资源竞争力

82. 该企业可以选用的外部环境分析方法有（　　　）。

A.价值链分析　　　　　　B.EFE矩阵

C.波特"五力模型"　　　　D.波士顿矩阵

83. 若该药业子公司选择生产甲药方案，则可以获得（　　　）万元收益。

A.21.7　　　B.18.8　　　C.19.6　　　D.20.5

84. 该药业子公司采用了期望损益决策法进行决策，这种方法的第一步是（　　　）。

A.预测市场状态　　　　　B.确定决策目标

C.拟订可行方案　　　　　D.列出决策损益表

（二）

某企业生产经营8种糖果系列，6种曲奇系列，4种面包系列，5种威化系列食品。其中，糖果系列分为高、中、低三种价格档次，价格分别为100元、60元和20元。目前该企业拟开发一种冰淇淋的投资额为100万元，年固定成本为50万元，年变动成本为20万元，目标年收益率为20%，年销售量为6万个。冰淇淋上市后，该企业为了获得较高的利润，决定将冰淇淋的定价定得高于同类产品。

根据以上资料，回答下列问题：

85. 该企业开发生产冰淇淋前，产品组合的长度为（　　　）。

A.23　　　　B.33　　　　C.43　　　　D.18

86. 该企业对糖果系列产品采用的定价策略为（　　　）。

A.备选产品定价策略　　　B.附属产品定价策略

C.产品线定价策略　　　　D.副产品定价策略

87. 根据目标利润法，该企业冰淇淋的目标价格为（　　　）元。

A.15　　　　B.20　　　　C.12　　　　D.18

88. 冰淇淋上市后，该企业采用的定价策略为（　　　）。

A.产品组合定价策略　　　B.撇脂定价策略

C.市场渗透定价策略　　　D.温和定价策略

（三）

某电池生产企业生产单一电池产品，其生产计划部门运用提前期法来确定电池产品在各车间的生产任务。甲车间是生产该种电池产品的最后车间，2024年4月应生产到2000号，产品的平均日产量为100个。该种电池产品在乙车间的出产提前期为15天，生产周期为10天。假定各车间的生产保险期为0天。

根据以上材料，回答下列问题：

89. 该企业运用提前期法编制生产作业计划，可以推测该企业属于（　　　）类型企业。

A.单件生产　　　　　　　B.大量大批生产

C.成批轮番生产　　　　　D.小量小批生产

90. 乙车间2024年4月出产产品的累计号是（　　　）号。

A.3500　　　B.5000　　　C.3000　　　D.5400

91. 乙车间2024年4月投入生产的累计号是（　　　）号。

A.3500　　　B.5200　　　C.4500　　　D.4800

92.该企业运用提前期法编制生产作业计划的优点是（　　）。

A.不需要预计当月任务完成情况

B.提高生产质量

C.生产任务可以自动修改

D.各个车间可以平衡地编制作业计划

（四）

某企业进行人力资源需求与供给预测，经过调查研究与分析，确认该企业的销售额和所需销售人员数量呈正相关关系。根据过去10年的统计资料，建立一元线性回归预测模型，$y = a+bx$，x 代表销售额（单位：万元），y 代表销售人员数量（单位：人），参数 $a = 25$，$b = 0.02$。同时，该企业预计 2024 年销售额将达到 1500 万元。根据人力资源需求与供给情况，该企业制订了总体规划和劳动关系计划。

根据以上资料，回答下列问题：

93.根据一元回归分析法计算，该企业2024年需要销售人员（　　）人。

A.50　　　　B.55　　　　C.60　　　　D.65

94.该企业预测人力资源需求时可采用（　　）。

A.行为锚定法　　　　B.管理人员判断法

C.关键事件法　　　　D.管理人员接续计划法

95.影响该企业人力资源外部供给量的因素有（　　）。

A.企业人员流失率

B.企业人才调动率

C.行业劳动力市场的供求情况

D.宏观经济形势和失业率预期

96.该企业制订劳动关系计划的目标有（　　）。

A.降低用工成本　　　　B.优化人员结构

C.减少投诉和争议　　　　D.降低非期望离职率

（五）

甲上市公司是著名半导体材料生产企业。公司2023年度报告显示，期末资产总额为 30 亿元，负债总额为 12 亿元。甲公司拟新建一条生产线，总投资额为 7 亿元，资金来源是公开增发普通股筹集 5 亿元，利用留存收益筹资 2 亿元。同时，甲公司还计划吸收合并乙公司。经测算，甲公司债务的资本成本率为 6%，公司普通股股票的风险系数为 1.2，无风险报酬率为 5.5%，市场平均报酬率为 11.5%。

根据以上资料，回答下列问题：

97.根据资本资产定价模型，甲公司此次增发普通股筹资的资本成本率为（　　）。

A.6.6%　　　　　　　　B.20.4%

C.12.7%　　　　　　　　D.13.8%

98.甲公司还可以采用（　　）估算普通股的资本成本率。

A.股利折现模型

B.盈亏平衡点模型

C.自由现金折现模型

D.每股利润无差别点模型

99.甲公司用留存收益筹资2亿元，这种筹资方式的资本成本的特点是（　　）。

A.估算留存收益资本成本率需要考虑所得税

B.估算留存收益资本成本不考虑筹资费用

C.留存收益资本成本率低于债务资本成本率

D.留存收益资本成本率为零

100.甲公司吸收合并乙公司后，乙公司（　　）。

A.成为甲公司的子公司　　　　B.解散

C.成为甲公司的分公司　　　　D.继续存在

模考冲刺二

一、单项选择题（共60题，每题1分。每题的备选项中，只有一个最符合题意）

1.任何一方出现问题都可能导致企业管理创新失败，体现了管理创新的（　　）。

A.全员性　　　　　　　　B.风险性

C.动态性　　　　　　　　D.基础性

2.某牛奶生产企业为了降低原材料价格，将经营范围延伸至奶牛养殖业，该企业实施的是（　　）战略。

A.横向一体化　　　　　　B.水平一体化

C.前向一体化　　　　　　D.后向一体化

3.下列方法中，（　　）受心理因素影响较大，易屈服于权威者或大多数人的意见，忽视少数派的意见。

A.哥顿法　　　　　　　　B.管理人员判断法

C.德尔菲法　　　　　　　D.头脑风暴法

4.某公司为国有独资公司，该公司股东会职权的行使主体是（　　）。

A.国有资产监管机构　　　B.甲省人民政府

C.履行出资人职责的机构　D.乙市人民政府

5.品牌资产的核心是（　　）。

A.品牌知名度　　　　　　B.品牌联想度

C.品牌认知度　　　　　　D.品牌忠诚度

6.交易双方通过计算机网络进行贸易，从洽谈、签约到订货、支付等事项，均通过网络完成，无须当面进行。这体现了电子商务的（　　）特点。

A.经济全球化　　　　　　B.交易透明化

C.资本虚拟化　　　　　　D.交易虚拟化

7.生产进度控制的核心在于（　　）。

A.进度管理　　　　　　　B.测定差距

C.分配作业　　　　　　　D.制定修正措施

8.关于企业愿景的说法，正确的是（　　）。

A.企业愿景管理包括开发愿景、瞄准愿景、落实愿景三个主要步骤

B.企业愿景回答了"企业的业务是什么"这一问题

C.企业愿景由企业高层领导者独断制定

D.企业愿景包括核心信仰和战略目标两部分

9.某牛奶生产企业采用成本领先战略进行市场竞争，则其做法有（　　）。

A.加强内部控制，提高生产效率

B.提高产品质量，生产高质量产品

C.提供独特的服务，以服务取胜

D.创立新品牌突出产品竞争力

10.市销率是指股票市值与（　　）的比率。

A.管理费用　　　　　　　B.财务费用

C.销售收入　　　　　　　D.销售费用

11.王某为食品有限责任公司的股东，那么王某以其（　　）为限，对公司负有限责任。

A.个人资产　　　　　　　B.认购的股份

C.公司全部财产　　　　　D.认缴的出资额

12.孙某作为某有限责任公司的股东，在公司成立后抽逃出资5000万元。根据我国公司法，应对其至少罚款（　　）万元。

A.500　　　B.1000　　　C.250　　　D.750

13.在现代公司治理结构中，董事会与经理的关系

是（　　）。

A.以契约为基础的平等协商关系

B.以委托—代理为基础的互助关系

C.以董事会对经理授权为基础的互助关系

D.以董事会对经理实施控制为基础的合作关系

14.某企业推出新产品时，制定了一个介于高价和低价之间，力求使买卖双方都满意的价格，这种新产品定价策略属于（　　）。

A.撇脂定价策略　　　　　B.温和定价策略

C.渗透定价策略　　　　　D.组合定价策略

15.A公司根据有些消费者追求现代、时尚的生活方式，有些则维护传统、保守的生活方式来设计不同款式的服装。该公司市场细分变量的依据是（　　）。

A.地理变量　　　　　　　B.行为变量

C.心理变量　　　　　　　D.人口变量

16.某企业于2023年6月5日申请注册商标，2024年3月13日获得核准注册。该商标的有效期至（　　）结束。

A.2033年6月4日　　　　B.2038年6月4日

C.2034年3月12日　　　　D.2039年3月12日

17.某服装企业向男性消费者提供夏装，向女性消费者提供冬装，则该企业采取的目标市场模式是（　　）。

A.市场专业化　　　　　　B.产品—市场集中化

C.选择性专业化　　　　　D.产品专业化

18.某自行车生产企业要进行风险型经营决策，可采用的风险型定量决策的方法是（　　）。

A.盈亏平衡点法　　　　　B.线性规划法

C.期望决策损益法　　　　D.等概率原则

19.G公司在大城市建立许多分装厂，由分装厂建立经营部，负责向各个零售终端供应产品，则该公司采用的消费品分销渠道模式是（　　）。

A.厂家直供模式　　　　　B.多家经销模式

C.平台式销售模式　　　　D.独家经销模式

20.企业库存量过小的后果是（　　）。

A.增加仓库面积和库存保管费用

B.占用大量的流动资金

C.造成产品和原材料的有形损耗和无形损耗

D.造成服务水平的下降

21.原始所有权与法人产权的客体是同一财产，反映的是（　　）。

A.相同的经济收益关系　　B.相同的经济法律关系

C.不同的经济收益关系　　D.不同的经济法律关系

22.单项资产的期望报酬率取决于不同市场状态可能的预期报酬率及（　　）。

A.概率分布　　　　　　　B.股权结构

C.资本结构　　　　　　　D.负债比率

23.容易形成区位主义观念，忽视公司的全球战略目标和总体利益，难以开展跨地区的新产品的研究与开发，符合这种特征的是（　　）。

A.全球产品结构　　　　　B.全球职能结构

C.国际业务部　　　　　　D.全球性地区结构

24.某企业为降低营销成本，把整体市场看作一个大的目标市场，只投放单一产品，采用一种营销组合策略，该企业采用的是（　　）。

A.专业化营销战略　　　　B.差异性营销战略

C.无差异营销战略　　　　D.集中性营销战略

25.关于股份有限公司董事会会议的说法，错误的是（　　）。

A.董事会每年度至少召开两次会议

B.1/3以上的董事可以提议召开董事会临时会议

C.1/3以上的监事可以提议召开董事会临时会议

D.代表1/10以上表决权的股东可以提议召开董事会临时会议

26.某日化企业通过生产业务外包的形式扩大生产，提高市场占有率。该企业采用的战略联盟形式是（　　）。

A.营销联盟　　　　　　　B.技术开发与研究联盟

C.产品联盟　　　　　　　D.产业协调联盟

27.党的二十届三中全会通过的《中共中央关于进一步全面深化改革 推进中国式现代化的决定》指出，要强化（　　）科技创新主体地位。

A.政府　　　　　　　　　B.企业

C.市场　　　　　　　　　D.人才

28.某企业渠道商品的2021年销售额为4000万元，2022年的销售额为5000万元，则该企业2022年的渠道销售增长率为（　　）。

A.20%　　　B.25%　　　C.40%　　　D.45%

29.在特许经营中，授权人和受权人之间是单纯的买卖关系，授权人具有的权力为（　　）。

A.专长权　　　　　　　　B.信息权

C.强迫权　　　　　　　　D.认同权

30.简便易行，适合短期人力资源需求预测方法的是（　　）。

A.人员核查法　　　　　　B.德尔菲法

C.管理人员判断法　　　　D.管理人员接续计划法

31.某企业拥有设备30台，每日有效工作时间7小时，每台设备每小时能生产10件产品，则该企业日生产能力是（　　）件。

A.2100　　　B.210　　　C.2700　　　D.270

32.下列生产控制指标中，实际值小于目标值即达标的是（　　）。

A.利润　　　　　　　　　B.成本

C.生产效率　　　　　　　D.产量

33.主生产计划是物料需求计划（MRP）的主要输入信息，主生产计划是指（　　）。

A.产品结构文件　　　　　B.产品出产计划

C.库存状态文件　　　　　D.生产调度计划

34.运输能力最大，通用性能较好，运价最低，尤其适用大件货物的运输方式是（　　）。

A.公路运输　　　　　　　B.水路运输

C.管道运输　　　　　　　D.航空运输

35.按（　　）划分，配送可以分为集中配送、共同配送、分散配送。

A.配送的速度

B.配送的时间和数量分类

C.配送商品的种类和数量分类

D.配送的组织形式

36.关于物流管理的说法，错误的是（　　）。

A.物流管理以信息为核心

B.经济效益和社会效益并重

C.降低成本是物流管理的出发点

D.物流管理以物流整体最优为目的

37.下列包装材料中有"不易破碎、不透气、防潮、防光，能有效保护内装物；具有良好的延展性，但应用成本高、能耗大"特点的是（　　）。

A.木材包装　　　　　　　B.塑料包装

C.金属包装　　　　　　　D.玻璃包装

38.在技术创新企业联盟的组织运行模式中，（　　）适用于垂直供应链型的企业。

A.联邦模式　　　　　　　B.平行模式

C.星形模式　　　　　　　D.交叉模式

39.根据国际生产折衷理论，某企业只选择以技术转让方式参与国际经济贸易，则该企业具备的优势是（　　）。

A.所有权优势

B.区位优势

C.内部化优势

D.所有权优势和内部化优势

40.某企业为开发某项技术，产生物质消耗600万元，人力消耗400万元，假定技术复杂系数为1.4，技术研发失败的概率为30%，则该技术的价格为（　　）万元。

A.2000　　　　B.1500　　　　C.2800　　　　D.1000

41.在进行薪酬制度设计时，强调同一企业中从事相同工作的员工的报酬要与其绩效相匹配，这体现了薪酬制度设计的（　　）原则。

A.内部公平　　　　　　　　B.外部公平

C.个人公平　　　　　　　　D.竞争

42.影响员工绩效的客观因素是（　　）。

A.员工的能力

B.员工的知识

C.员工的工作意愿

D.员工受到的激励与所处的环境

43.某家电生产企业今年实施电子商务战略，开通网上商店，为终端消费者进行商品配送，提供电子支付系统，则该企业电子商务模式是（　　）。

A.C2C　　　B.B2C　　　C.B2B　　　D.B2G

44.甲公司从乙公司处租入设备一台。合同约定，租期5年，租期内甲公司每年年末支付租金100万元，贴现率为10%，5年的年金现值系数为3.791，则5年租金总额的现值为（　　）万元。

A.421.2　　　B.500.0　　　C.341.19　　　D.379.1

45.某企业选择两个细分市场作为目标市场，实行专业化经营，把所有的资源都投入这两个目标市场。该企业采用的目标市场策略是（　　）。

A.市场营销组合策略　　　　B.集中性营销策略

C.无差异营销策略　　　　　D.差异性营销策略

46.某企业计划2025年投资建设一条新生产线。经测算，项目厂房投资为300万元，设备投资额为600万元，流动资产投资额为100万元，与该投资相关的其他费用为150万元，企业所得税税率为25%，

该项目初始现金流出量为（　　）万元。

A.862.5　　　B.900　　　C.1000　　　D.1150

47.根据MM资本结构理论，在没有企业和个人所得税的情况下，风险相同的企业，其价值不受（　　）及其程度的影响。

A.盈利　　　　　　　　　　B.亏损

C.负债　　　　　　　　　　D.行业竞争

48.根据技术创新的对象，可以将技术创新分为（　　）。

A.渐进性创新和根本性创新

B.自主创新和模仿创新

C.引进、消化吸收再创新和工艺创新

D.产品创新和工艺创新

49.某企业向银行借入一笔款项，银行贷款的年利率为8%，银行规定前3年不用还本付息，但从第4年至第15年每年年末偿还本息20000元，这种还款形式属于（　　）。

A.先付年金　　　　　　　　B.递延年金

C.永续年金　　　　　　　　D.后付年金

50.某企业现有业务主管15人。预计明年将有2人提升为部门经理，2人退休，1人辞职。此外，该企业明年将从外部招聘2名业务主管，并有3名业务员提升为业务主管，请问明年该企业业务主管有（　　）人。

A.13　　　B.15　　　C.10　　　D.20

51.某公司向银行贷款5000万元，期限3年，年利率为8%。每年付息一次，到期一次还本，企业所得税税率为25%，筹资费用忽略不计，则该笔资金的资本成本率为（　　）。

A.5.2%　　　B.2%　　　C.6%　　　D.8%

52.关于技术创新战略的说法，正确的是（　　）。

A.跟随战略的开发重点是产品技术

B.领先战略的技术来源是以模仿、引进为主

C.领先战略要开拓一个全新的市场

D.跟随战略风险大、收益大

53.电子商务运作系统中，保证相关主体身份真实性和交易安全性的机构是（　　）。

A.消费者　　　　　　　B.物流配送机构

C.企业　　　　　　　　D.认证中心

54.下列不属于管理创新特点的是（　　）。

A.基础性　　　　　　　B.风险性

C.全员性　　　　　　　D.静态性

55.下列网络市场调研方法中，属于网络市场间接调研的是（　　）。

A.网上观察法　　　　　B.网上实验法

C.在线问卷法　　　　　D.访问相关网站

56.在电子商务模式下，出现的一种无明显边界、网状结构的新型企业组织形式是（　　）。

A.合作企业　　　　　　B.合资企业

C.虚拟企业　　　　　　D.联盟企业

57.在杜茨模型中，双方存在对抗，但是没有利益冲突行为的类型属于（　　）。

A.不冲突　　　　　　　B.冲突

C.虚假冲突　　　　　　D.潜伏性冲突

58.M公司把国内闲置的技术和设备转移到非洲进行投资生产，这种国际直接投资动机属于（　　）。

A.优惠政策导向型动机

B.降低成本导向型动机

C.分散投资风险导向型动机

D.技术与管理导向型动机

59.企业实施战略从基层单位自下而上形成，这种战略实施模式为（　　）模式。

A.转化型　　　　　　　B.增长型

C.指挥型　　　　　　　D.变革型

60.进口报关向海关申报的时限为自运输工具申报进境之日起（　　）天内。

A.7　　　　B.10　　　　C.14　　　　D.30

二、多项选择题（共20题，每题2分。每题的备选项中，有2个或2个以上符合题意，至少有1个错项。错选，本题不得分；少选，所选的每个选项得0.5分）

61.企业实施战略控制的原则有（　　）。

A.适应性原则　　　　　B.适时控制原则

C.确保目标原则　　　　D.严格控制原则

E.等概率原则

62.关于研发中应用研究的说法，正确的有（　　）。

A.应用研究是将理论发展为实际运用的研发类型

B.具有特定的实际目的

C.应用研究的目标是探寻实现预定目标的新方法或新途径

D.应用研究包含新产品研发和工艺改造

E.应用研究的成果一般是普通知识、原则和定律

63.关于董事会的性质的说法，正确的有（　　）。

A.监督机构

B.最高权力机构

C.公司的经营决策机构

D.公司法人的对外代表机构

E.代表股东对公司进行管理的机构

64.关于福利的独特优势的说法，正确的有（　　）。

A.福利可以使员工得到更多的实际收入

B.福利可以满足员工不同的需要

C.可以为员工节省一定的支出

D.可以减少员工的不满意

E.福利像直接薪酬一样促进员工工作绩效提高

65.影响企业生产能力的因素有（　　）。

A.品牌资产的价值

B.固定资产的工作时间

C.固定资产的数量

D.固定资产的生产效率

E.流动资产的变现时间

66.下列属于仓储功能的有（　　　）。

A.保护功能

B.防范风险功能

C.集散功能

D.保管检验功能

E.降低成本功能

67.关于项目地图法中各种类型项目的说法，正确的有（　　　）。

A.对于白象型项目，企业应终止或排除

B.牡蛎型项目是企业快速发展的动力

C.珍珠型项目是企业长期竞争优势的源泉

D.牡蛎型项目预期收益较高、技术成功概率高

E.面包和黄油型项目是企业短期现金流的来源基础

68.关于外部因素评价矩阵的说法，正确的有（　　　）。

A.总加权分数的数值范围为1分至5分

B.外部因素评价矩阵是企业外部环境分析的方法

C.所有因素的权重总和必须等于1

D.外部因素评价矩阵从机会和威胁两方面找出影响企业的关键因素

E.总加权分数高于2.5分，说明企业对外部影响因素的反应较差

69.根据我国公司法，属于有限责任公司董事会职权的有（　　　）。

A.制定公司基本管理制度

B.检查公司财务

C.决定公司内部管理机构设置

D.决定公司经营计划和投资方案

E.审议批准公司的利润分配方案

70.下列属于成长战略类型的有（　　　）。

A.差异化战略　　　　B.密集型成长战略

C.成本领先战略　　　D.战略联盟

E.一体化战略

71.从结构层次的角度看，电子商务系统包括（　　　）。

A.网络层　　　　　　B.产业链层

C.一般业务服务层　　D.供应链层

E.信息发布与传输层

72.下列市场细分变量中，属于行为变量的有（　　　）。

A.个性　　　　　　　B.购买时机

C.购买动机　　　　　D.使用频率

E.忠诚程度

73.某手机制造企业多年来致力于中低端市场，为应对竞争，该企业调整产品组合，推出面向高端客户的手机产品，并进入打印机行业，新增打印机生产线，该企业采用的产品经营策略有（　　　）。

A.扩大产品组合策略

B.产品线集中化策略

C.缩减产品组合策略

D.产品线延伸策略

E.产品线现代化策略

74.下列属于成功商业模式特点的有（　　　）。

A.难以模仿

B.可操作性强

C.拥有资源与能力

D.具有抵御风险的能力

E.具有整合性和系统性

75.下列渠道权力来源中，属于中介性权力的有（　　　）。

A.认同权　　　　　　B.专长权

C.信息权　　　　　　D.奖励权

E.强迫权

76.物料需求计划的主要依据有（　　　）。

A.主生产计划　　　　　　B.库存处理信息

C.物料清单　　　　　　　D.财务计划

E.基础数据计划

77.关于技术创新的说法，正确的有（　　　）。

A.技术创新是一种技术行为

B.技术创新是一种高风险的活动

C.技术创新具有国际化趋势

D.技术创新具有时间差异性

E.技术创新具有很强的负外部性

78.下列绩效考核活动中，属于绩效考核准备阶段的工作有（　　　）。

A.选择考核者

B.绩效考核评价

C.反馈考核结果

D.确定考核方法

E.明确考核标准

79.下列不属于分销渠道成员的有（　　　）。

A.银行　　　　　　　　　B.保险公司

C.配送公司　　　　　　　D.消费者

E.生产者

80.企业进入国外市场的市场进入方式中，出口的特点有（　　　）。

A.市场渗透最完全，获得的控制权最强

B.难以实现经验曲线效应和区位经济

C.大宗商品的运输费用高

D.能够实现经验曲线效应和区位经济

E.容易受到关税壁垒带来的风险

三、案例分析题（共20题，每题2分，由单选和多选组成。错选，本题不得分；少选，所选的每个选项得0.5分）

（一）

某奶粉生产企业将目标顾客定位于婴幼儿购买

群体，专门生产适合婴幼儿体质的奶粉。通过价值链分析发现原料供应存在短板，该企业为了降低成本，建立奶牛养殖基地，自主供应奶源。而后在进行外部战略环境分析和市场调查的基础上，该企业发现奶酪行业发展迅速，行业规模不断扩大，行业内企业的销售额和利润迅速增长。为了提升产品竞争力，该企业与国际知名奶酪生产企业建立战略联盟，共同研发新型奶酪产品，共有四种开发方案可供选择；每种产品方案均存在着市场需求高、一般、低三种可能的市场状态，但各种状态发生的概率难以测算。在市场调查的基础上，该企业对四种备选方案的损益值进行了预测，在不同市场状态下损益值如下表（单位：百万元）所示。

产品方案的决策损益表

产品	市场需求高	市场需求一般	市场需求低
A 产品	100	80	50
B 产品	120	90	40
C 产品	150	100	−40
D 产品	180	130	−60

根据以上资料，回答下列问题：

81.采用价值链分析时需要分析的主体活动有（　　　）。

A.成品储运　　　　　　　B.企业基础职能管理

C.售后服务　　　　　　　D.生产加工

82.该企业分析的奶酪行业处于行业生命周期的（　　　）。

A.形成期　　　　　　　　B.成长期

C.成熟期　　　　　　　　D.衰退期

83.该企业目前与国际知名奶酪生产企业建立的战略联盟属于（　　　）。

A.技术开发与研究联盟　　B.产品联盟

C.营销联盟　　　　　　　D.产业协调联盟

84.若采用折中原则进行新型奶酪产品的决策（乐观系数为0.75），该企业应选择的方案为开发

模考冲刺二

（　　）。

A.A产品　　　　　　　　B.B产品

C.C产品　　　　　　　　D.D产品

（二）

某企业生产经营洗衣液、洗发水、香皂三类产品。目前，该企业决定新推出一种美白牙膏、一种除菌香皂、一种持久留香的高档沐浴露。该企业生产除菌香皂的固定成本为100万元，单位可变成本为4元，预期销量为50万块，加成率为20%。新产品上市后，该企业通过电视、网络投放大量商品广告，并派出营销人员，向经销商和消费者推介新产品。

根据以上资料，回答下列问题：

85.新产品上市后，该企业产品组合的宽度为（　　）。

A.3　　　　B.5　　　　C.6　　　　D.7

86.该企业采用的产品组合策略有（　　）。

A.缩减产品组合策略　　　B.产品线现代化策略

C.产品线延伸策略　　　　D.扩大产品组合策略

87.根据成本加成定价法，该企业除菌香皂的单价为（　　）元。

A.5.8　　　B.3.6　　　C.8.2　　　D.7.2

88.该企业对新产品的市场定位属于（　　）。

A.根据属性与利益定位

B.根据竞争者的情况定位

C.根据使用者定位

D.组合定位

（三）

甲企业与某研究所签订协议。协议约定：甲企业投入资金6000万元，该研究所投入人员和技术研发一种新材料，研究成果归甲企业所有。同时，为开发一项新材料生产技术，甲企业从各部门抽调22人组建新的部门进行创新，且该部门独立运营，

独立财务核算。经评估发现，该项新材料生产技术开发的物质消耗为600万元，人力消耗为400万元，技术复杂系数为1.3，研究开发的风险概率为50%。新材料生产技术研发成功后，甲企业于2023年3月18日向国家专利部门提交了发明专利申请。2024年1月12日，专利部门授予甲企业该项发明专利权。

根据以上资料，回答下列问题：

89.甲企业为研发该种新材料生产技术设立的创新组织属于（　　）。

A.技术创新小组　　　　　B.内企业家

C.企业技术中心　　　　　D.新事业发展部

90.根据技术价值评估的成本模型，甲企业该种新材料的技术价格为（　　）万元。

A.1300　　B.650　　C.2600　　D.1000

91.甲企业研发新材料的模式为（　　）。

A.自主研发　　　　　　　B.合作研发

C.委托研发　　　　　　　D.基础研发

92.关于甲企业获得的该发明专利的说法，正确的有（　　）。

A.该发明专利的有效期为15年

B.该发明专利的有效期为20年

C.该发明专利的有效期自2023年3月18日起计算

D.该发明专利的有效期自2024年1月12日起计算

（四）

某公司拟建一条生产线。经估算，该项目的期望报酬率为45%，报酬率的标准离差为20%，项目的经济寿命为10年，项目固定资产投资额为5亿元，固定资产采用直线法折旧，无残值。项目流动资产的投资额为0.8亿元，项目建成投产后，预计该项目每年销售收入为1.5亿元，每年固定成本（不含折旧）为0.25亿元，每年总变动成本为0.35亿元，该公司所得税税率为25%。

根据以上资料，回答下列问题：

93.该项目报酬率的标准离差率为（　　）。

A.22.5%　　　　　　　　　B.225%

C.44.4%　　　　　　　　　D.55.5%

94.该公司计算报酬率的标准离差率的目的是（　　）。

A.估算该项目的综合资本成本率

B.估算该项目的股权资本成本率

C.评估该项目的项目风险

D.估算该项目的预期收益率

95.该项目的每年净营业现金流量为（　　）亿元。

A.0.5　　　　　　　　　　B.0.8

C.1.2　　　　　　　　　　D.1.8

96.该公司可以通过计算（　　）估计项目的真实报酬率。

A.内部报酬率　　　　　　B.无风险报酬率

C.净现值　　　　　　　　D.获利指数

（五）

某企业进行人力资源需求与供给预测。通过统计研究发现，销售额每增加1000万元，需增加管理人员、销售人员和客服人员共10人。新增人员中，管理人员、销售人员和客服人员的比例是1：6：3。该企业预计2024年销售额将比2023年销售额增加3000万元。根据人力资源需求与供给情况，该企业制订了总体规划、员工退休解聘计划。

根据以上资料，回答下列问题：

97.根据转换比率分析法计算，该企业2024年需要增加客服人员（　　）人。

A.3　　　　B.6　　　　C.9　　　　D.18

98.该企业进行人力资源供给预测可采用的方法有（　　）。

A.人员核查法　　　　　　B.管理人员接续计划法

C.一元回归分析法　　　　D.管理人员判断法

99.该企业对工程技术人员供给状况进行预测时，可采用的方法为（　　）。

A.人员核查法　　　　　　B.管理人员接续计划法

C.关键事件法　　　　　　D.马尔可夫模型法

100.该企业制订员工退休解聘计划的目标是（　　）。

A.改善人力资源结构　　　B.降低人工成本

C.促进员工个人发展　　　D.维护企业规范

模考冲刺三

一、单项选择题（共60题，每题1分。每题的备选项中，只有一个最符合题意）

1.营业杠杆系数1.2，财务杠杆系数1.5，总杠杆系数是（　　）。

A.在0~1.2之间 　　　　　B.大于2.7

C.在1.2~1.5之间 　　　　D.大于1.5

2.某企业采用波士顿矩阵进行产品的分析，发现香皂的业务增长率高，市场占有率低，则香皂处于波士顿矩阵（　　）。

A.幼童区 　　　　　　　　B.明星区

C.瘦狗区 　　　　　　　　D.金牛区

3.下列方法中，（　　）是由会议主持人指导进行集体讨论，特点是先抽象后具体。

A.德尔菲法 　　　　　　　B.头脑风暴法

C.哥顿法 　　　　　　　　D.名义小组技术

4.适合采用在制品定额法编制生产作业计划的是（　　）。

A.成批轮番生产企业

B.单件小批生产企业

C.中批生产企业

D.大批大批生产企业

5.甲省乙市市属国家出资公司聘任总经理，该事项决策权属于（　　）。

A.董事会

B.国有资产监督管理机构

C.股东会

D.履行出资人职责的机构

6.某公司把战略实施的相关责任范围扩大到高层管理者之外的其他层级管理者，该企业的战略实施模式是（　　）。

A.合作型 　　　　　　　　B.增长型

C.文化型 　　　　　　　　D.指挥型

7.（　　）是实现电子商务最底层的硬件基础设施。

A.网络层 　　　　　　　　B.数据库层

C.信息发布与传输层 　　　D.一般业务服务层

8.某公司为了提高空调事业部在市场中的竞争地位，通过各种战略措施使得空调事业部在空调市场中取得了一定的竞争地位。从企业战略层次分析，该企业的此项战略属于（　　）。

A.企业职能战略 　　　　　B.企业业务战略

C.企业发展战略 　　　　　D.企业总体战略

9.下列个别资本成本中，（　　）的测算方法与普通股基本相同，只是不考虑筹资费用。

A.优先股资本成本率

B.长期债券资本成本率

C.长期借款资本成本率

D.留用利润资本成本率

10.某公司召集经销商，交流市场信息，并让经销商发泄不满，这种激励方法是（　　）。

A.差别激励 　　　　　　　B.沟通激励

C.扶持激励 　　　　　　　D.业务激励

11.关于商业模式要素的说法，正确的是（　　）。

A.业务系统是商业模式要素体系中起奠基作用的第一要素

B.现金流结构是评判企业商业模式优劣的重要标准

C.盈利模式描述了企业获得收入、分配成本、赚取利润的方法和渠道

D.企业定位是商业模式的核心

12. 某生产企业为了达到预期的战略目标，管理者要求战略控制应反映不同经营业务的性质和需要，该企业的做法体现了战略控制的（　　）原则。

A.适时控制　　　　　　　B.适应性

C.确保目标　　　　　　　D.适度控制

13. 2024年6月1日，某股份有限公司董事长接到监事会召开董事会临时会议的提议，根据我国公司法，该公司董事长应最晚在（　　）之前召集和主持董事会会议。

A.2024年5月7日　　　　B.2024年6月10日

C.2024年6月15日　　　 D.2024年6月30日

14. 根据我国公司法，下列人员中不能担任有限责任公司法定代表人的是（　　）。

A.经理　　　　　　　　　B.董事长

C.执行董事　　　　　　　D.监事会主席

15. 某公司是甲省乙市市属国家出资公司，因业务调整决定进行公司的分立，这一事项的决定权限在（　　）。

A.乙市人民政府　　　　　B.甲省人民政府

C.履行出资人职责的机构　D.该公司董事会

16. 有限责任公司制订年度利润分配方案和弥补亏损方案的职权属于（　　）。

A.经理层　　　　　　　　B.监事会

C.股东会　　　　　　　　D.董事会

17. 据《2020年国际贸易术语解释通则》，下列贸易术语中，适用于任何运输方式的是（　　）。

A.CIF　　　　　　　　　　B.CIP

C.CFR　　　　　　　　　　D.FOB

18. 某企业推出买5个滤芯就赠送一个滤水壶活动，

滤芯售价为69.9元，这种产品组合定价策略属于（　　）策略。

A.附属产品定价　　　　　B.产品线定价

C.副产品定价　　　　　　D.产品束定价

19. 某企业生产甲、乙、丙、丁四种车型汽车，其中甲和乙高端汽车使用"×辰"品牌，丙和丁普通汽车使用"×途"品牌，该企业的品牌策略属于（　　）策略。

A.统一品牌　　　　　　　B.个别品牌

C.分类家族品牌　　　　　D.多品牌

20. 在渠道权力的运用战略中，请求战略的权力来源是（　　）。

A.专长权、强迫权、奖励权

B.法定权、强迫权、奖励权

C.认同权、强迫权、奖励权

D.认同权、信息权、奖励权

21. 催证、审证、改证是商品出口的第一个业务环节，下列说法错误的是（　　）。

A.出口合同签订后，买方负责申请开立信用证，卖方负责备货

B.信用证是依据合同开立的，信用证内容与合同条款应当一致

C.同一信用证上如有多处需要修改的，应当一次提出

D.如一份修改通知书中包括多项内容，可以只接受其中一部分，而拒绝另一部分

22. 下列分销渠道运行绩效评估指标中，用于衡量渠道盈利能力的是（　　）。

A.市场覆盖率　　　　　　B.渠道销售增长率

C.销售回款率　　　　　　D.商品周转速度

23. 关于平均活性指数的说法，错误的是（　　）。

A.当$\sigma < 0.5$时，大部分物料处于散堆状态，采用料箱、推车等存放物料的方式改善当前的状态

B.当 $0.5 < \sigma < 1.3$ 时，采用叉车或动力搬动车

C.活性指数越大越好

D.当 $\sigma > 2.3$ 时，处于活性指数为3的状态，用拖车或机车车头拖挂的装卸搬运方式

24.假定2024年无风险报酬率为2.5%，市场平均报酬率为10.5%。某公司股票的风险系数为1.2，根据资本资产定价模型，则其普通股资本成本率为（　　）。

A.9.6%　　　B.10.5%　　　C.12.1%　　　D.12.6%

25.关于技术创新战略的说法，错误的是（　　）。

A.跟随战略风险小、收益小

B.跟随战略要开拓一个全新的市场

C.领先战略的开发重点是产品技术

D.领先战略的技术来源是以自主研发为主

26.关于内部因素评价矩阵的说法，正确的是（　　）。

A.内部因素评价矩阵是战略控制的方法

B.总加权分数的数值范围为1分至5分

C.内部因素评价矩阵从机会和威胁两方面找出影响企业的关键因素

D.总加权分数高于2.5分，说明企业的内部状况处于强势

27.根据服务质量差距模型，（　　）是指顾客期望服务和顾客感知或实际体验的服务不一致的情况，是服务质量差距模型的核心。

A.质量感知差距　　　　B.质量标准差距

C.服务感知差距　　　　D.市场沟通差距

28.班轮运输的特点是具有固定的（　　）。

A.航线、港口、船期、船员

B.航线、运费、船期、船员

C.航线、港口、船员、费率

D.航线、港口、船期、费率

29.下列生产计划中，受企业现有条件的约束，且

是确定企业生产水平的纲领性计划的是（　　）。

A.年度生产计划　　　　B.生产作业计划

C.中期生产计划　　　　D.长期生产计划

30.某车间单一生产某产品，车间共有车床10台，全年制度工作日设为300天，两班制，每班工作7.5小时，设备计划修理时间占有效工作时间的10%，单件产品的时间定额为0.5小时，则设备组的年生产能力为（　　）件。

A.43250　　　　　　　B.53050

C.62000　　　　　　　D.81000

31.某企业随着业务规模扩大和经销商数量的增加，出现了渠道控制力下降及区域窜货等问题。按渠道冲突对企业发展的影响方向划分，该企业面对的渠道冲突属于（　　）。

A.功能性冲突　　　　　B.垂直冲突

C.水平冲突　　　　　　D.破坏性冲突

32.（　　）是指企业内部各个职位之间薪酬的相互关系，反映了企业支付薪酬的内部一致性。

A.薪酬等级　　　　　　B.薪酬区间

C.薪酬结构　　　　　　D.薪酬水平

33.某企业当销售额每增加1000万元，需要新增人员总数为10人，其中管理人员、销售人员、客服人员的比例为1：6：3。该企业预计2024年销售额将增加2000万元，则需要增加销售人员（　　）人。

A.6　　　　B.12　　　　C.4　　　　D.8

34.生产进度管理的目标是（　　）。

A.准时生产　　　　　　B.优化生产工艺

C.降低成本　　　　　　D.提高产品质量

35.关于 n 期先付年金与 n 期后付年金的说法，正确的是（　　）。

A.n 期先付年金现值比 n 期后付年金现值多折现2期

B.n 期先付年金现值比 n 期后付年金现值多折现1期

C.n 期先付年金现值比 n 期后付年金现值少折现1期

D.n期先付年金现值比n期后付年金现值少折现2期

36. 下列跨国公司进行生产选址的情形，适合采用分散生产战略的是（　　）。

A.贸易壁垒高

B.产品能满足共同需要

C.产品的价值重量比高

D.区位外部性对公司的重要程度高

37. 为了避免生产供给或者消费需求的季节性波动而持有的车存为（　　）。

A.周转库存　　　　　　B.安全库存

C.调节库存　　　　　　D.投机性库存

38. 某冶金企业对氧化铝的年需求量为2000吨，氧化铝单价为5000元／吨，单次订购成本为300元，每吨氧化铝的年持有成本占其价值的百分比为0.6％，则该企业氧化铝的经济订购批量为（　　）吨。

A.100　　　B.200　　　C.400　　　D.600

39. 不合理运输的最严重形式是（　　）。

A.迂回运输　　　　　　B.对流运输

C.空驶运输　　　　　　D.重复运输

40. 关于仓储合理化的实施要点的说法，错误的是（　　）。

A.先进先出

B.快进快出

C.对储存物品采用ABC分类管理方法

D.降低储存密度

41. 一批产品从投入到出产的时间间隔是（　　）。

A.节拍　　　　　　　　B.生产周期

C.生产间隔期　　　　　D.生产提前期

42. 某企业于2022年3月5日向我国专利部门提交外观设计专利申请，2023年8月15日获得核准，该专利的有效期至（　　）。

A.2043年8月14日　　　　B.2033年8月14日

C.2037年3月4日　　　　D.2042年3月4日

43. 电子商务的"四流"指的是（　　）。

A.现金流、物流、数据流、商流

B.资金流、物流、数据流、商流

C.资金流、物流、信息流、商流

D.现金流、物流、信息流、商流

44. 根据我国公司法，下列权利中不属于股东权利的是（　　）。

A.财务负责人的聘任权　　B.监事的选举权

C.股东会的表决权　　　　D.公司股利的分配权

45. 某飞机制造企业决定将气流中的压力条件与固定浮力作为其定向研究方向，则该企业的研发类型为（　　）。

A.应用研究　　　　　　B.开发研究

C.发展性研究　　　　　D.基础研究

46. 货位分配要遵守一定的原则，例如香皂和茶叶不可放在一起，体现了（　　）原则。

A.商品相关性　　　　　B.商品替代性

C.商品相容性　　　　　D.商品同一性

47. 关于企业自主创新战略优缺点的说法，错误的是（　　）。

A.企业开发周期较短

B.有助于形成较高的技术壁垒

C.有利于市场获得初期的垄断利润

D.需要承担新设备、新工艺可靠性的风险

48. 某企业在新技术研发上投入大量资源，致力于在竞争对手之前开发出新技术，抢先推出新产品占领市场。这种技术创新战略属于（　　）。

A.合作型战略　　　　　B.防御型战略

C.切入型战略　　　　　D.进攻型战略

49. 企业在设计薪酬制度时必须考虑自身的经济实

力，避免薪酬过高或薪酬过低的情况出现，进而避免使企业成本过高或缺乏吸引力和竞争力，这反映的薪酬制度设计原则是（　　）。

A.激励原则　　　　　　B.量力而行原则

C.竞争原则　　　　　　D.公平原则

50.某企业第三个薪酬等级的薪酬区间中值为2000元，薪酬浮动率为15%，该薪酬等级内部由低到高划分为3个薪酬级别，各薪酬级别之间的差距是等差的，则第2级别的薪酬值为（　　）元。

A.2300　　B.2000　　C.2100　　D.2050

51.下列指标中，可用来比较不同期望报酬率各项投资的风险程度的是（　　）。

A.标准离差率　　　　　B.标准离差

C.期望值　　　　　　　D.概率分布

52.某企业进行薪酬制度设计时，将员工的职位划分为若干个级别，按员工所处的职位级别确定其基本薪酬的水平和数额。该企业采用的薪酬制度设计方法是（　　）。

A.职位等级法　　　　　B.因素比较法

C.职位分类法　　　　　D.计点法

53.甲公司的债权人乙公司，将其持有的甲公司的债权转成持有甲公司的股权，这会使甲公司的（　　）。

A.负债减少　　　　　　B.长期股权投资增加

C.资产增加　　　　　　D.注册资本减少

54.货币的时间价值是扣除风险报酬和通货膨胀因素后的（　　）。

A.风险报酬率　　　　　B.平均报酬率

C.标准离差率　　　　　D.内部报酬率

55.在电子商务系统框架结构中，实现电子商务的基础设施层是（　　）。

A.网络层　　　　　　　B.信息传输层

C.数据库层　　　　　　D.一般业务服务层

56.下列福利内容中，属于企业自主福利的是（　　）。

A.儿童看护　　　　　　B.住房公积金

C.公休假日　　　　　　D.带薪休假

57.某企业通过官方网站的新闻报道，把企业、品牌、产品、服务等相关信息及时、全面地向社会公众广泛传播宣传，该企业所采用的网络营销方式是（　　）。

A.网络口碑营销　　　　B.网络直复营销

C.网络软文营销　　　　D.网络事件营销

58.下列商品或服务中，适合完全电子商务的是（　　）。

A.电脑　　　　　　　　B.手机

C.护肤品　　　　　　　D.有声读物

59.下列跨国公司的管理组织形式中，（　　）是对公司业务实行交叉管理和控制，即将职能主线和产品／地区主线结合起来的组织形式。

A.全球混合结构　　　　B.全球职能结构

C.全球产品结构　　　　D.矩阵式组织结构

60.跨国公司的法律组织形式中，不具有独立的法人地位，只能以总公司的名义，根据总公司的委托在东道国开展业务的是（　　）。

A.分公司　　　　　　　B.联络办事处

C.子公司　　　　　　　D.母公司

二、多项选择题（共20题，每题2分。每题的备选项中，有2个或2个以上符合题意，至少有1个错项。错选，本题不得分；少选，所选的每个选项得0.5分）

61.下列网络市场调查的方法中，属于网络市场直接调研的方法有（　　）。

A.数据库　　　　　　　B.搜索引擎法

C.网上实验法　　　　　D.在线问卷法

E.网上观察法

62.下列方法中，可用于企业内部环境分析的方法有（   ）。

A.平衡计分卡   B.价值链分析

C.波士顿矩阵分析   D.EFE矩阵分析法

E.战略群体分析

63.实现电子商务的最底层网络硬件基础的设施包括（   ）。

A.无线通信网   B.有线电视网

C.远程通信网   D.互联网

E.信息发布与传输层

64.关于绩效考核标准的说法，正确的有（   ）。

A.明确考核标准是绩效考核实施阶段的主要任务

B.绩效考核标准应尽量使用定性标准

C.在不同的考核时期，绩效考核标准应该随环境变化而变化

D.绩效考核标准一方面要有一定难度，另一方面员工经过努力又可以达到

E.绩效考核标准是关于员工工作任务在数量方面的要求

65.下列经营决策方法中，适用于企业定量决策的有（   ）。

A.期望决策损益法   B.线性规划法

C.德尔菲法   D.决策树分析法

E.哥顿法

66.我国上市公司独立董事享有的职权有（   ）。

A.聘用或解聘会计师事务所

B.聘任或解聘高级管理人员

C.提议召开董事会会议

D.提名、任免董事

E.向董事会提议召开临时股东会

67.关于国家出资公司监督机制的说法，正确的有（   ）。

A.国家出资公司设监事会的，须有职工监事

B.国家出资公司必须设监事会

C.国家出资公司可以选择保留监事会或不设监事会

D.国家出资公司经理可以兼任监事

E.国家出资公司不设监事会或监事的，由股东组成的审计委员会行使监事会职权

68.流通加工与生产加工的区别主要体现在（   ）。

A.加工对象不同   B.加工深度不同

C.附加价值不同   D.加工工艺不同

E.责任人不同

69.某汽车生产企业拟采取差异化战略，该企业可行的做法有（   ）。

A.整合企业资源，实施资源共享

B.增加研发投资，进行产品创新

C.增添汽车的新功能

D.提供个性化汽车定制服务

E.提供竞争对手不可比拟的高质量产品

70.根据技术来源的不同，企业技术创新战略可分为（   ）。

A.合作创新战略   B.自主创新战略

C.模仿创新战略   D.技术跟随战略

E.委托创新战略

71.下列定价方法中，属于竞争导向定价法的有（   ）。

A.随行就市定价法   B.竞争价格定价法

C.目标利润定价法   D.需求差别定价法

E.密封投标定价法

72.下列关于消费品、工业品和服务产品的特征，说法正确的有（   ）。

A.消费品是指消费者个人或家庭使用的产品

B.工业品的需求弹性大

C.工业品需求具有原始性

D.服务产品的所有权可转让

E.按消费者购买习惯不同，可以把消费品分为便利品、选购品、特殊品和非渴求品四种类型

73. 下列属于渠道盈利能力指标的有（　　）。

A.分销渠道费用率　　　　B.商品周转速度

C.渠道销售利润率　　　　D.渠道销售增长率

E.销售回款率

74. 企业核心竞争力的特征主要有（　　）。

A.难以转移性　　　　　　B.持久性

C.异质性　　　　　　　　D.多元性

E.难以复制性

75. 在国际贸易交易磋商中，关于发盘与接受的说法，正确的有（　　）。

A.发盘只能由卖方提出

B.发盘可由买方或卖方提出

C.接受必须由受盘人做出

D.发盘只能采取书面形式

E.发盘一经对方有效接受，合同即告成立

76. 下列指标中，反映产品生产过程中工作质量的指标有（　　）。

A.废品率　　　　　　　　B.成品返修率

C.质量损失率　　　　　　D.产品平均技术性能

E.产品资金利润率

77. 关于定量库存控制系统的说法，正确的有（　　）。

A.盘点周期不确定

B.订购提前期基本不变

C.每次订购的批量通常固定不变

D.相邻两次订购的间隔时间不变

E.订购点＝平均日需求量×备运时间

78. 企业确定薪酬浮动率时，应考虑的因素主要有（　　）。

A.各薪酬等级自身的价值

B.各薪酬等级之间的价值差异

C.各薪酬等级的重叠比率

D.同行业其他企业同种职位的薪酬标准

E.企业的薪酬支付能力

79. 下列因素中，影响企业生产能力的有（　　）。

A.工作班次

B.正在检修的设备

C.单位产品的台时定额

D.企业备用的设备

E.设备计划修理时间

80. 下列指标中，直接影响投资项目净营业现金流量的有（　　）。

A.营业收入　　　　　　　B.沉没成本

C.企业所得税　　　　　　D.付现成本

E.资本成本

三、案例分析题（共20题，每题2分，由单选和多选组成。错选，本题不得分；少选，所选的每个选项得 0.5 分）

（一）

某汽车生产企业采用 SWOT 分析法分析其面临的环境，寻找并确立了企业的核心竞争力，明确了企业战略方向，确定了 SO 战略。该企业采用特许经营的方式进入了甲国市场，全面提升企业生产规模和市场竞争力。该企业采用定性决策和定量决策相结合的方法进行新产品经营决策。该企业共有A、B、C、D四种产品方案可供选择，每种产品均存在着市场需求高、一般、低三种市场状态，每种产品方案在不同市场状态下的损益值如下表（单位：百万元）所示。

	市场需求高	市场需求一般	市场需求低
A产品	120	100	60
B产品	129	106	46
C产品	100	90	80
D产品	127	102	50

根据以上资料，回答下列问题：

81. 该企业采用SWOT分析法确定的SO战略是指（　　）。

A.克服劣势，利用机会

B.使用优势，利用机会

C.使用优势，避免威胁

D.克服劣势，避免威胁

82.该企业进行定性决策分析，可以选择的分析方法有（ ）。

A.头脑风暴法　　　　　　B.德尔菲法

C.哥顿法　　　　　　　　D.管理人员判断法

83.若市场需求高的概率为0.35，市场需求一般的概率为0.4，市场需求低的概率为0.25，采用期望损益决策法进行决策，该企业应选择（ ）。

A.A产品　　　　　　　　B.B产品

C.C产品　　　　　　　　D.D产品

84.若采用折中原则进行决策，乐观系数是0.7，该企业应该选择（ ）。

A.D产品　　　　　　　　B.B产品

C.A产品　　　　　　　　D.C产品

（二）

某企业的产品生产按照工艺顺序需连续经过甲车间、乙车间和丙车间的生产才能完成。该企业运用在制品定额法编制下一个生产周期的生产计划。在下一个生产周期，各车间生产计划如下：丙车间生产量为950件，计划允许废品及损耗量为50件，期末在制品定额为200件，期初预计在制品结存量为150件；乙车间投入量为1200件，计划允许废品及损耗量为100件，期末在制品定额为250件，期初预计在制品结存量为200件；甲车间半成品外售量为100件，期末库存半成品定额为250件，期初预计库存半成品结存量为200件。

根据以上材料，回答下列问题：

85.该企业运用在制品定额法编制生产作业计划，可以推出该企业的生产类型属于（ ）类型。

A.单件生产　　　　　　　B.小批量生产

C.成批轮番生产　　　　　D.大量大批生产

86.丙车间下一个生产周期的投入量是（ ）件。

A.1300　　　　　　　　B.1050

C.950　　　　　　　　　D.1600

87.在下一个生产周期，根据乙车间投入量，可以判断乙车间的出产量为（ ）件。

A.1300　　　　　　　　B.1050

C.1060　　　　　　　　D.1100

88.甲车间下一个生产周期的出产量为（ ）件。

A.1350　　　　　　　　B.1320

C.1600　　　　　　　　D.1250

（三）

甲企业生产经营冰箱、电视、空调、油烟机四类产品，每一类冠以不同的品牌，目前该企业开发一种智能热水器，经测算，年固定成本为22000万元，年变动成本为18000万元，成本加成率为20%，预计年销售量为20万台。智能热水器上市后，该企业冠以全新品牌名称。为在短期内占据较大的市场份额，甲企业决定将智能热水器定较低价格。与此同时，该企业积极开展促销活动，通过电视、网络等媒介实施付费宣传，在大型商场开设陈列柜台，进行现场表演。

根据以上资料，回答下列问题：

89.智能热水器上市后，甲企业产品组合宽度为（ ）。

A.3　　　　B.4　　　　C.5　　　　D.6

90.智能热水器上市后，甲企业采用的定价策略有（ ）。

A.渗透定价策略　　　　　B.产品线定价策略

C.温和定价策略　　　　　D.撇脂定价策略

91.甲企业对智能热水器采用的促销策略有（ ）。

A.人员促销　　　　　　　B.广告促销

C.公共关系　　　　　　　D.销售促进

92. 根据成本加成定价法，甲企业智能热水器的价格为（   ）元/台。

A.4800

B.2000

C.2400

D.2800

（四）

甲企业与某研究所签订合同，委托该研究所对一项技术提供可行性论证、技术预测、专题技术调查。经预测，该技术可再使用5年。采用该项新技术后，预计未来5年产品的收入分别为130万元、120万元、100万元、90万元、70万元。根据行业投资收益率，折现率确定为10%，复利现值系数见下表：

	1	2	3	4	5
10%	0.909	0.826	0.751	0.683	0.621

经评估后，甲企业决定立项开发该技术，并临时从若干部门抽调专业人员进行研发。3年后，技术开发成功。甲企业于2023年4月18日向国家专利部门提交了发明专利申请，2024年4月6日国家知识产权局授予甲企业该项技术发明专利权。

根据以上资料，回答下列问题：

93. 甲企业为开发该项新技术设立的创新组织属于（   ）。

A.内企业

B.技术创新小组

C.新事业发展部

D.企业联盟

94. 甲企业研发模式称为（   ）。

A.自主研发

B.联合开发

C.研发外包

D.项目合作

95. 根据效益模型计算，该项新技术的价格为（   ）万元。

A.396.58

B.372.62

C.397.33

D.368.29

96. 关于甲企业获得的该项技术专利权有效期的说法，正确的是（   ）。

A.有效期限为20年

B.有效期限自2024年4月6日起计算

C.有效期限自2023年4月18日起计算

D.有效期限为15年

（五）

甲公司计划对下属子公司分拆上市，并收购乙公司。乙公司经营比较稳定，2020年营业收入为20000万元，净利润总额为6000万元。甲公司聘请资产评估机构对乙公司资产进行评估，经过科学估算，乙公司估值可参考的标准市盈率为20倍，标准市销率为5倍。

根据以上资料，回答下列问题：

97. 甲公司分拆成立子公司，需要公司股票境内上市已满（   ）年。

A.5

B.1

C.3

D.10

98. 根据市盈率方法，乙公司的企业价值是（   ）万元。

A.100000

B.300000

C.180000

D.120000

99. 根据市销率方法，乙公司的企业价值是（   ）万元。

A.300000

B.120000

C.100000

D.400000

100. 甲公司收购乙公司，可以选择的支付方式有（   ）。

A.甲公司的现金

B.乙公司可用于转换为股票的公司债券

C.甲公司的股票

D.乙公司的定向权证

汉麦教育

中级经济师

21天省心好题速练

答案与解析

汉麦教育 编著 ●

工商管理
专业知识和实务

人民日报出版社
北京

图书在版编目（CIP）数据

中级经济师21天省心好题速练. 工商管理专业知识和实务 / 汉麦教育编著. ——
北京 : 人民日报出版社, 2024. 7.（2025. 7. 重印）-- ISBN 978-7-5115-8374-1

Ⅰ. F0

中国国家版本馆CIP数据核字第2024VH8724号

书　　名：中级经济师 21 天省心好题速练：工商管理专业知识和实务
　　　　　ZHONGJI JINGJISHI 21 TIAN SHENGXIN HAOTI SULIAN：GONGSHANG GUANLI
　　　　　ZHUANYE ZHISHI HE SHIWU
编 著 者：汉麦教育

责任编辑：梁雪云　　王奕帆
封面设计：野生花设计
排版设计：九章文化

出版发行：人民日报出版社
社　　址：北京金台西路 2 号
邮政编码：100733
发行热线：（010）65369509　65369527　65369846　65363528
邮购热线：（010）65369530　65363527
编辑热线：（010）65369526
网　　址：www.peopledailypress.com
经　　销：新华书店
印　　刷：上海一众印务中心有限公司
法律顾问：北京科宇律师事务所　010-83622312

开　　本：889mm × 1194mm　1/16
字　　数：500 千字
印　　张：15.25
版次印次：2024 年 8 月第 1 版　　2025 年 7 月第 2 次印刷

书　　号：ISBN 978-7-5115-8374-1
定　　价：59.00 元

目 录

母题必刷 · 专项突破 · 易错易混 · 模考冲刺

母题必刷篇

专项突破篇

易错易混篇

模考冲刺篇

母题必刷篇

答案与解析

第一章 企业战略与经营决策

1.A	2.C	3.D	4.C	5.C
6.B	7.A	8.D	9.A	10.B
11.ACDE	12.D	13.AD	14.A	15.BDE
16.B	17.BCD	18.D	19.BCDE	20.C
21.D	22.A	23.B	24.AB	25.B
26.D	27.D	28.B	29.D	30.ABDE
31.A	32.A	33.BCDE	34.BCDE	35.A
36.D	37.A	38.ABCE	39.BCD	40.B
41.B	42.C	43.C	44.D	45.D
46.C	47.A	48.B	49.B	50.B
51.B	52.BCD	53.C	54.ABE	55.A
56.D	57.C	58.D	59.CD	60.B
61.C	62.A	63.B	64.A	—

考点一 企业战略与企业战略管理

1.A【解析】企业战略管理的基本任务是实现特定阶段的战略目标，最高任务是实现企业的使命，选项BD错误。企业战略管理关心企业的长期稳定和持续发展，是一个循环往复、不断完善、不断创新、螺旋式上升的过程，选项C错误。因此，本题选A。

2.C【解析】企业职能战略是为实现企业总体战略目标而对企业内部的各项关键的职能活动做出的统筹安排，是为贯彻、实施和支持总体战略与业务战略而在特定的职能领域内所制定的实施战略，包括生产制造战略、市场营销战略、财务管理战略、人力资源管理战略和研究与开发战略等。根据"加强生产工艺管理，优化生产制造流程"可判断属于企业职能战略。因此，本题选C。

3.D【解析】题干要求"按照企业战略的层次划分"，BC属于无关选项。在原有经营范围基础上，创办社交型电子商务平台，属于扩大经营范围，故其属于企业总体战略。因此，本题选D。

4.C【解析】题干要求"从战略层次的角度分析"，D属于无关选项。该集团进行大数据技术研究与开发，这属于企业职能战略。因此，本题选C。

5.C【解析】企业战略分为总体战略、业务战略和职能战略。因此，本题选C。

考点二 企业战略制定

6.B【解析】企业使命包含企业生存目的定位、经营哲学定位和企业形象定位。企业的经营哲学，是对企业经营活动本质的高度概括，包括企业的基础价值观、企业内共同认可的行为准则以及企业的共同信仰等。"引领商业进步，创造精彩生活"，体现的是企业的经营哲学，属于企业使命。因此，本题选B。

7.A【解析】企业使命说明了企业的根本性质，选项B错误。战略制定需要对企业进行全面战略分析，战略目标是企业战略制定的其中一环，不能对企业进行全面的战略分析，选项C错误。企业愿景中的未来前景是企业未来欲实现的宏大愿景目标以及对它的准确描述，选项D错误。因此，本题选A。

8.D【解析】企业愿景包括开发愿景、瞄准愿景和落实愿景三个部分，选项A错误。企业愿景回答"我是谁"的问题，企业使命回答了"企业业务是什么"，选项B错误。企业愿景由企业内部成员讨论达成共识，选项C错误。因此，本题选D。

考点三 企业战略实施

9.A【解析】企业战略考核通常采用关键绩效法、平衡计分卡等方法，选项A正确。企业战略实施的第一步是战略变化分析，选项B错误。企业战略制定的第一步是确定企业愿景、使命与战略目标，选项C错误。指挥型战略实施模式是自上而下的模式，选项D错误。因此，本题选A。（本题涉及"考点二企业战略制定"）

10.B【解析】根据题中关键信息"积极协调高层管理人员达成战略共识并付诸实施"，可判断其属于合作型模式。因此，本题选B。

考点四 7S模型

11.ACDE【解析】7S模型中软件要素包括共同价值观、人员、技能、风格。因此，本题选ACDE。

12.D【解析】麦肯锡7S模型的硬件要素包括战略、制度、结构。因此，本题选D。

考点五 企业战略控制

13.AD【解析】战略控制的方法包括杜邦分析法、平衡计分卡和利润计划轮盘。因此，本题选AD。

14.A【解析】战略控制的方法：杜邦分析法、利润轮盘法、平衡计分卡。因此，本题选A。

15.BDE【解析】战略控制要适度，切忌过度，选项A错误。PESTEL分析是企业外部环境分析的方法，选项C错误。选项B为确保目标原则，选项D为适应性原则，选项E为适时控制原则。因此，本题选BDE。

16.B【解析】根据题中关键信息"根据不同的经营业务的性质与需要制定不同的监控标准和方式"，可判断其属于适应性原则。因此，本题选B。

17.BCD【解析】战略控制的原则包括确保目标原则、适度控制原则、适时控制原则、适应性原则。因此，本题选BCD。

18.D【解析】根据题中关键信息"选择适当的契机进行战略控制和战略修正"，可判断其属于适时控制原则。因此，本题选D。

考点六 企业外部环境分析

19.BCDE【解析】波特五力模型：现有企业竞争、潜在进入者威胁、替代品的替代威胁、购买者谈判、供应商谈判。因此，本题选BCDE。

20.C【解析】行业环境分析法包括行业生命周期分析、行业竞争结构分析（五力模型）、战略群体分析。因此，本题选C。

21.D【解析】替代品价格越高，消费者越不愿意购买，替代品威胁水平越低，选项A错误。供应者数量越少，消费者的选择越少，供应者谈判能力越强，选项B错误。购买者拥有的供应者越多，选择越多，购买者谈判能力越强，选项C错误。行业的进入壁垒越高，越难进入，新进入者的威胁水平越低，选项D正确。因此，本题选D。

22.A【解析】外部因素评价矩阵总加权分数的数值范围为1分至4分，高于2.5分，说明企业对外部影响因素反应较强，选项BD错误。外部因素评价矩阵是外部环境分析方法，从机会和威胁两方面分析影响企业的关键因素，选项A正确，选项C错误。因此，本题选A。

考点七 企业内部环境分析

23.B【解析】业务增长率高、市场占有率低属于幼童区。因此，本题选B。

24.AB【解析】企业价值链由基本活动和辅助活动两部分构成，基本活动是指企业生产经营的实质性活动，一般分为原材料供应、生产加工、成品储运、市场营销和售后服务五种活动。辅助活动是指用以支持基本活动而且内部之间又相互支持的活动，包括采购、技术开发、人力资源管理和企业基础职能管理。因此，本题选AB。

25.B【解析】辅助活动包括采购、技术开发、人力资源管理、企业基础职能管理等。因此，本题选B。

26.D【解析】基本活动指企业生产经营的实质性活动，一般分为原材料供应、生产加工、成品储运、市场营销和售后服务。因此，本题选D。

27.D【解析】双高业务属于明星区。因此，本题选D。

28.B【解析】双低业务属于瘦狗区。因此，本题选B。

29.D【解析】内部因素评价矩阵（IFE矩阵）用量化的方法评估企业自身的优势和劣势。因此，本题选D。

30.ABDE【解析】波士顿矩阵、IFE矩阵属于企业内部环境分析法，选项AD正确。波特"五力模型"、EFE矩阵属于企业外部环境分析法，选项BE正确。利润计划轮盘属于战略控制的方法，选项C错误。因此，本题选ABDE。

31.A【解析】根据波士顿矩阵，业务增长率低，市场占有率高，属于金牛区。因此，本题选A。

32.A【解析】能力竞争力包括企业的战略、体制、机制、经营管理、商业模式、团队默契、对环境的适应性、对资源开发控制的能动性以及创新性等。企业的商业模式属于能力竞争力。因此，本题选A。

33.BCDE【解析】内部环境分析包括核心竞争力分析、价值链分析、波士顿矩阵分析、IFE矩阵分析。杜邦分析法属于战略控制的方法。因此，本题选BCDE。

34.BCDE【解析】企业核心竞争力：价值性、异质性、延展性、持久性、难以转移性、难以复制性。因此，本题选BCDE。

📝 考点八 企业综合分析

35.A【解析】企业重在发挥企业优势，利用市场机会，优势为S，机会为O，属于SO战略。因此，本题选A。

📝 考点九 基本竞争战略

36.D【解析】市场集中，属于集中战略。因此，本题选D。

37.A【解析】成本领先战略的核心就是企业加强内部成本控制，从而获得竞争优势，选项A正确。选项BCD是实施差异化战略的做法。因此，本题选A。

38.ABCE【解析】整合资源、资源共享属于成本领先战略的实施途径。因此，本题选ABCE。

39.BCD【解析】企业基本竞争战略有三种，即成本领先战略、差异化战略和集中战略。因此，本题选BCD。

📝 考点十 密集型战略 VS 多元化战略 VS 一体化战略

40.B【解析】同心型多元化战略是指以市场或技术为核心的多元化战略，如一家生产电视机的企业，以家电市场为核心生产电冰箱、洗衣机。题中利用冰箱制冷技术进军空调行业，属于同心型多元化战略。因此，本题选B。

41.B【解析】市场开发战略是密集型成长战略在市场范围上的扩展，是将现有产品或服务引进新市场的战略。因此，本题选B。

42.C【解析】乳制品企业建立奶牛场，不是同一专业领域，但属于相关领域，是沿着价值链向上游延伸，选项AD错误，选项C正确。题中并未体现以市场或技术为核心，选项B错误。因此，本题选C。

43.C【解析】根据题干，轿车、卡车、摩托车属于同一专业范围内的产品，这属于车的多种经营，属于多元化战略，不涉及价值链的延伸，也未提及市场或技术为核心，故其属于水平多元化战略。因此，本题选C。

📝 考点十一 战略联盟

44.B【解析】根据题中关键信息"针对供求关系和其他企业形成联盟"，可判断其属于产品联盟。因此，本题选B。

45.D【解析】根据题中关键信息"建立全面协调和分工的联盟体系"，可判断其属于产业协调联盟形式。因此，本题选D。

46.C【解析】根据题中关键信息"特许经营"，可判断其属于营销联盟。因此，本题选C。

📝 考点十二 国际化经营战略

47.A【解析】当降低成本压力较高，而地区调适压力较低的情况下，应当选择全球标准化战略。因此，本题选A。

48.B【解析】当降低成本压力比较高，地区调适的压力也比较高时，适合采用跨国战略。因此，本题选B。

49.B【解析】地区调适的压力高说明各国消费偏好差异较大，此时本土化战略是最合适的战略。因此，本题选B。

50.B【解析】取得低成本优势、产品差异化优势和技术扩大效应，属于跨国战略的特点。本题容易错选A或C，全球标准化战略能够实现低成本优势，但提供的是完全相同的产品，无法实现差异化；本土化战略能够实现差异化，但成本较高。另外，国际战略是利用母国的优势，提高海外子公司的竞争力，本题并未提及。因此，本题选B。

51.B【解析】 国际战略是指跨国公司向国外市场转让当地竞争者缺少的技能和产品，利用母国创新来提高海外子公司竞争地位的经营战略。因此，本题选B。

52.BCD【解析】 企业实施国际化经营战略的类型有全球标准化战略、本土化战略、跨国战略和国际战略。因此，本题选BCD。

考点十三 企业稳定战略

53.C【解析】 企业在较长时间的快速发展后，降低企业发展速度，这属于暂停战略。因此，本题选C。

54.ABE【解析】 企业稳定战略包括无变化战略、维持利润战略、暂停战略、谨慎实施战略。转向战略、放弃战略是企业紧缩战略。因此，本题选ABE。

考点十四 企业紧缩战略

55.A【解析】 企业紧缩战略包括转向战略、放弃战略、清算战略。因此，本题选A。

考点十五 企业经营决策

56.D【解析】 决策者是企业经营决策的主体，是决策最基本的要素。因此，本题选D。

57.C【解析】 确定目标是企业经营决策的前提，目标要符合SMART原则：S（Specifc）是指目标应清晰明确，不能模棱两可（C选项正确）；M（Measurable）是指目标要可量化，能够准确衡量；A（Attainable）是指目标具有挑战性的同时，具有可实现性；R（Relevant）是指目标要与企业的其他目标相关，互相支撑；T（Time-bound）是指目标要有明确的完成截止期限。同时，决策目标要有具体、明确的责任人，如果不落实责任人，目标就很难实现。因此，本题选C。

58.D【解析】 决策结果是指决策实施后所产生的效果和影响，不是选定的备选方案。因此，本题选D。

考点十六 定性决策方法与定量决策方法

59.CD【解析】 定性决策方法包括头脑风暴法、德尔菲法、名义小组技术、哥顿法。因此，本题选CD。

60.B【解析】 风险型定量决策方法包括期望损益决策法和决策树分析法。因此，本题选B。

61.C【解析】 本题看到"专家进行集体讨论"很容易误选头脑风暴法。这里注意区分：头脑风暴法讨论的是具体问题，而题中先根据抽象的主题进行思考，然后将问题具体化后再做决策，这属于哥顿法。因此，本题选C。

考点十七 商业模式分析

62.A【解析】 商业模式画布通过三个步骤对九个模块进行逐一分析：①价值分析。②基础设施分析。③盈利分析。因此，本题选A。

63.B【解析】 渠道通路模块主要描绘企业是如何沟通、接触目标客户而传递其价值主张的。因此，本题选B。

64.A【解析】 企业定位是商业模式要素体系中起奠基作用的第一要素。因此，本题选A。

第二章　公司法人治理机构

1.BCE	2.D	3.A	4.C	5.D
6.CE	7.A	8.ABE	9.A	10.B
11.ABCD	12.C	13.D	14.CDE	15.B
16.D	17.B	18.D	19.AB	20.C
21.B	22.C	23.A	24.A	25.A
26.B	27.D	28.C	29.A	30.D
31.D	32.B	33.B	34.A	35.D
36.ABCD	37.A	38.B	39.ACE	40.A
41.B	42.C	43.C	44.D	45.A
46.A	47.BCE	48.C	49.C	50.D
51.ABE	52.B	53.C	54.ABDE	55.A
56.B	57.C	58.ABCE	59.D	60.C
61.C	62.ABDE	—	—	—

✎ 考点一　公司制企业的特点

1.BCE【解析】公司制企业的基本特点：资合的特质、承担有限责任、所有权与经营权分离。因此，本题选BCE。

✎ 考点二　公司所有者

2.D【解析】公司法人财产是公司产权制度的基础。因此，本题选D。

3.A【解析】经营权包括占有权、使用权和受限制的处分权，不包括收益权。因此，本题选A。

4.C【解析】第一次分离是原始所有权与法人产权的分离；第二次分离是法人产权与经营权的分离，这种分离形式是企业所有权与经营权分离的最高形式。因此，本题选C。

5.D【解析】资金注入公司形成法人财产后，出资者不能再直接支配这一部分财产，也不得从公司中抽回，只能依法转让其持有的股份。因此，本题选D。

6.CE【解析】原始所有权表现为股权，法人产权表现为对公司财产的实际控制权。法人产权是一种派生所有权，与原始所有权的客体是同一财产，但反映的是不同的经济、法律关系。因此，本题选CE。

✎ 考点三　公司经营者及其与所有者的关系

7.A【解析】股票属于薪酬激励。因此，本题选A。

8.ABE【解析】监事会对股东机构负责，对董事会实施全面监督，选项C错误；经营人员受聘于董事会，选项D错误。因此，本题选ABE。

✎ 考点四　股东的分类与构成

9.A【解析】公司法规定，发起人持有的本公司股份自公司成立之日起1年内不得转让。因此，本题选A。

10.B【解析】公司法规定，设立股份有限公司，应当有1人以上200人以下的发起人。因此，本题选B。

11.ABCD【解析】公司股东既包括自然人股东，也包括法人股东。自然人包括中国公民和具有外国国籍的人。法人股东包括企业（含外国企业）法人、社团法人以及各类投资基金组织和代表国家进行投资的机构，不包括业主委员会。因此，本题选ABCD。

12.C【解析】公司法规定，设立股份有限公司，应当有1人以上200人以下的发起人，其中须有半数以上的发起人在中华人民共和国境内有住所。因此，本题选C。

13.D【解析】在我国，可以成为法人股东的包括企业（含外国企业）法人、社团法人以及各类投资基金组织和代表国家进行投资的机构。社团法人可以作为发起人。因此，本题选D。

14.CDE【解析】设立股份有限公司，应当有1人以上200人以下的发起人，其中须有半数以上的发起人在中华人民共和国境内有住所，选项A错误；发起人持有的本公司股份自公司成立之日起1年内不得转让，而不是不能转让，选项B错误。因此，本题选CDE。其中，选项C涉及"考点六股东的权利与义务"。

✎ 考点五　股东的法律地位

15.B【解析】股东既是公司经营的最大受益人，也是公司经营的最大风险承担者。因此，本题选B。

16.D【解析】股份有限公司的股东以其认购的股份为限，对公司承担有限责任。因此，本题选D。

考点六 股东的权利与义务

17.B【解析】股东不能对公司财产直接支配，因此，本题选B。

18.D【解析】公司的发起人、股东在公司成立后，抽逃其出资的，处以抽逃出资金额5%以上15%以下的罚款。5000×5%＝250（万元），即至少罚款250万元。因此，本题选D。

19.AB【解析】股东的义务有缴纳出资的义务、以出资额为限对公司承担有限责任的义务、遵守公司章程的义务。选项CDE为干扰项。因此，本题选AB。

20.C【解析】公司的发起人、股东在公司成立后，抽逃其出资的，处以抽逃出资金额5%以上15%以下的罚款。林某抽逃5000万元，罚款最低为5000×5%＝250（万元），最高为5000×15%＝750（万元），故对林某的罚款为250万元～750万元。因此，本题选C。

考点七 有限责任公司股东会和股份有限公司股东会

21.B【解析】召开股东会会议，应当于会议召开15日前通知全体股东；公司章程另有规定或者全体股东另有约定的除外。因此，本题选B。

22.C【解析】股东会作出修改公司章程、增加或者减少注册资本的决议，以及公司合并、分立、解散或者变更公司形式的决议，应当经出席会议的代表2/3以上表决权的股东通过。因此，本题选C。

23.A【解析】股东会可以决议解任董事，决议作出之日解任生效。因此，本题选A。

24.A【解析】股东会的普通决议须经出席会议的股东所持表决权过半数通过。因此，本题选A。

25.A【解析】表决年度利润分配方案属于普通决议，须经出席会议的股东所持表决权过半数通过。

因此，本题选A。

26.B【解析】有限责任公司成立后召集的首次股东会会议，由出资最多的股东召集。因此，本题选B。

27.D【解析】公司未弥补的亏损达实收股本总额的1/3时应召开临时股东会，选项A错误；单独或者合计持有公司10%以上股份的股东请求时应召开临时股东会，选项B错误；监事会提议召开时应召开临时股东会，而不是由1/5的监事提议召开，选项C错误。董事人数不足法定或规定人数的2/3时，要召开临时股东会。因此，本题选D。

考点八 国家出资公司的权力机构

28.A【解析】国有独资公司章程由履行出资人职责的机构制定。因此，本题选A。

29.A【解析】国有独资公司的董事长作为企业法定代表人。因此，本题选A。

30.D【解析】国有独资公司的合并、分立、解散、增加或减少注册资本，由履行出资人职责的机构决定。因此，本题选D。

考点九 董事会制度

31.D【解析】董事会是执行机构，股东会是权力机构。因此，本题选D。

32.B【解析】董事会处于公司决策系统和执行系统的交叉点，是公司运转的核心。因此，本题选B。

33.B【解析】董事会制定公司合并、分类、解散的方案报股东会审批。因此，本题选B。

34.A【解析】制定公司利润分配方案和弥补亏损方案属于董事会的职权。因此，本题选A。

35.D【解析】公司法规定，公司法定代表人依照公司章程的规定，可以由董事长、执行公司事务的董事或经理担任，并依法登记。监事会主席不能担任。因此，本题选D。

36.ABCD【解析】批准公司利润分配方案属于股东会的职权，董事会仅制定利润分配方案，选项E错误。因此，本题选ABCD。

37.A【解析】董事会的决议实行"一人一票"的原则。因此，本题选A。

📝 考点十 有限责任公司董事会和股份有限公司董事会

38.B【解析】《公司法》规定，有限责任公司和股份有限公司董事会的成员为3人以上，其成员中可以有公司职工代表。因此，本题选B。

39.ACE【解析】《公司法》规定，董事、监事、高级管理人员对公司负有忠实义务，应当采取措施避免自身利益与公司利益冲突，不得利用职权牟取不正当利益。因此，本题选ACE。

40.A【解析】公司法规定，有限责任公司董事会的成员为3人以上。因此，本题选A。

41.B【解析】公司法对股份有限公司董事会定期会议的召开期限做了规定，即每年度至少召开2次。因此，本题选B。

42.C【解析】是监事会可以提议召开董事会临时会议，而不是一定比例的监事。因此，本题选C。

43.C【解析】因贪污或者因犯罪被剥夺政治权利，执行期满未逾5年，不得担任公司董事，选项AB错误。限制民事行为能力人不得担任公司董事，选项D错误。个人所负数额较大的债务到期未清偿不得担任公司董事，较小债务到期未清偿可以担任。因此，本题选C。

44.D【解析】董事长应自接到提议后10日内，召集和主持董事会会议。2019年12月10日提出，即该董事长需要在2019年12月20日内召集和主持董事会会议。因此，本题选D。

📝 考点十一 独立董事

45.A【解析】独立董事原则上最多在3家境内上市公司担任独立董事。因此，本题选A。

46.A【解析】独立董事每年在上市公司的现场工作时间应当不少于15日。因此，本题选A。

47.BCE【解析】独立董事的特别职权包括：①独立聘请中介机构，对上市公司具体事项进行审计、咨

询或者核查（选项C）。②向董事会提议召开临时股东大会（选项E）。③提议召开董事会会议（选项B）。④依法公开向股东征集股东权利。⑤对可能损害上市公司或者中小股东权益的事项发表独立意见。因此，本题选BCE。

📝 考点十二 国家出资公司董事会

48.C【解析】国有独资公司的董事长或副董事长选举由履行出资人职责的机构从董事会成员中指定。因此，本题选C。

49.C【解析】国有独资公司董事长和副董事长是由履行出资人职责的机构从董事会成员中指定，不是由董事会选举。因此，本题选C。

📝 考点十三 经理机构

50.D【解析】国有独资公司经理的聘任和解聘由董事会负责。因此，本题选D。

51.ABE【解析】经理层作为董事会的辅助机关，从属于董事会，听从董事会的指挥和监督，对董事会负责，选项AB正确，选项C错误；国家出资公司必须设置经理，不是所有公司，选项D错误。董事会与经理层是一种以控制为基础的合作关系，选项E正确。因此，本题选ABE。

52.B【解析】经理的职权范围通常是来自董事会的授权。因此，本题选B。

📝 考点十四 有限责任公司监事会和股份有限公司监事会

53.B【解析】《公司法》规定，有限责任公司和股份有限公司监事会成员为3人以上。因此，本题选B。

54.ABDE【解析】有限责任公司与股份有限公司的监事会，行使下列职权：①检查公司财务。②对董事、高级管理人员执行公司职务的行为进行监督，对违反法律、行政法规、公司章程或者股东会决议的董事、高级管理人员提出解任的建议。③当董事、高级管理人员的行为损害公司的利益时，要求

董事、高级管理人员予以纠正。④提议召开临时股东会会议；因此，本题选ABDE。

55.A【解析】有限责任公司监事会每年至少召开一次。因此，本题选A。

56.B【解析】监事会决议应当经全体监事过半数通过。因此，本题选B。

57.C【解析】股份有限公司监事会定期会议至少每6个月召开一次。因此，本题选C。

58.ABCE【解析】拟订公司的基本管理制度属于经理的职权，不属于有限责任公司监事会的职权，选项D错误。因此，本题选ABCE。

59.D【解析】监事会职工代表的比例不得低于1/3，即6×（1÷3）＝2（人）。因此，本题选D。

考点十五 国家出资公司监督机构

60.C【解析】《公司法》关于"国家出资公司组织机构的特别规定"中明确指出，国有独资公司在董事会中设置由董事组成的审计委员会行使《公司法》规定的监事会职权的，不设监事会或者监事。因此，本题选C。

61.C【解析】根据《公司法》，有限责任公司和股份有限公司监事会的设置不再是强制性的，公司可以选择设立监事会或者只设一名监事，也可以通过其他治理机制替代。因此，本题选C。

考点十六 国家出资公司治理要求

62.ABDE【解析】国家出资公司治理的基本原则：坚持深化改革、坚持党的领导、坚持依法治企、坚持权责对等。因此，本题选ABDE。

第三章　市场营销与品牌管理

1.D	2.D	3.ABE	4.CDE	5.A
6.C	7.D	8.C	9.A	10.D
11.A	12.B	13.C	14.ABE	15.A
16.A	17.C	18.D	19.B	20.A
21.B	22.C	23.D	24.C	25.CD
26.ABE	27.B	28.ADE	29.D	30.CDE
31.D	32.C	33.C	34.D	35.C
36.B	37.ABCD	38.ABDE	39.C	40.ABCD
41.BC	—	—	—	—

考点一　市场营销宏观环境

1.D【解析】经济环境包括收入因素、消费支出、储蓄与信贷、经济发展水平等。在收入因素中，消费者收入是一个重要因素。因此，本题选D。

2.D【解析】社会文化环境是指在一种社会形态下已经形成的民族特征、价值观念、宗教信仰、生活方式、风俗习惯、伦理道德、教育水平、相关群体、社会结构等因素构成的环境。一个地区消费者的生活方式属于社会文化环境。因此，本题选D。

3.ABE【解析】社会文化环境包括民族特征、价值观念、宗教信仰、生活方式、风俗习惯、伦理道德、教育水平、相关群体、社会结构等。因此，本题选ABE。

考点二　市场营销微观环境

4.CDE【解析】营销微观环境包括企业自身的各种因素、供应商、竞争者、营销渠道企业、顾客、公众。选项AB属于市场营销宏观环境。因此，本题选CDE。

考点三　市场营销环境分析

5.A【解析】低机会和低威胁的是成熟业务。因此，本题选A。

6.C【解析】该企业的业务市场机会高、威胁高，是冒险业务的特点。因此，本题选C。

考点四　市场营销战略规划

7.D【解析】行业吸引力小、业务力量强，属于"小强"业务，处于黄色地带，采取维持现有投资水平和市场占有率的战略。因此，本题选D。

8.C【解析】行业吸引力大、业务力量中等，属于"大中"业务，处于绿色地带，企业采取增加投资和发展增大的战略。因此，本题选C。

9.A【解析】市场占有率是指一定时期内一家企业某种产品的销售量（销售额）在同一市场的同类产品销售总量（销售总额）中所占的比例。根据题中条件可知，市场占有率 = 5000 ÷ 40000 × 100% = 12.5%。因此，本题选A。

考点五　市场细分变量

10.D【解析】心理变量包括生活方式、个性等。生活方式是一个人在生活中所表现出来的活动、兴趣和看法的模式。如有些消费者追求现代、时尚的生活方式，有些消费者则维护传统、保守的生活方式，服装制造商可以依此设计不同款式的服装。因此，本题选D。

11.A【解析】该轮胎生产企业是按照地形做的市场细分，这属于地理变量。因此，本题选A。

12.B【解析】企业为婴儿、幼儿、少儿提供不同的玩具，按照年龄来划分，这属于人口变量。因此，本题选B。

13.C【解析】品牌忠诚是消费者在购买决策中的行为反应，该企业根据忠诚程度对顾客进行划分，这属于行为变量。因此，本题选C。

14.ABE【解析】心理变量包括：个性、购买动机、价值取向、对商品和服务方式的感受和偏爱、对商品价格反应的灵敏度等。使用频率和购买时机属于行为变量的因素。因此，本题选ABE。

考点六　目标市场选择

15.A【解析】消费者需求差异性不大（基本一致），企业可以采用无差异营销战略。因此，本题选A。

16.A【解析】企业只生产或经营某一类产品，只供应某一顾客群，属于产品-市场集中化。因此，本题选A。

17.C【解析】某企业向儿童、青年、中老年等各类顾客提供冬季服装，向多个顾客群体提供一种产品，这属于产品专业化。因此，本题选C。

18.D【解析】当企业市场处于卖方市场时，说明卖方具有优势，企业会忽略消费者的需求差异，只提供单一商品，企业可以采用无差异营销战略。因此，本题选D。

19.B【解析】企业把目标市场进行分类，分为老年人、中年人和儿童，并且设计和生产不同的服装满足其需求，这属于差异性营销策略。因此，本题选B。

考点七 市场定位

20.A【解析】企业根据消费者追求不同，将产品分为洁白牙膏、脱敏牙膏等，说明企业根据产品本身的属性和消费者由此获得的利益进行定位。因此，本题选A。

21.B【解析】甲可乐企业定位为"柠檬可乐""柠檬味"，是根据属性与利益定位；乙可乐企业定位为"年轻人的可乐"，是根据使用者来定位的。因此，本题选B。

考点八 产品策略

22.C【解析】产品组合的宽度是指企业所经营的不同产品线的数量。题中该企业生产打印机、复印机、扫描仪、碎纸机，共4种类型的产品。因此，本题选C。

23.D【解析】相关包装策略，即将多种相关的产品配套放在同一包装物内出售。化妆品套装中包含的香水、口红、精华液，都属于相关产品，这属于相关包装策略。因此，本题选D。

24.D【解析】产品组合的长度指产品组合中所包含的产品项目的总数。长度＝3＋2＋4＋3＝12。因此，本题选D。

25.CD【解析】该手机制造企业推出面向高端客户的手机产品，并进入打印机行业，这属于产品线延伸策略和扩大产品组合策略。因此，本题选CD。

考点九 产品定价方法

26.ABE【解析】竞争导向定价法包括三种，即竞争价格定价法、随行就市定价法和密封投标定价法。因此，本题选ABE。

考点十 新产品定价策略

27.B【解析】温和定价策略是一种中价策略，是指在新产品上市之初，将价格定在高价和低价之间，力求使买卖双方都满意。因此，本题选B。

28.ADE【解析】新产品定价的策略包括市场渗透定价策略、撇脂定价策略、温和定价策略。因此，本题选ADE。

考点十一 产品组合定价策略

29.D【解析】手机定价相对较低，但耳机、手机壳等产品定价相对较高，顾客购买手机时，可以选择性购买或者不购买耳机、手机壳，这属于备选产品定价策略。因此，本题选D。

30.CDE【解析】产品组合定价策略有产品线定价、备选产品定价、附属产品定价、副产品定价、产品束定价。因此，本题选CDE。

31.D【解析】该企业将服装分为高、中、低三个档次，不同档次定价不一样，这属于产品线定价。因此，本题选D。

考点十二 促销策略

32.C【解析】直复营销是指企业不通过中间商而是直接与目标顾客接触，从而达到获取目标顾客的快速反应并培养长期顾客关系目的的活动。该企业直接面向普通消费者销售产品，属于直复营销。因此，本题选C。

33.C【解析】该企业用电视广告吸引消费者，营销对象是消费者，这属于拉引策略。因此，本题选C。

考点十三 品牌与品牌资产

34.D【解析】 消费者在没有任何提示的情况下第一个想到或脱口而出的品牌属于顶端知名度。因此，本题选D。

35.C【解析】 小李购买手机时，对品牌没有特别的偏好，只是根据自己的预算进行选择，说明小李不关注品牌但对价格敏感，属于无忠诚购买者。因此，本题选C。

36.B【解析】 品牌忠诚的最高级别是承诺购买者。因此，本题选B。

37.ABCD【解析】 品牌资产包括品牌知名度、品牌联想度、品牌忠诚度、品牌认知度和品牌其他资产五个部分。因此，本题选ABCD。

38.ABDE【解析】 描述服务质量的要素包括有形性、可靠性、保证性、响应性、移情性。因此，本题选ABDE。

39.C【解析】 品牌忠诚度是品牌资产的核心，如果没有品牌消费者的忠诚，品牌不过是一个几乎没有价值的商标或用于区别的符号。因此，本题选C。

40.ABCD【解析】 品牌是一个复杂的概念，包括属性、利益、价值、文化、个性和群体六个方面的内容。因此，本题选ABCD。

考点十四 品牌战略

41.BC【解析】 家族品牌决策包括个别品牌策略、统一品牌策略、分类家族品牌策略、企业名称与个别品牌并用策略。因此，本题选BC。

第四章　分销渠道管理

1.A	2.A	3.B	4.ABCE	5.A
6.AD	7.C	8.D	9.A	10.A
11.D	12.A	13.C	14.DE	15.D
16.C	17.ABCE	18.A	19.A	20.C
21.C	22.B	23.ABDE	24.C	25.BE
26.CD	27.B	28.D	29.CD	30.C
31.AB	32.A	33.A	34.C	35.A
36.AB	37.D	38.B	39.D	40.B
41.C	42.D	43.B	44.C	45.B
46.D	47.AC	48.BC	49.B	50.AD
51.ABC	52.ACE	53.B	—	—

考点一　渠道管理概述

1.A【解析】分销渠道成员包括生产者、中间商和最终消费者。因此，本题选A。

2.A【解析】网络渠道市场占有率＝网络渠道销售额÷商品销售总额×100%，代入数据得，600÷1000×100%＝60%。因此，本题选A。

3.B【解析】分销渠道的成员有生产者、中间商、消费者。配送公司、银行、保险公司均属于辅助商，辅助商属于市场营销渠道。因此，本题选B。

4.ABCE【解析】分销渠道管理任务：提出并制定分销目标；监测分销效率；协调渠道成员关系，解决渠道冲突；促进商品销售；修改和重建分销渠道。因此，本题选ABCE。

考点二　消费品分销渠道

5.A【解析】生产厂家直接将商品供应给终端渠道进行销售属于厂家直供模式。因此，本题选A。

6.AD【解析】非渴求品是指那些消费者不知道或虽然知道但一般情况下不会主动购买的产品。常见的非渴求品有保险、工艺类陶器、百科全书、艺术品等。其中选项BE属于选购品，选项C属于便利品。因此，本题选AD。

7.C【解析】油画属于艺术品，一般情况下消费者不会主动购买，其属于非渴求品。因此，本题选C。

8.D【解析】消费者购买美容美发产品时，会对产品的价格、质量、款式、耐用性等进行比较之后才会购买，其属于选购品。因此，本题选D。

9.A【解析】企业把代理权全权交给一家能力非常强的经销商，只选择一家，这属于独家经销（代理）模式。因此，本题选A。

10.A【解析】题中厂家对接蛋糕店、小卖部，直接供给到终端进行销售，这属于厂家直供模式。因此，本题选A。

11.D【解析】平台式销售模式是指生产厂家以商品的分装厂为核心，由分装厂建立经营部来负责向各个零售终端供应商品。由题中关键词"分装厂"，可判断其属于平台式销售模式。因此，本题选D。

12.A【解析】雨伞、雨衣属于应急物品。因此，本题选A。

13.C【解析】大多数普通消费者不会主动购买百科全书，其属于非渴求品。因此，本题选C。

考点三　工业品分销渠道

14.DE【解析】工业品市场特点：需求的派生性、需求弹性小、一次购买量大、专业购买、顾客集中稳定。因此，本题选DE。

15.D【解析】工业品市场的特点之一是顾客稳定集中，选项D错误。因此，本题选D。

16.C【解析】工业品市场特点包括需求的派生性、需求弹性小、一次购买量大、专业采购、顾客集中稳定。因此，本题选C。

17.ABCE【解析】工业品市场的特点之一是需求弹性小，不是需求弹性大。因此，本题选ABCE。

考点四　服务产品分销渠道

18.A【解析】题中关键信息"看不见摸不着"，代表服务产品的无形性。因此，本题选A。

19.A【解析】服务产品的构成成分及其质量水平经常发生变化，很难统一界定，这体现了服务产品的差异性。因此，本题选A。

20.C【解析】服务产品的特征：无形性、差异性、

第四章

不可分离性、不可储存性、所有权不可转移性。因此，本题选C。

21.C【解析】快递类服务，是对物品的服务，顾客不必在场。因此，本题选C。

22.B【解析】话剧类服务产品是针对"脑刺激处理"的服务。因此，本题选B。

23.ABDE【解析】服务产品的特征：无形性、差异性、不可分离性、不可储存性、所有权不可转让性。因此，本题选ABDE。

24.C【解析】客运、医疗、美容、餐饮等服务属于顾客高度参与的服务，应归类为针对人的身体的服务（人体处理）。因此，本题选C。

📝 考点五 渠道成员的激励

25.BE【解析】沟通激励常用的方法包括提供产品、技术动态信息，公关宴请，交流市场信息，让经销商发泄不满。因此，本题选BE。

26.CD【解析】业务激励包括佣金总额动态管理、灵活确定佣金比例、安排经销商会议、合作制订经营计划。AB属于沟通激励，E属于扶持激励。因此，本题选CD。

27.B【解析】业务激励包括佣金总额动态管理、灵活确定佣金比例、安排经销商会议、合作制订经营计划。因此，本题选B。

28.D【解析】扶持激励包括实施优惠促销、提供广告津贴、培训销售人员、融资支持。因此，本题选D。

29.CD【解析】业务激励包括佣金总额动态管理、灵活确定佣金比例、安排经销商会议、合作制订经营计划。因此，本题选CD。

30.C【解析】该公司与经销商交流市场信息，并为其提供产品、技术动态信息属于沟通激励。因此，本题选C。

31.AB【解析】业务激励的方法包括佣金总额动态管理、灵活确定佣金比例、安排经销商会议、合作制订经营计划。因此，本题选AB。

📝 考点六 渠道权力管理

32.A【解析】特许经营是专长权的代表形式。因此，本题选A。

33.A【解析】某企业向经销商承诺对完成销售任务的经销商给予好处，这属于奖励权的基本特征。因此，本题选A。

34.C【解析】作为供应者的生产厂商渠道控制力的表现：该行业由少数几家大厂商控制、厂商的产品没有替代品、厂商能实施前向一体化。因此，本题选C。

35.A【解析】请求战略的权力来源是认同权、奖励权、强迫权。因此，本题选A。

36.AB【解析】中介性权力可以迫使目标对象承认它的权力，包括奖励权、强迫权和法律法定权。因此，本题选AB。

37.D【解析】法律战略的权力来源是法定权。因此，本题选D。

38.B【解析】"无须说明我想要的是什么，我们来探讨什么对我的合作伙伴更有利"，看到关键词"探讨"，即可判断其属于信息交换战略。因此，本题选B。

📝 考点七 渠道冲突管理

39.D【解析】不存在利益冲突，但是双方存在对抗性行为的情况属于虚假冲突。因此，本题选D。

40.B【解析】窜货、赖账、制假售假等行为给渠道带来了不利影响，属于破坏性冲突。因此，本题选B。

41.C【解析】消除紧张气氛和不良动机，并最终产生积极的影响，属于功能性冲突。因此，本题选C。

42.D【解析】窜货、赖账、制假售假等行为给渠道带来了消极影响，属于破坏性冲突。因此，本题选D。

📝 考点八 分销渠道差距评估

43.B【解析】服务感知差距是最核心的差距，需要其他四种差距来弥合。因此，本题选B。

44.C【解析】企业的管理者认知的顾客期望和服务提供者制定的服务标准不一导致，根据关键词"标准"，可判断其属于质量标准差距。因此，本题选C。

✎ 考点九 分销渠道绩效评估

45.B【解析】渠道销售增长率=本期销售增长额÷上期销售总额×100%=（本期销售额－上期销售额）÷上期销售总额×100%=（300－200）÷200×100%=50%。因此，本题选B。

46.D【解析】分销渠道费用率＝分销渠道费用额÷渠道商品销售额×100%，代入数据可得，250÷600×100%≈41.7%。因此，本题选D。

47.AC【解析】渠道盈利能力指标包括渠道销售增长率、渠道销售利润率、渠道费用利润率和渠道资产利润率。因此，本题选AC。

48.BC【解析】分销渠道运行绩效评估常用的畅通性评价指标包括商品周转速度、货款回收速度、销售回款率。因此，本题选BC。

49.B【解析】渠道盈利能力的指标包括渠道销售增长率、渠道销售利润率、渠道费用利润率和资产利润率。因此，本题选B。

50.AD【解析】渠道畅通性指标包括商品周转速度、货款回收速度、销售回款率。因此，本题选AD。

✎ 考点十 网络分销渠道

51.ABC【解析】网络分销渠道包括网络直接分销渠道和网络间接分销渠道，选项D错误；企业可以通过网络分销渠道为用户提供售后服务，选项E错误。因此，本题选ABC。

52.ACE【解析】网络分销系统包括订货系统、结算系统和配送系统。因此，本题选ACE。

✎ 考点十一 渠道扁平化

53.B【解析】大型卖场、商场专柜、网站代理销售商、连锁专卖店，表现为生产商—中间商—消费者的渠道模式，这属于有一层中间商的扁平化渠道。因此，本题选B。

第五章　生产管理

1.C	2.D	3.BDE	4.A	5.C
6.ABD	7.B	8.C	9.A	10.C
11.A	12.ABCD	13.A	14.C	15.D
16.CDE	17.ABC	18.CE	19.D	20.B
21.ABCD	22.C	23.A	24.A	25.D
26.C	27.A	28.B	29.C	30.ACDE
31.C	32.B	33.C	34.ABC	35.A
36.A	37.ABCE	38.B	39.ABC	40.C
41.C	42.C	43.A	44.A	45.D
46.D	47.A	48.BCDE	49.D	50.ABDE
51.BCDE	52.B	53.ABCD	54.C	—

考点一　生产能力的种类和影响因素

1.C【解析】企业的生产能力按照直接参加生产的固定资产计算。因此，本题选C。

2.D【解析】固定资产的有效工作时间同企业现行制度、规定的工作班次、轮班工作时间、全年工作日数、设备计划修理时间有关。不包括选项D。因此，本题选D。

3.BDE【解析】设备的数量不包括已报废的、不配套的、封存待调的设备和企业备用的设备。因此，本题选BDE。

4.A【解析】计划生产能力也称现实生产能力。因此，本题选A。

5.C【解析】设计生产能力指企业在进行基本建设时，在设计任务书和技术文件中所写明的生产能力。根据题干"新成立的企业"，可判断依据是设计生产能力。因此，本题选C。

6.ABD【解析】影响企业生产能力的因素，包括固定资产的数量、固定资产的生产效率和固定资产的工作时间。因此，本题选ABD。

考点二　生产能力核定

7.B【解析】设备组生产能力=单位设备有效工作时间×设备数量×产量定额，代入相关数值得，$7 \times 20 \times 8 = 1120$（个）。因此，本题选B。

8.C【解析】流水线生产能力=流水线有效工作

时间÷节拍，代入相关数值得，$8 \times 60 \div 6 = 80$（台）。因此，本题选C。

9.A【解析】企业生产能力的核算首先核算的是设备组的生产能力。因此，本题选A。

考点三　生产计划的类型与指标

10.C【解析】产品质量指标是衡量企业经济状况和技术发展水平的重要标志之一。产品质量指标包括两大类：一类是反映产品本身内在质量的指标，主要是产品平均技术性能、产品质量分等；另一类是反映产品生产过程中工作质量的指标，如质量损失率、废品率、成品返修率等。因此，本题选C。

11.A【解析】生产作业计划是生产计划工作的后续工作，是企业年度生产计划的具体执行计划。因此本题选A。

12.ABCD【解析】生产计划的指标包括产品品种指标、产品质量指标、产品产量指标、产品产值指标。因此，本题选ABCD。

13.A【解析】新创造的价值与固定资产折旧价值共同构成的指标是工业增加值。因此，本题选A。

14.C【解析】产品品种指标包括产品的名称、型号、规格和种类。因此，本题选C。

15.D【解析】工业增加值属于产品产值指标。因此，本题选D。

16.CDE【解析】产品质量指标中反映产品生产过程中工作质量的指标有质量损失率、废品率、成品返修率等。因此，本题选CDE。

考点四　生产作业计划

17.ABC【解析】相比生产计划，生产作业计划的特点为计划期短、计划内容具体、计划单位小。因此，本题选ABC。

18.CE【解析】生产计划的计划期常常表现为季、月，而生产作业计划详细规定为周、日和时的工作任务。因此，本题选CE。

考点五　期量标准的含义

19.D【解析】期量标准又称作业计划标准，包括生产期限和生产数量方面规定的标准数据。因此，本题选D。

考点六 不同类型企业的期量标准

20.B【解析】生产周期是指一批产品或零件从投入到出产的时间间隔。因此，本题选B。

21.ABCD【解析】成批轮番生产企业的期量标准有批量、生产周期、生产间隔期、生产提前期等。因此，本题选ABCD。

22.C【解析】生产间隔期＝批量÷平均日产量，代入相关数值得，400÷25＝16（天）。因此，本题选C。

23.A【解析】成批轮番生产企业的期量标准有批量、生产周期、生产间隔期、生产提前期等。因此，本题选A。

考点七 生产作业计划的编制方法

24.A【解析】提前期法又称累计编号法，适用于成批轮番生产企业的生产作业计划编制。因此，本题选A。

25.D【解析】提前期法又称累计编号法，适用于成批轮番生产企业的生产作业计划编制。因此，本题选D。

26.C【解析】生产周期法适用于单件小批生产企业的生产作业计划编制。因此，本题选C。

考点八 生产控制的概念

27.A【解析】狭义的生产控制指对生产活动中生产进度的控制，又称生产作业控制。因此，本题选A。

考点九 生产控制的基本程序和执行情况

28.B【解析】实际值大于计划目标值时，代表负偏差。当成本、工时消耗等出现负偏差时，需要加以控制。因此，本题选B。

29.C【解析】生产控制的基本程序首要步骤是"制定控制的标准"。因此，本题选C。

30.ACDE【解析】生产控制的基本程序主要包括制定控制标准、测量比较、控制决策、实施执行。因此，本题选ACDE。

31.C【解析】实际值小于目标值达标的有成本、工时消耗等。选项ABD在实际值小于目标值时，不达标，需要控制。因此，本题选C。

考点十 生产控制的基本方式

32.B【解析】事中控制通过获取作业现场信息，实时进行作业核算，并把结果与作业计划有关指标进行对比分析。根据"实时"二字即可以选出是事中控制。因此，本题选B。

33.C【解析】反馈控制属于事后控制。因此，本题选C。

考点十一 生产进度控制

34.ABC【解析】生产控制的核心在于进度管理，生产进度控制的基本内容主要包括投入进度控制、工序进度控制和出产进度控制。因此，本题选ABC。

35.A【解析】生产进度控制保证生产过程平衡进行并准时出产，其管理目标是准时生产。因此，本题选A。

36.A【解析】生产进度管理的目标是准时生产。因此，本题选A。

考点十二 在制品控制

37.ABCE【解析】根据所处工艺阶段的不同，在制品分为毛坯、半成品、入库前成品和车间在制品。库存成品不属于在制品。因此，本题选ABCE。

38.B【解析】根据所处工艺阶段的不同，在制品分为毛坯、半成品、入库前成品和车间在制品，不包括办完入库手续的成品。因此，本题选B。

考点十三 库存控制

39.ABC【解析】库存管理成本包括仓储成本、订货成本、机会成本。因此，本题选ABC。

40.C【解析】库存过大带来的问题：提高成本、占用资金、造成损耗、企业资源大量闲置、阻碍管理水平提高。因此，本题选C。

41.C【解析】库存物料变质所造成的损失属于仓储成本。因此，本题选C。

42.C【解析】库存不够带来的缺货损失属于机会成本。因此，本题选C。

✍️ 考点十四 生产调度

43.A【解析】生产调度以生产进度计划为依据。因此，本题选A。

44.A【解析】生产调度工作的基本原则是以生产进度计划为依据。因此，本题选A。

45.D【解析】生产调度以生产进度计划为依据。因此，本题选D。

✍️ 考点十五 MRP、MRP Ⅱ 和 ERP

46.D【解析】主生产计划又叫产品出产计划。因此，本题选D。

47.A【解析】ERP强调的控制方式是事前控制，而非事后控制，选项B错误；ERP适用于生产企业、非生产企业和公益事业，选项C错误；ERP应用于多企业、多地区、多国籍而非企业内部，选项D错误。因此，本题选A。

48.BCDE【解析】生产控制模块主要包括主生产计划、物料需求计划、能力需求计划、生产现场控制、制造标准等。因此，本题选BCDE。

✍️ 考点十六 精益生产管理概述

49.D【解析】识别价值流的目的是发现浪费和消灭浪费。因此，本题选D。

50.ABDE【解析】精益生产管理的具体目标有效率、质量、成本、交货期、安全、士气等方面。因此，本题选ABDE。

51.BCDE【解析】精益思想强调以下五项基本原则：正确定义价值、识别价值流、流动、拉动、追求尽善尽美。因此，本题选BCDE。

✍️ 考点十七 丰田精益生产管理方式

52.B【解析】丰田精益生产方式强调要实现"彻底降低成本"这一基本目标，就必须杜绝一切浪费，因此，本题选B。

53.ABCD【解析】看板的功能：显示生产以及运送的工作指令、防止过量生产和过量运送、进行目视管理的工具、改善的工具。因此，本题选ABCD。

54.C【解析】看板管理系统，是对生产过程中各道工序生产活动进行控制的信息系统。因此，本题选C。

第六章 物流管理

1.B	2.ABC	3.ACD	4.ABCE	5.A
6.D	7.A	8.B	9.D	10.ABD
11.ABCE	12.ABCE	13.A	14.B	15.A
16.A	17.C	18.C	19.BCD	20.C
21.ABD	22.AC	23.C	24.C	25.A
26.A	27.B	28.D	29.—	30.—

考点一 物流管理概述

1.B【解析】供应链管理与物流管理之间的关系：物流是供应链的一部分，物流管理侧重局部操作层面的问题，供应链管理侧重全局战略层面的问题，选项A错误；物流涉及原材料、零部件等物料在企业间的流动，追求网络节点中每个企业最优，供应链涉及从原材料采购开始到产品交付给最终用户的整个物流增值过程，是相关企业业务资源的集成和一体化，是供应链上的商流、物流、信息流、资金流的集成，追求多个企业全局最优，选项CD错误。因此，本题选B。

2.ABC【解析】供应链管理的基本理念包括以下几点：①供应链管理强调企业间的合作；②供应链管理是一种集成化的管理模式；③供应链管理以客户和最终用户为中心。因此，本题选ABC。

3.ACD【解析】第三方物流的价值体现：降低成本、规避风险、提高顾客服务水平和质量、提高竞争力、提升社会价值。选项BE是物流企业的优点。因此，本题选ACD。

4.ABCE【解析】企业采用第三方物流模式，利用第三方物流企业的运输、配送网络及其专业的物流管理能力，可以提高客户响应速度，加快存货的流动周转，减少企业的安全库存，降低企业的资金风险。故选项D错误。因此，本题选ABCE。

5.A【解析】流通加工的关键在于使物品发生物理或化学变化。该物流企业对要运输的物品进行分割，使物品发生了物理变化，属于流通加工这一功能。因此，本题选A。

6.D【解析】减少生产物料装运的频率和缩短搬运的距离，降低企业生产物流运作的成本和费用，同时又注重对生态环境的影响，这体现经济效益与社会并重。因此，本题选D。

考点二 包装

7.A【解析】集装化包装的类型：集装箱、托盘、集装袋、货捆、框架集装。根据生活常识，可知化肥适合采用集装袋包装。因此，本题选A。

8.B【解析】集装化包装的类型：集装箱、托盘、集装袋、货捆、框架集装。根据生活常识，可知粮食适合采用集装袋包装。因此，本题选B。

9.D【解析】商品包装上标有易碎品标记，便于引起注意，这属于方便功能。因此，本题选D。（本题容易错选A，注意区分）

10.ABD【解析】包装的功能有保护功能、方便功能、销售功能。因此，本题选ABD。

考点三 装卸搬运

11.ABCE【解析】装卸搬运的安全性直接涉及整个操作的安全性，包括作业人员的人身安全和物品安全，选项D错误。因此，本题选ABCE。

12.ABCE【解析】装卸搬运作业的特点：装卸搬运对象复杂多变，作业量大；作业量和作业方式不均衡；对安全性要求高；具有伴生性和起讫性。因此，本题选ABCE。

考点四 流通加工

13.A【解析】选项B是以保存商品为目的的流通加工；选项C是以提高商品利用率为目的的流通加工；选项D是以满足用户需求、方便消费者为目的的流通加工。因此，本题选A。（本题需要考生结合常识理解）

14.B【解析】选项A是以保存商品为目的的流通加工；选项C是以满足用户需求、方便消费者为目的的流通加工；选项D是以提高物流效率、降低物流损失为目的的流通加工。因此，本题选B。（本题需要考生结合常识理解）

考点五 仓储

15.A【解析】 计算公式如下：托盘的需要数量=单位时间进出品的数量×托盘的平均使用周期×（1+托盘的平均装载效率）/托盘的标准装载量。代入数据可得，1050×10×（1+80%）/30=630。因此，本题选A。

16.A【解析】 需要的货架数量＝2.4÷［（6×1.2×3）×60%×0.2］≈1（个）。因此，本题选A。

17.C【解析】 每个工作日需清点A类产品种数：300÷20＝15（种）。每个工作日需清点B类产品种数：600÷（20×3）＝10（种）。每个工作日需清点C类产品种数：2400÷（20×6）＝20（种）。该库存管理人员每个工作日需要清点的商品品种数共：15＋10＋20＝45（种）。因此，本题选C。

考点六 库存管理

18.C【解析】 订购点=平均日需求量×备运时间+安全库存量=80×1.5+10=130。因此，本题选C。

19.BCD【解析】 定量库存控制法的特点有：①盘点周期不确定。②每次订购的批量通常固定不变。③相邻两次订购的间隔时间变动。④订购提前期基本不变。因此，本题选BCD。

20.C【解析】 该企业原材料年需求量为8000吨，单次订货费用为400元，每吨年保管费为160元，将数据代入经济订货批量的公式，计算如下：

$$经济订货批量=\sqrt{\frac{2\times 货物年需求量\times 单次订货成本}{单位货物单位时间保管费}}$$

$$=\sqrt{\frac{2\times 8000\times 400}{160}}=200（吨）$$

因此，本题选C。

21.ABD【解析】 按生产过程的不同阶段分类，库存分为原材料库存、在制品库存和成品库存。因此，本题选ABD。

考点七 运输管理

22.AC【解析】 自营运输的优点：①提升服务。自营运输可以使企业在运输上有更多的控制力和灵活性，能够及时对客户需求作出反应。②降低成本。一方面，自营运输节省了雇用承运人的费用，可以从一定程度上降低成本；另一方面，自营运输有更大的灵活性，可以自行决定车辆派遣、路线选择和车队运送时间等，从而缩短运输时间，降低存货水平，节省成本。因此，本题选AC。

23.C【解析】 同一品种货物在同一地点运进的同时又向外运出，属于重复运输。因此，本题选C。

24.C【解析】 货物从销售地向产地运输属于倒流运输。因此，本题选C。

考点八 配送管理

25.A【解析】 分拣是配送中心整个作业流程的关键作业环节。因此，本题选A。

26.A【解析】 用户订单是配送中心工作的始发点。因此，本题选A。

27.B【解析】 按规定的批量在一个指定的时间范围内进行的配送属于定量配送。因此，本题选B。

28.D【解析】 对小批量、零星货物或者临时需要的货物，一般由商业销售网点进行配送，这属于分散配送的特点。因此，本题选D。

第七章　技术创新管理

1.CDE	2.B	3.C	4.B	5.D
6.A	7.A	8.D	9.A	10.D
11.C	12.A	13.C	14.A	15.C
16.B	17.A	18.A	19.A	20.B
21.A	22.D	23.BDE	24.B	25.A
26.CD	27.C	28.AE	29.BD	30.C
31.C	32.A	33.C	34.C	35.B
36.D	37.AC	38.B	39.A	40.CDE
41.D	42.ACD	43.C	44.B	45.BCDE
46.CDE	47.B	48.BDE	49.BDE	50.A

✎ 考点一　创新与技术创新

1.CDE【解析】技术创新是经济行为，选项A错误；技术创新具有较强的正外部性，而不是较强的负外部性，选项B错误。因此，本题选CDE。

2.B【解析】根据题中关键信息"非自愿扩散"，可知其对应的是技术创新的外部性。因此，本题选B。

3.C【解析】根据题中关键信息"准公共物品性质"，可知其对应的是技术创新的外部性。因此，本题选C。

✎ 考点二　技术创新的分类

4.B【解析】渐进性创新是指对现有技术的改进和完善引起的渐进性、连续性的创新。它在技术原理上没有重大变化，只是根据市场需要对现有产品或生产工艺进行功能上的扩展和改进，符合题干表述。因此，本题选B。

5.D【解析】由火柴盒到集装箱，属于火柴盒在功能创新和形式创新上的组合创新，这属于产品创新的范畴，选项D正确。原始创新多集中在基础科学和前沿技术领域，选项A错误，考生注意区分。因此，本题选D。

6.A【解析】该企业进行的是生产技术变革，这属于工艺创新。因此，本题选A。

✎ 考点三　技术创新的模式

7.A【解析】过渡阶段的产品创新逐渐减少，而工艺创新继续呈上升趋势，且超越产品创新，通过"纠错"形成了主导设计。在这一阶段，主导设计被消费市场接受和推崇。因此，本题选A。

8.D【解析】技术资源与市场需求联结起来的主导设计开始出现后，产品基本稳定，产品创新程度下降，工艺创新取代产品创新成为被关注的焦点，这属于过渡阶段的特征。因此，本题选D。

9.A【解析】根据关键信息"从基础研究开始"，可知是技术推动创新。因此，本题选A。

10.D【解析】不稳定阶段产品创新和工艺创新都呈上升趋势，选项A错误；过渡阶段产品创新下降，工艺创新继续呈上升趋势，选项B错误；稳定阶段创新的重点是以提高质量和降低成本为目标的渐进性的工艺创新，而不是产品创新，选项C错误；不稳定阶段研发经费支出较高，不易获得较好的经济效益，选项D正确。因此，本题选D。

✎ 考点四　技术创新战略的类型

11.C【解析】致力于在竞争对手之前开发新技术，抢先推出新产品占领市场，这属于进攻型战略的特点。因此，本题选C。

12.A【解析】企业分析竞争者的弱项和自己的相对竞争优势，在市场中不断寻找出击的机会，这属于切入型战略。因此，本题选A。

13.C【解析】根据题中关键信息"紧跟领先者，在市场中不断寻找出击机会，及时从'缝隙'中切入"，可知其属于切入型战略。因此，本题选C。

14.A【解析】自主创新战略有可能经历"市场沉默期"，开发周期长。因此，本题选A。

✎ 考点五　技术创新战略的选择

15.C【解析】跟随战略投资的重点是生产、销售，不是技术开发。因此，本题选C。

16.B【解析】跟随战略的技术开发重点为工艺技术，选项ACD均为领先战略的特征。因此，本题选B。

17.A【解析】领先战略的技术开发重点是产品基本原理和功能，选项A正确。选项B是跟随战略的特征。选项CD是领先战略的特征。因此，本题选A。

考点六 知识产权管理

18.A【解析】注册商标的有效期为10年，自核准注册之日起计算。该企业2020年9月16日获得核准注册，故有效期至2030年9月15日结束。因此，本题选A。

19.A【解析】民法典规定的知识产权有：①作品；②发明、实用新型、外观设计；③商标；④地理标志；⑤商业秘密；⑥集成电路布图设计；⑦植物新品种；⑧法律规定的其他客体。选项A错误，是植物新品种，而非动物新品种。因此，本题选A。

20.B【解析】商标续展有效期为十年，自该商标上一届有效期满次日起计算。甲公司的注册商标于2023年11月10日有效期满，续展后有效期自2023年11月11日起算。因此，本题选B。

21.A【解析】注册商标有效期期满，需要继续使用的，应当在期满前12个月内按照规定办理续展手续。在此期间未办理的，可以给予6个月的宽展期。该公司2021年5月30日期满，可以给予6个月的宽展期，即最迟要在2021年11月30日办理手续。因此，本题选A。

考点七 技术创新决策定性评估方法

22.D【解析】项目甲的排序分值＝（4＋3＋3）÷3≈3.33；项目乙的排序分值＝（1＋4＋2）÷3≈2.33；项目丙的排序分值＝（3＋1＋4）÷3≈2.66；项目丁的排序分值＝（2＋2＋1）÷3≈1.66。项目丁的排序分值最小，该企业应该应用项目丁。因此，本题选D。

23.BDE【解析】评分法各项目的关键因素之间通常具有很强的相关性，权重主观性较大，选项AC错误。因此，本题选BDE。

24.B【解析】满意得1分，不满意得0分，属于检查清单法的典型特征。因此，本题选B。

考点八 项目组合评估方法

25.A【解析】常用的项目组合评估方法有矩阵法和项目地图法。因此，本题选A。

26.CD【解析】白象：不仅开发风险较大，技术成功率低，而且预期效益不好，选项AE错误；面包和黄油：技术风险小、开发成功率较高，选项B错误；珍珠：企业发展的动力，越多越好，选项C正确；牡蛎：企业长期竞争优势的来源，选项D正确。因此，本题选CD。

27.C【解析】有助于开拓市场、带来高额利润的是珍珠型项目，选项A错误；黄油和面包型项目是企业短期现金流的来源，选项B错误；白象型项目开发成功率低、预期收益低，选项D错误。因此，本题选C。

28.AE【解析】牡蛎型项目是企业长期竞争优势的源泉，选项B错误；珍珠型项目是企业快速发展的动力，选项C错误；牡蛎型项目预期收益高，但是成功概率低，选项D错误。因此，本题选AE。

29.BD【解析】用矩阵法分析技术组合时的两个维度分别是技术的重要性和技术的相对竞争地位。因此，本题选BD。

30.C【解析】在项目组合评估矩阵中，位于第一象限的项目是竞争优势所在，主要策略是重点投资。因此，本题选C。

考点九 技术价值的评估方法

31.C【解析】根据题目数据，代入公式可得，技术商品的价格＝（技术开发中的物质消耗＋人力消耗）×技术复杂系数÷（1－研究开发的风险概率）＝（300＋600）×1.3÷（1－60%）＝2925（万元）。因此，本题选C。

32.A【解析】根据题目数据，可知技术寿命修正系数＝13÷10＝1.3，技术性能修正系数＝1＋20%＝1.2，时间修正系数＝1＋10%＝1.1。代入公式可得，技术商品的价格＝类似技术实际交易价格×技术性能修正系数×时间修正系数×技术寿命修正系数＝30×1.2×1.1×1.3＝51.48（万元）。因此，本题选A。

33.C【解析】根据效益模型公式，代入数值可得，20×6×0.909＋20×6×0.826＋20×7×0.751＋

$20 \times 5 \times 0.683 + 20 \times 5 \times 0.621 = 443.74$（万元）。因此，本题选C。

考点十　企业技术创新内部组织模式

34.C【解析】允许自己的员工在一定限度的时间内离开本岗位，从事自己感兴趣的创新活动，属于内企业模式的特点。因此，本题选C。

35.B【解析】临时从各部门抽调若干专业人员而成立，属于技术创新小组的特点。因此，本题选B。

考点十一　企业技术创新外部组织模式

36.D【解析】甲企业与20家生产商签订协议，生产商严格按照该企业提供的统一设计标准进行生产，生产出的产品统一由甲企业贴牌，说明甲企业是盟主企业，其属于星形模式。因此，本题选D。

37.AC【解析】平行模式没有盟主企业，选项B错误；联邦模式由核心层和外围层构成，选项D错误；垂直供应链型企业适宜采用星形模式，选项E错误。因此，本题选AC。

38.B【解析】联邦模式的组织结构一般分为核心层和外围层。因此，本题选B。

考点十二　企业研发管理

39.A【解析】企业出资，大学提供人员，企业与大学共建机构（人工智能实验室），共同研发，这属于合作研发。因此，本题选A。

40.CDE【解析】开发研究一般包括新产品研发和工艺改造，选项A错误。基础研究的成果一般是普通知识、原则或定律，选项B错误。因此，本题选CDE。

41.D【解析】基础研究也称纯理论研究，是指认识自然现象、揭示自然规律，获取新知识、新原理、新方法的研究活动，题中压力条件与固定浮力属于基础研究的范畴。因此，本题选D。

42.ACD【解析】在委托研发中，受委托方投入研发的知识和技术，委托方投入资金，研发失败的风险由委托方承担，选项BE错误。因此，本题选ACD。

考点十三　管理创新概述

43.C【解析】管理创新的特点有基础性、动态性、系统性、全局性和风险性。管理创新需要随着内外部环境的变化而变化，这体现了管理创新的动态性。因此，本题选C。

44.B【解析】企业管理创新面临很多不确定因素属于风险性。因此，本题选B。

45.BCDE【解析】管理创新与技术创新相互依存，相互制约，选项E正确；管理创新是技术创新的前提，技术创新为管理创新开辟新的领域和局面，选项B正确；没有技术创新就没有管理创新，选项C正确；所有的技术创新都是在管理创新下实现，管理创新有助于推动技术创新，选项D正确。因此，本题选BCDE。

46.CDE【解析】管理创新的特点有基础性、风险性、全员性、动态性、系统性。因此，本题选CDE。

考点十四　管理创新的动因

47.B【解析】创新管理的内部动因包括自我价值实现、责任感、经济性动机。创新主体获得成就感，属于自我价值实现这一动因。因此，本题选B。

48.BDE【解析】管理创新的外部动因包括社会文化环境的变迁、经济的发展变化、自然条件的约束、科学技术的发展等。因此，本题选BDE。

49.BDE【解析】管理创新的内部动因包括自我价值实现、责任感、经济性动机。因此，本题选BDE。

考点十五　管理创新的主要领域

50.A【解析】管理制度创新是管理创新的最高层次，是管理创新实现的根本保证。因此，本题选A。

第八章　人力资源规划与薪酬管理

1.B	2.D	3.C	4.A	5.ACE
6.C	7.C	8.C	9.B	10.C
11.ABC	12.A	13.B	14.DE	15.BD
16.ABCE	17.AE	18.BCD	19.ABD	20.C
21.D	22.D	23.C	24.D	25.A
26.ABD	27.B	28.C	29.A	30.B
31.B	32.C	33.D	34.C	35.A
36.CDE	37.ABCE	38.D	39.C	40.B
41.AE	42.DE	43.CDE	44.BCD	45.D
46.D	47.D	48.D	49.ABDE	—

✏️ 考点一　人力资源规划的含义与内容

1.B【解析】降低人工成本、维护企业制度、改善人力资源结构，属于退休解聘计划的目标。因此，本题选B。

2.D【解析】优化人员结构属于人员补充计划的目标。因此，本题选D。

3.C【解析】增加人力资源供给、提高士气、改善绩效属于薪酬激励计划的目标。因此，本题选C。

4.A【解析】提高员工知识技能、改善员工工作作风属于人员培训开发计划的目标。因此，本题选A。

✏️ 考点二　人力资源规划的制定程序

5.ACE【解析】企业外部环境信息包括宏观经济形势和行业经济形势、技术发展趋势、产品市场竞争状况、劳动力市场供求状况、人口和社会发展趋势以及政府政策等。选项BD属于企业内部信息。因此，本题选ACE。

✏️ 考点三　人力资源需求与供给预测

6.C【解析】人力资源需求预测的方法包括管理人员判断法、德尔菲法、转换比率分析法、一元回归分析法。其中由专家依赖自己的知识、经验和分析判断能力进行预测的是德尔菲法。因此，本题选C。

7.C【解析】每1000万元销售额新增20人，现销售额增加3000万元，需要新增60（20×3）人。其中

销售人员占比为6÷（1+6+3）＝6÷10，所以新增销售人员36（60×6÷10）人。因此，本题选C。

8.C【解析】每1000万元销售额新增客服人员10人，现销售额增加2000万元，需要新增客服人员20人（10×2）。其中销售人员与客服人员的比例为6：3，即客服人员是销售人员的2倍，所以新增销售人员40人（20×6÷3）。因此，本题选C。

9.B【解析】管理人员判断法是由企业的各级管理人员，根据各自工作中的经验和对企业未来业务量增减情况的直觉考虑，自下而上地确定未来所需人员的方法，是一种粗略的、简便易行的人力资源需求预测方法，主要适用于短期预测。因此，本题选B。

10.C【解析】德尔菲法充分发挥了各位专家的作用，能集思广益，使预测的准确度较高。因此，本题选C。

✏️ 考点四　绩效的含义与特点

11.ABC【解析】绩效作为一种工作结果和工作行为具有多因性、多维性和变动性的特点。因此，本题选ABC。

✏️ 考点五　绩效考核的含义与功能

12.A【解析】促使员工更加积极、主动地完成绩效目标，属于绩效考核的激励功能。因此，本题选A。

✏️ 考点六　绩效考核的内容和标准

13.B【解析】企业对员工的绩效考核主要包括工作业绩、工作能力和工作态度三个考核项目。因此，本题选B。

14.DE【解析】绩效考核的项目包括工作业绩、工作能力和工作态度。选项AC属于绩效考核的指标。选项B教材未提及。因此，本题选DE。

15.BD【解析】绩效考核标准不应该只按照企业高绩效员工实际水平确定，应根据所有员工的综合水平来确定，选项A错误。绩效考核标准必须具有可变性，选项B正确。应尽量使用量化标准，而不是

必须量化，选项C错误。必须适度，有一定的难度但员工经过努力又可以达到，选项D正确。绩效考核标准是对员工工作任务在数量和质量方面的要求，选项E错误。因此，本题选BD。

✎ 考点七 绩效考核的步骤

16.ABCE【解析】在绩效考核的准备阶段中，绩效考核计划需要明确绩效考核的目的、对象、时间和内容。因此，本题选ABCE。

17.AE【解析】绩效考核的实施阶段的主要任务包括绩效沟通和绩效考核评价。因此，本题选AE。

18.BCD【解析】绩效反馈阶段的主要任务是上级领导就绩效考核的结果与考核对象沟通，具体指出被考核者在绩效方面存在的问题，指导被考核者制订出绩效改进的计划，还要对该计划的执行效果进行跟踪并给予指导。因此，本题选BCD。

19.ABD【解析】在绩效考核的准备阶段中，绩效考核的技术准备工作包括选择考核者、明确考核标准、确定考核方法等。选项CE，属于绩效考核实施阶段的主要任务。因此，本题选ABD。

✎ 考点八 绩效考核的方法

20.C【解析】民主评议法是指在听取被考核者个人述职报告的基础上，由被考核者的上级主管、同事、下级以及与其有工作关系的人员，对其工作绩效做出评价，然后综合分析各方面的意见得出该考核者的绩效考核结果。因此，本题选C。

21.D【解析】根据题中关键信息"直接影响其工作绩效的重要行为"，可判断其属于关键事件法。因此，本题选D。

22.D【解析】根据一一比较法，得到的"＋"越多，对该被考核者的评价越高，绩效越优。赵××获得3个"＋"，数量最多，绩效最优。因此，本题选D。

23.C【解析】根据一一对比法，得到的"－"越多，说明对被考核者的评价越低，绩效越差，赵××获得3个"－"，数量最多。因此，本题选C。

24.D【解析】根据题中关键信息"量表上的每个分数刻度都对应地有一些典型行为的描述性文字说明"，可判断其属于行为锚定评价法。因此，本题选D。

✎ 考点九 薪酬与薪酬管理

25.A【解析】通过"给企业带来大于成本的预期收益"可判断属于增值功能。因此，本题选A。

26.ABD【解析】间接薪酬是指企业给员工提供的各种福利。福利包括国家法定福利和企业自主福利。国家法定福利包括法定的社会保险、住房公积金、公休假日、法定休假日和带薪休假。企业自主福利是如法定福利之外的各种假期（带薪休假），为员工及其家属提供的各种服务项目如儿童看护、老人护理等，以及灵活多样的员工退休计划。因此，本题选ABD。

27.B【解析】基本薪酬是指企业根据员工所承担的工作或者所具备的技能而支付给员工的比较稳定的薪酬。因此，本题选B。

28.C【解析】薪酬结构是指企业内部各个职位之间薪酬的相互关系，它反映了企业支付薪酬的内部一致性。因此，本题选C。

✎ 考点十 企业薪酬制度设计的原则和流程

29.A【解析】员工个人公平是指同一企业中从事相同工作的员工报酬要与其绩效相匹配。因此，本题选A。

30.C【解析】根据题中关键信息"拉开适当的距离，避免平均化"，可判断其体现了激励原则。因此，本题选C。

31.B【解析】根据题中关键信息"同一企业不同职务之间的薪酬水平相互协调"，可判断其属于内部公平。因此，本题选B。

32.C【解析】根据题中关键信息"遵循国家有关法律法规的要求"，可判断其属于合法原则。因此，本题选C。

33.D【解析】根据题中关键信息"考虑自身的经济实力"，可判断其反映了量力而行原则。因此，本

第八章

题选D。

📝 考点十一 基本薪酬设计

34.C【解析】薪酬等级内部的变动幅度指的是薪酬区间。因此，本题选C。

35.A【解析】根据题中关键信息"按员工所处的职位级别确定其基本薪酬"，可判断其采用的是职位等级法。因此，本题选A。

36.CDE【解析】以职位为导向的基本薪酬设计具体包括职位等级法、职位分类法、计点法和因素比较法。因此，本题选CDE。

37.ABCE【解析】确定薪酬浮动率时要考虑的因素：企业的薪酬支付能力、各薪酬等级自身的价值、各薪酬等级之间的价值差异、各薪酬等级的重叠比率等。因此，本题选ABCE。

38.D【解析】典型的宽带型薪酬结构的最大特点是扩大了员工通过技术和能力的提升增加薪酬的可能性。因此，本题选D。

39.C【解析】根据题目关键信息"对每一'付酬因素'指派分数"，可判断其采用的是计点法。因此，本题选C。

📝 考点十二 激励薪酬设计

40.B【解析】根据题中关键信息"完成重大技术改进的获得奖励"，可判断其属于特殊绩效认可计划。因此，本题选B。

41.AE【解析】个人激励薪酬的主要形式包括计件制、工时制、绩效工资，其中绩效工资包括绩效调薪、绩效奖金、月/季度浮动薪酬、特殊绩效认可计划。因此，本题选AE。

42.DE【解析】群体激励薪酬的主要形式包括利润分享计划、收益分享计划、员工持股计划。因此，

本题选DE。

43.CDE【解析】激励薪酬包括个人激励和群体激励。个人激励包括计件制、工时制、绩效工资。群体激励包括利润分享计划、收益分享计划、员工持股计划。选项AB属于福利的内容。因此，本题选CDE。

📝 考点十三 福利

44.BCD【解析】国家法定福利包括法定社会保险、住房公积金、公休假日、法定休假日、带薪休假。因此，本题选BCD。

45.D【解析】福利分为国家法定福利和企业自主福利。国家法定福利包括法定的社会保险、住房公积金、公休假日、法定休假日和带薪休假；法定福利之外的各种假期、带薪休假，为员工及其家属提供的各种服务项目（如儿童看护、老人护理等），以及灵活多样的员工退休计划等，属于企业自主福利。因此，本题选D。

46.D【解析】根据题中关键信息"形式灵活多样，满足员工的不同需要"，可判断其是福利。因此，本题选D。

47.D【解析】企业给员工提供的各种福利叫间接薪酬。因此，本题选D。

48.D【解析】福利具有典型的保健性质，可以减少员工的不满意，有助于吸引和留住员工，增强企业的凝聚力。因此，本题选D。

49.ABDE【解析】与直接薪酬相比，福利具有自身独特的优势：①形式灵活多样可以满足不同员工的需要；②具有典型保健的性质，可以减少员工的不满意，有助于吸引留住员工，增强企业凝聚力；③具有税收方面的优惠，增加员工的实际收入；④由企业集体购买福利，具有规模效应，可以为员工减少一定的支出。因此，本题选ABDE。

第九章　企业投融资决策与并购重组

1.B	2.D	3.A	4.A	5.A
6.A	7.B	8.A	9.A	10.B
11.B	12.B	13.C	14.D	15.D
16.BC	17.AC	18.D	19.CDE	20.A
21.B	22.A	23.AB	24.B	25.ABC
26.AD	27.A	28.C	29.C	30.D
31.B	32.D	33.CDE	34.CD	35.D
36.C	37.C	38.A	39.D	40.D
41.A	42.A	43.D	44.C	45.B
46.A	47.BE	48.B	49.BE	50.C
51.ADE	52.A	53.BE	54.BC	—

考点一　货币时间价值的概念

1.B【解析】 在货币资金可以再投资的假设基础上，货币时间价值通常是按复利计算的。因此，本题选B。

2.D【解析】 货币时间价值是扣除风险报酬和通货膨胀因素后的平均资金利润率或平均报酬率。因此，本题选D。

3.A【解析】 货币时间价值原理正确地揭示了不同时点上的资金之间的换算关系。因此，本题选A。

考点二　货币时间价值的计算

4.A【解析】 递延年金现值＝每年支付金额× $\dfrac{1-(1+利率)^{-n}}{利率}$ ×（1＋利率）$^{-m}$，n为年金发生期数，m为递延期数。根据题目条件，n为8，m为2，代入计算的递延年金现值约为622.5。因此，本题选A。

5.A【解析】 优先股的股息可视为永续年金。因此，本题选A。

6.A【解析】 递延年金是指在最初若干期没有收付款项，后面若干期才有等额收付的年金形式。题中前3年没有收付款项，这属于递延年金形式。因此，本题选A。

7.B【解析】 先付年金又称即付年金，是指从第一期起，在一定时期内每期期初等额收付的系列款

项。题中每年1月1日付款，这属于先付年金。因此，本题选B。

8.A【解析】 先付年金终值＝后付年金终值×（1＋i），所以n期先付年金终值比n期后付年金终值多计算1期利息。因此，本题选A。

9.A【解析】 根据"甲公司每年年初支付租金"，求租金现值，可知是在考查先付年金现值的计算。根据题目条件，每年支付金额为10万元，利率为5%，计息周期为3年，代入先付年金现值公式可得：

$$先付年金现值＝10×\frac{1-(1+5\%)^{-3}}{5\%}×（1+5\%）$$

计算可得，结果为28.59万元。因此，本题选A。

10.B【解析】 先付年金现值＝后付年金现值×（1＋i），所以n期先付年金现值比n期后付年金现值少折现1期。因此，本题选B。

11.B【解析】 根据题目条件，现值为5000万元，年利率为3.9%，计息周期为2年，代入一次性首付款项的终值计算公式可得，终值＝现值×（1＋利率）^{n}＝5000×（1＋3.9%）^{2}＝5397.605≈5398（万元）。因此，本题选B。

12.B【解析】 优先股股利的现值＝每年股息÷年利率＝5.4÷5%＝108（元）。因此，本题选B。

13.C【解析】 根据"每年年末支付，求5年租金的现值"，可知是在考查后付年金现值的计算。每年支付金额为100万元，5年的年金现值系数为3.79，代入相关数值得，100×3.79＝379（万元）。因此，本题选C。

考点三　风险价值观念

14.D【解析】 在期望报酬率不同的情况下，标准离差率越大，风险越大；反之，风险越小。故丁风险最大。因此，本题选D。

15.D【解析】 标准离差率＝标准离差÷期望报酬率×100%，代入相关数据得，10%÷30%×100%≈33.33%。因此，本题选D。

16.BC【解析】 对单项资产风险的衡量指标通常包

括概率分布、期望值、标准离差、标准离差率等。因此，本题选BC。

17.AC【解析】对单项资产风险的衡量指标通常包括概率分布、期望值、标准离差、标准离差率等。因此，本题选AC。

18.D【解析】风险报酬率＝风险报酬系数×标准离差率，代入相关数据得，40%×50%×100%＝20%。因此，本题选D。

📝 考点四 资本成本的构成

19.CDE【解析】长期借款（债券）资本成本率的测算考虑税收因素，股权资本成本率的测算不考虑税收因素，股权资本成本包括普通股的资本成本和优先股的资本成本。因此，本题选CDE。

20.A【解析】企业借款的筹资费用忽略不计时，长期借款资本成本率＝借款利息率×（1－企业所得税税率），代入相关数据得，9.8%×（1－25%）＝7.35%。因此，本题选A。

21.B【解析】根据公式，代入相关数值得，3×7.5%×（1－25%）÷3÷（1－0.1%）≈5.63%。因此，本题选B。

22.A【解析】根据资本资产定价模型，普通股资本成本率＝无风险报酬率＋风险系数×（市场平均报酬率－无风险报酬率）。代入相关数值得，3.5%＋1.1×（12.5%－3.5%）＝13.4%。因此，本题选A。

23.AB【解析】根据计算公式，可知长期借款和长期债券都会受到企业所得税税率的影响，而股票和所得税税率没有关系。因此，本题选AB。

24.B【解析】根据固定增长股利政策，普通股资本成本率＝每年每股分派现金股利÷普通股融资净额＋每年股利固定增长率，代入相关数值得，0.8÷16＋5%＝10%。因此，本题选B。

25.ABC【解析】根据股利折现模型，影响普通股资本成本率的因素包括普通股融资净额或普通股每股融资净额、发行价格、发行费用、股利水平、股利政策。因此，本题选ABC。

26.AD【解析】资本成本包括用资费用和筹资费用。因此，本题选AD。

📝 考点五 杠杆理论

27.A【解析】总杠杆系数＝营业杠杆系数×财务杠杆系数，代入相关数据得，总杠杆系数＝1.5×1.8＝2.7。因此，本题选A。

📝 考点六 资本结构理论

28.C【解析】MM资本结构理论命题2：在没有企业所得税和个人所得税的情况下，风险相同的企业，其价值不受负债及其程度的影响。因此，本题选C。

29.C【解析】动态权衡理论将调整成本纳入模型之中。因此，本题选C。

30.D【解析】资本结构理论中的啄序理论认为，公司倾向于首先采用内部筹资。因此，本题选D。

📝 考点七 资本结构决策

31.B【解析】每股利润无差别点是指两种或两种以上筹资方案下普通股每股利润相等时的息税前盈余点。因此，本题选B。

📝 考点八 固定资产投资决策

32.D【解析】肯定当量系数指不确定的1元现金流量相当于使投资者肯定满意的金额系数，数值在0~1，越远期的现金流量，肯定当量系数越小。因此，本题选D。

33.CDE【解析】初始现金流量主要包括：①固定资产投资额；②流动资产投资额；③其他投资费用；④原有固定资产的变价收入。选项C属于终结现金流量，选项DE属于营业现金流量。因此，本题选CDE。

34.CD【解析】财务可行性评价指标可分为非贴现现金流量指标和贴现现金流量指标。非贴现现金流量指标是指不考虑货币时间价值的指标，一般包括投资回收期(静态)和平均报酬率。贴现现金流量指标是指考虑了货币时间价值的指标，包括净现值、内部报酬率和获利指数等。因此，本题选CD。

第九章

35.D【解析】企业在估算投资项目的初始现金流量和终结现金流量时，初始现金流量有流动资产的投资，终结现金流量有流动资产的回收，均要考虑流动资产的变化。因此，本题选D。

36.C【解析】根据题目条件，净利润为180万元，固定资产年折旧费用＝（100＋800）÷10＝90（万元），根据公式，年净营业现金流量＝净利润＋折旧费，年净营业现金流＝180＋90＝270（万元）。因此，本题选C。

37.C【解析】存在多个互斥的备选方案时，在选择决策中，选择净现值最大的方案。因此，本题选C。

38.A【解析】终结现金流量＝固定资产残值收入＋收回垫支的流动资产投资额＋土地变价收入，代入相关数值得，80＋1080＝1160（万元）。因此，本题选A。

39.D【解析】内部报酬率是指投资项目净现值等于0时的贴现率。因此，本题选D。

40.D【解析】营业现金流出量包括付现成本和所得税，其中付现成本不包括固定资产的折旧。因此，本题选D。

考点九　长期股权投资决策

41.A【解析】甲公司出资获得乙公司的股权，这属于长期股权投资，长期股权投资是一种交换行为，是企业将资产让渡给被投资单位所获得的另一项资产，故该项投资应该计入甲公司的资产。因此，本题选A。

考点十　收购与兼并、分拆与分立

42.A【解析】杠杆并购，即并购企业利用被并购企业资产的经营收入，来支付并购价款或作为此种支付的担保的并购方式。因此，本题选A。

43.D【解析】该电动汽车制造商用自有资金并购，这属于非杠杆并购，选项B错误。电动汽车制造商并购电池生产企业，是处于同类产品不同产销阶段的企业所进行的并购，这属于纵向并购。因此，本题选D。

44.C【解析】公司分立的动机包括：①适应战略调整；②减轻负担；③筹集资金；④清晰主业；⑤化解内部竞争性冲突。因此，本题选C。

45.B【解析】两个以上公司合并设立一个新的公司为新设合并，合并各方解散。故甲、乙两个公司都需要解散。因此，本题选B。

考点十一　资产注入与资产置换

46.A【解析】M公司用股权和N公司的房地产进行相互交易，双方均出资，这属于资产置换。因此，本题选A。

47.BE【解析】资产注入时，被注入公司的支付方式可以是现金，也可以是股权。因此，本题选BE。

48.B【解析】M公司将2亿元固定资产注入N公司，则N公司固定资产和所有者权益均增加。因此，本题选B。

考点十二　债转股和以股抵债

49.BE【解析】以股权抵偿债务，属于以股抵债。其积极效应体现在提升债权公司的资产质量，提高每股收益和净资产收益率。因此，本题选BE。

50.C【解析】将债权转成股权，属于债转股。B公司由债权人换成了持股者，A公司的债务减少了。因此，本题选C。

考点十三　企业价值评估

51.ADE【解析】市盈率是某种股票普通股每股市价（或市值）与每股盈利（或净利润总额）的比率。市净率是每股市价与每股净资产的比率。市销率也称价格营收比，是股票市值与销售收入（营业收入）的比率。因此，本题选ADE。

52.A【解析】企业价值评估中的收益法是指将预期收益资本化或者折现，其关键变量是贴现率。因此，本题选A。

53.BE【解析】企业价值评估中的现金流量折现法，包括自由现金流折现模型和股权自由现金流折现模型。因此，本题选BE。

54.BC【解析】收益法常用的具体方法包括股利折现法和现金流量折现法。因此，本题选BC。

第九章

第十章　电子商务

1.A	2.C	3.D	4.ABCE	5.C
6.ABDE	7.B	8.ABD	9.D	10.A
11.BD	12.A	13.B	14.A	15.ABC
16.A	17.ABCE	18.A	19.BCE	20.C
21.ABCD	22.C	23.B	24.B	25.AC
26.B	27.B	28.C	29.ACE	30.A
31.C	32.ACDE	33.A	34.ACDE	35.A
36.BDE	37.BCDE	38.B	39.D	40.C
41.B	42.C	43.ACD	44.B	45.D
46.A	47.C	48.C	—	—

考点一　电子商务产生的背景及概念

1.A【解析】经济全球化提出了电子商务的现实需求背景。因此，本题选A。

2.C【解析】信息技术革命是电子商务产生的技术基础。因此，本题选C。

考点二　电子商务的功能与特点

3.D【解析】交易双方从洽谈、签约到订货、支付等事项，均通过网络完成，无须当面进行，这体现交易虚拟化的特点。因此，本题选D。

4.ABCE【解析】电子商务的特点包括市场全球化、跨时空限制、交易虚拟化、成本低廉化、交易透明化、操作方便化、服务个性化、运作高效化。因此，本题选ABCE。

5.C【解析】该企业收集用户的意见和偏好，其属于收集信息的类型，故这实现了网络调研的功能。因此，本题选C。

6.ABDE【解析】电子商务的功能包括广告宣传、咨询洽谈、网上订购、电子支付、网上服务、网络调研、交易管理。因此，本题选ABDE。

考点三　电子商务的分类

7.B【解析】完全电子商务的整个商务过程都可以在网络上实现，交易的对象主要包括无形货物和服务，如网络电影、网络游戏等。选项ACD均属于有形货物。因此，本题选B。

8.ABD【解析】视频、音乐和信息咨询属于无形货物和服务。因此，本题选ABD。

考点四　商流、资金流、物流、信息流的概念和特征

9.D【解析】信息流是指电子商务活动各交易主体之间的信息传递与交流的过程，它伴随整个交易过程。因此，本题选D。

10.A【解析】商流、资金流、物流、信息流是一个相互联系、相互伴随、共同支撑电子商务活动的整体。商流是动机和目的，资金流是条件，物流是终结和归宿，信息流是手段。因此，本题选A。

11.BD【解析】电子商务的"四流"指商流、资金流、物流、信息流。选项AC为无关干扰项。物流和资金流具有单向传递的特点。信息流是手段，具有双向传递的特点。因此，本题选BD。

12.A【解析】信息流是手段，具有双向传递的特点。因此，本题选A。

13.B【解析】商流是商品所有权发生转移的过程。因此，本题选B。

14.A【解析】电子商务的"四流"指商流、资金流、物流、信息流。因此，本题选A。

考点五　电子商务对企业经营管理的影响

15.ABC【解析】电子商务对企业经营管理产生深远的影响，包括企业的组织结构、管理模式、生产经营、竞争方式、人力资源管理、管理思想等领域。因此，本题选ABC。

考点六　电子商务的一般框架

16.A【解析】网络层是指网络基础设施，即"信息高速公路"，是实现电子商务最底层的硬件基础设施。因此，本题选A。

17.ABCE【解析】网络层是实现电子商务的最底层的硬件基础设施，包括远程通信网、有线电视网、无线通信网、互联网。因此，本题选ABCE。

18.A【解析】网络层是指网络基础设施，是实现电子商务的最底层的硬件基础设施。因此，本题

选A。

19.BCE【解析】电子商务系统的框架包括一般业务服务层、网络层和信息发布与传输层。因此，本题选BCE。

考点七 电子商务运作系统的组成要素

20.C【解析】企业是电子商务中的重要主体，是推动电子商务发展的根本力量。

21.ABCD【解析】电子商务系统由消费者、企业、网络支付体系、物流配送体系、认证中心及其他要素组成。因此，本题选ABCD。

22.C【解析】认证中心，电子商务运作系统的组成要素之一，是一种在虚拟互联网空间进行的商务模式，这是为了保证相关主体身份的真实性和交易的安全性。因此，本题选C。

考点八 电子商务的交易模式及特点

23.B【解析】C2C是指消费者与消费者之间的电子商务。因此，本题选B。

24.B【解析】网约车平台是在线交易平台，张先生通过平台提供服务，不涉及企业和政府，这属于C2C电子商务。因此，本题选B。

25.A【解析】B2G电子商务是指企业与政府的电子商务。因此，本题选A。

26.B【解析】中国铁路作为企业通过12306平台向消费者提供火车票购买服务是企业对消费者的电子商务，这属于B2C模式。因此，本题选B。

27.B【解析】该家电企业开通网上商店，为终端消费者进行商品配送，这是企业对消费者的电子商务，属于B2C模式。因此，本题选B。

28.B【解析】O2O电子商务指线上与线下协调集成的电子商务，是B2C的一种特殊形式。因此，本题选B。

考点九 企业实施电子商务的运作步骤

29.ACE【解析】系统设计与开发包括功能设计、流程设计、网站设计、数据库设计、系统开发。因

此，本题选ACE。

30.A【解析】电子商务的组织实施具体包括网站推广、试运行、评估反馈、完善、全面实施等。因此，本题选A。

31.C【解析】企业实施电子商务的首要步骤是明确愿景。因此，本题选C。

32.ACDE【解析】电子商务系统中系统设计与开发主要包括功能设计、流程设计、网站设计、数据库设计、网页开发。因此，本题选ACDE。

33.A【解析】网站的排版布局属于网站设计。因此，本题选A。

34.ACDE【解析】系统设计与开发包括功能设计、流程设计、网站设计、数据库设计、系统开发。因此，本题选ACDE。

考点十 电子支付的特点和分类

35.A【解析】移动支付终端中用户量最大的是智能手机。因此，本题选A。

36.BDE【解析】网上银行的主要优势包括：①全面实现无纸化交易；②服务方便、快捷、高效、可靠；③经营成本低廉；④简单易用。因此，本题选BDE。

37.BCDE【解析】与传统支付方式相比，电子支付的优势是方便、快捷、高效、经济。因此，本题选BCDE。

考点十一 第三方支付

38.B【解析】解决先付款还是先发货矛盾的电子支付方式是第三方支付。因此，本题选B。

考点十二 网络营销的概念和特点

39.A【解析】根据题中关键信息"实现供需双向沟通"，可判断其体现了交互性的特点。因此，本题选A。

40.C【解析】根据题中关键信息"减少了广告印刷费用，节省了渠道建设费用"，可判断其体现了经济性的特点。因此，本题选C。

41.B【解析】根据题中关键词"集成",可判断其体现了整合性的特点。因此,本题选B。

✎ 考点十三　网络市场调研的方法

42.C【解析】网络市场间接调研主要利用二手资料信息,包括搜索引擎法、相关网站法、网上数据库。选项ABD都属于网络市场直接调研的方法。因此,本题选C。

43.ACD【解析】网络市场直接调研的方法包括网上观察法、专题讨论法、在线问卷法、网上实验法。因此,本题选ACD。

✎ 考点十四　网络营销方式

44.B【解析】病毒式营销是指利用客户口碑传播的

原理开展营销活动的方式,而网络口碑营销是利用传统的口碑营销与网络技术有机结合起来的一种新型营销方式。因此,本题选B。

45.D【解析】新闻报道属于网络软文营销。因此,本题选D。

46.A【解析】电视广告以视频的形式展现,故其属于网络视频营销。因此,本题选A。

47.C【解析】网络社群营销的特点包括:精准定位、强互动性、内容创新。因此,本题选C。

48.C【解析】新闻报道属于网络软文营销。因此,本题选C。

第十一章　国际商务运营

1.C	2.D	3.C	4.ABCD	5.C
6.C	7.B	8.A	9.D	10.CE
11.C	12.A	13.ACDE	14.A	15.C
16.BC	17.ABD	18.A	19.A	20.A
21.BCDE	22.ABE	23.ABE	24.A	25.A
26.C	27.ACD	28.B	29.D	30.ABCE
31.B	32.A	33.A	34.ACDE	35.ABCD
36.C	37.A	38.BCD	39.D	40.ABDE

✐ 考点一　国际商务的含义

1.C【解析】跨国公司是国际商务活动的核心主体。因此，本题选C。

2.D【解析】国际商务的本质是"跨国界"。国际商务活动分为：国际贸易、国际直接投资、其他国际经济活动。因此，本题选D。

✐ 考点二　跨国公司的概念及组织形式

3.C【解析】子公司是指按当地法律注册成立，由母公司控制但法律上是一个独立的法律实体的企业机构。子公司自身是一个完整的公司，有独立的名称、章程和行政管理机构；能独立支配财产，自负盈亏；可以自己的名义开展业务。因此，本题选C。

4.ABCD【解析】跨国公司应该满足下列条件中至少一个：①在两个或两个以上的国家经营业务；②公司的所有权为两个或两个以上户籍的人所有；③公司的高级经理人员来自两个或两个以上的国家；④公司的组织形式以全球性地区结构和全球性产品结构为基础。因此，本题选ABCD。

5.C【解析】分公司可以以母公司名义并根据它的委托开展业务活动。因此，本题选C。

6.C【解析】题中信息"统一成本核算和利润考核"符合全球职能结构针对生产、研发、销售、财务等设立职能部门，负责对应职能的全球性业务的特征。因此，本题选C。

7.B【解析】题中关键信息"难以开展跨地区的新产品的研究与开发"符合全球性地区结构设立地区分部从事经营，忽略产品多样性的特征。因此，本题选B。

8.A【解析】联络办事处没有法人地位，不能在东道国从事投资生产、接受信贷、谈判签约等业务。因此，本题选A。

9.D【解析】分公司是母公司的分支机构或附属机构，不具有独立法人地位，但可以开展业务。因此，本题选D。

✐ 考点三　跨国公司的国外市场进入方式

10.CE【解析】难以实现区位经济和经验曲线效应的是技术授权和合资企业。因此，本题选CE。

11.C【解析】出口容易遭受关税壁垒的风险，不能避免。因此，本题选C。

12.A【解析】特许经营主要用于服务类型企业，技术授权主要用于制造类型企业。因此，本题选A。

13.ACDE【解析】跨国公司国际市场进入方式有：出口、交钥匙工程、技术授权、特许经营、合资企业、全资子公司。因此，本题选ACDE。

✐ 考点四　国际直接投资的动机

14.A【解析】市场导向型动机投资决策主要以巩固、扩大和开辟市场为目的，具体分为以下四种情况：①为突破外国贸易保护主义的限制而到国外投资设厂。②为了给客户提供更多的服务，巩固和扩大国外市场占有份额，而到当地投资生产或服务维修设施。③为了更好地接近目标市场，满足当地客户的需要而对外直接投资。④国内市场饱和或者遇到强有力的竞争对手可转向对外直接投资。因此，本题选A。

15.C【解析】利用国内闲置的技术和设备，属于降低成本导向型动机。因此，本题选C。

✐ 考点五　国际直接投资理论

16.BC【解析】国际生产折衷理论认为，企业以出口贸易的形式开展国际经济活动应具备所有权优势和内部化优势。因此，本题选BC。

17.ABD【解析】 国际生产折衷理论认为，企业采取对外直接投资的形式开展国际经济活动应具备所有权优势、内部化优势和区位优势。因此，本题选ABD。

18.A【解析】 产品生命周期划分为三个阶段，其中在产品创新阶段，技术创新国家的企业将绝大部分产品供应国内市场，少部分产品通过出口贸易的形式满足国际市场的需求。因此，本题选A。

19.A【解析】 根据国际生产折衷理论，企业采取技术转让的形式开展国际经济活动应具备所有权优势。因此，本题选A。

考点六 国际直接投资生产选址

20.A【解析】 分散生产最具合理性的情形如下：①各国之间政治、经济、文化和相对要素成本的差异对各国生产成本没有很大的影响；②贸易壁垒高（选项A正确）；③区位外部性不是很重要；④预期重要的汇率变动频繁；⑤生产技术的固定成本低，最小效率规模小且不存在柔性制造技术；⑥产品的价值重量比低；⑦产品不能满足共同需要，即各国消费者的品位和偏好存在很大差异。因此，本题选A。

考点七 国际直接投资收益、成本和政策工具

21.BCDE【解析】 东道国的收益包括：资源转移效应、就业效应、国际收支效应、对竞争和经济增长的影响。因此，本题选BCDE。

22.ABE【解析】 鼓励外来直接投资的政策包括税收减免、低息贷款、资助或补贴。因此，本题选ABE。

考点八 交易磋商与合同签订

23.ABE【解析】 有效发盘的条件包括：①向一个或一个以上的特定人提出；②表明订立合同的意思；③发盘的内容必须十分确定。因此，本题选ABE。

24.A【解析】 在发盘未到达乙公司时，发盘作废的通知就到达了乙公司，说明发盘并未生效，故其属于发盘的撤回。因此，本题选A。

考点九 国际贸易术语

25.A【解析】 FCA、CPT、CIP风险转移的界限是货交第一承运人。CIF、CFR、FOB风险转移的界限为货物交到船上时。因此，本题选A。

26.C【解析】 FOB、CIF、CFR适用于海运及内河运输，而适用于任何运输方式的是CIP。因此，本题选C。

27.ACD【解析】 交货地点规定为"指定的装运港口"的有FOB、FAS、CFR、CIF。因此，本题选ACD。

28.B【解析】 在常见的11种国际贸易术语种，只有DDP方式下进口报关责任及费用承担方为卖方。因此，本题选B。

29.D【解析】 在常见的11种国际贸易术语种，只有EXW方式下出口报关责任及费用承担方为买方。因此，本题选D。

30.ABCE【解析】 在常见的11种国际贸易术语种，保险责任及费用承担方为卖方的有CIF、CIP、DAP、DPU、DDP。因此，本题选ABCE。

考点十 国际商品出口的主要业务环节

31.B【解析】 在审证过程中如发现信用证内容与合同规定不符，应及时提醒开证申请人修改（选项B错误）；在同一信用证上如有多处需要修改的，应当一次提出（选项A正确）；卖方审证应着重审核信用证内容与买卖合同是否一致（选项C正确）；对通知行转来的修改通知书内容，如经审核不能接受时及时表示拒绝。如一份修改通知书中包括多项内容，只能全部接受或全部拒绝，不能只接受其中一部分，而拒绝另一部分（选项D正确）。因此，本题选B。

32.A【解析】 班轮运输具有"四固定"的特点，即固定航线、固定港口、固定船期和相对固定的费

率。因此，本题选A。

33.A【解析】平安险的责任范围包括：①由于恶劣气候、雷电、海啸、地震和洪水等自然灾害造成货物的全部损失或推定全损（选项BD错误）。②运输工具遭受搁浅、触礁、沉没、互撞、与流冰或其他物体碰撞以及失火、爆炸等意外事故造成货物的全部或部分损失（选项A正确）。③在运输工具已经发生搁浅、触礁、沉没和焚毁等事故的情况下，货物在此前后又在海上遭受恶劣气候、雷电、海啸等自然灾害所造成的部分损失。④在装卸或转运时由于一件或数件货物落海造成的全部或部分损失。⑤被保险人对遭受承保责任内危险的货物采取抢救、防止或减少货损的措施而支付的合理费用，但以不超过该批被救货物的保险金额为限。⑥运输工具遭受海难后，在避难港由于卸货所引起的损失以及在中途港、避难港由于卸货、存仓以及运送货物所产生的特别费用。⑦共同海损的牺牲、分摊和救助费用等。战争险属于特殊附加险的投保范围（选项C错误）。因此，本题选A。

34.ACDE【解析】办理出口收汇核销的基本程序有：①申领核销单；②报关审核；③银行出具核销专用联；④外汇管理部门核销。因此，本题选ACDE。

35.ABCD【解析】国际标准化组织制定的标准运输标志包括四部分：①收货人或者买方名称的英文缩写字母或简称；②参考号，如运单号、订单号或者发票号；③目的地；④件号。因此，本题选ABCD。

36.C【解析】出境货物最迟应在出口报关或装运前7天报检，对于个别检验检疫周期较长的货物，应留有相应的检验检疫时间。因此，本题选C。

37.A【解析】战争险属于特殊附加险的责任范围，投保一切险不能得到保险赔偿。因此，本题选A。

38.BCD【解析】出口收汇核销单正本左联由银行、海关、外汇管理局填写并盖章。因此，本题选BCD。

考点十一 国际商品进口的主要业务环节

39.D【解析】进口报关时进口商向海关申报的时限为自运输工具申报进境之日起14天内。超过14天不满3个月未申报的，由海关按日征收进口货物CIF价格的0.05%的滞报金。故需缴纳的滞报金 $= 1000 \times 0.05\% \times (18 - 14) = 2$（万元）。因此，本题选D。

40.ABDE【解析】制单结汇属于商品出口的主要业务环节，选项C错误。因此，本题选ABDE。

专项突破篇

答案与解析

专项突破一　方法策略

1.D	2.BCD	3.ABDE	4.D	5.D
6.B	7.A	8.A	9.B	10.ABE
11.CDE	12.ADE	13.C	14.C	15.C
16.D	17.B	18.AC	19.B	20.B
21.A	22.A	23.ABDE	24.C	25.D
26.D	27.A	28.B	29.ACD	30.A
31.ACE	32.CDE	33.CDE	34.C	35.C
36.D	37.ACE	38.B	39.AB	40.BDE
41.BC	42.AE	43.C	44.BC	45.DE
46.AE	47.C	48.AC	49.ACD	50.B
51.BE	52.BC	53.B	54.ACE	55.C
56.B	57.DE	—	—	—

企业内部环境分析法

1.D【解析】内部因素评价矩阵（IFE矩阵）用量化的方法评估企业在每个行业的成功要素和在竞争优势的评价指标上相对于竞争对手的优势和劣势。因此，本题选D。

2.BCD【解析】企业内部环境分析包括核心竞争力分析、价值链分析、波士顿矩阵分析、内部因素评价矩阵（IFE）。因此，本题选BCD。

3.ABDE【解析】战略环境分析包括企业外部环境分析和内部环境分析。选项BE属于外部环境分析法、选项AD属于内部环境分析法。因此，本题选ABDE。

产品定价方法与定价策略

4.D【解析】手表定价相对较低，但电池、表带等产品定价相对较高，顾客购买手表时，可以选择性购买或者不购买电池、表带，这属于备选产品定价策略。因此，本题选D。

5.D【解析】该厂商将手表分为高、中、低三个档次，不同档次定价不一样，这属于产品线定价策略。因此，本题选D。

6.B【解析】沥青产品是石油的副产品。因此，本题选B。（除石油外，生产肉类、化工等产品也会

有副产品）

7.A【解析】滤芯需要放在滤水壶中使用，属于滤水壶的附属产品。一般情况下，企业将主产品价格定得较低，而将附属产品的价格定得较高，来获得持续的利润。因此，本题选A。

8.A【解析】该企业新产品定价较低，目的是迅速占领市场，这属于渗透定价策略。因此，本题选A。

9.B【解析】该企业将新产品的价格定得很高，这属于撇脂定价策略。因此，本题选B。

10.ABE【解析】竞争导向定价法包括竞争价格定价法、随行就市定价法和密封投标定价法。因此，本题选ABE。

11.CDE【解析】产品组合定价策略有产品线定价、备选产品定价、附属产品定价、副产品定价、产品束定价等策略。因此，本题选CDE。

12.ADE【解析】新产品定价的策略包括市场渗透定价策略、撇脂定价策略、温和定价策略。因此，本题选ADE。

生产作业计划的编制方法

13.C【解析】提前期法又称累计编号法，适用于成批轮番生产类型企业的生产作业计划编制。因此，本题选C。

14.C【解析】提前期法适用于成批生产类型企业的生产作业计划编制。因此，本题选C。

15.C【解析】生产周期法适用于单件小批生产类型企业的生产作业计划编制。因此，本题选C。

企业技术创新决策定性评估方法

16.D【解析】动态排序列表法，各项目均值越小，排名越靠前。各项目均值如下：

项目甲的排序分值：（1＋3＋3）÷3＝2.33。

项目乙的排序分值：（2＋4＋2）÷3＝2.67。

项目丙的排序分值：（4＋1＋4）÷3＝3。

项目丁的排序分值：（3＋2＋1）÷3＝2。

项目丁均值最小，该企业应该应用项目丁。因此，

本题选D。

17.B【解析】根据关键信息"满意为1，不满意为0"可知，该企业采用的是检查清单法。因此，本题选B。

18.AC【解析】项目的关键因素之间通常具有很强的相关性。项目关键因素的权重依据主观因素确定。选项AC错误。因此，本题选AC。

人力资源需求与供给预测方法

19.C【解析】人力资源需求预测方法包括管理人员判断法、德尔菲法、转换比率分析法、一元回归分析法。其中，由专家依赖自己的知识、经验和分析判断能力进行预测的是德尔菲法。因此，本题选C。

20.B【解析】适合短期人力资源需求预测的方法是管理人员判断法。因此，本题选B。（管理人员接续计划法是人力资源供给预测的方法，注意二者不要混淆）

21.A【解析】根据题目信息"根据工作中的经验和对企业未来业务量增减情况的直觉考虑，来预测营销人员的需求数量"，可判断其属于管理人员判断法。因此，本题选A。

22.A【解析】人力资源需求预测方法包括管理人员判断法、德尔菲法、转换比率分析法、一元回归分析法。其中，德尔菲法是专家参与预测的方法，并且能够避免专家彼此因身份地位差别等因素对意见表达的影响。因此，本题选A。

23.ABDE【解析】人力资源需求预测的方法有管理人员判断法、德尔菲法、转换比率分析法、一元回归分析法。管理人员接续计划法属于人力资源供给预测的方法。因此，本题选ABDE。

绩效考核的方法

24.C【解析】根据题目信息"记录员工在工作中发生的直接影响其工作绩效的重要行为"，可判断其为关键事件法。因此，本题选C。

25.D【解析】根据题目信息可知，"＋"越多，对该被考核者的评价越高。李某获得3个"＋"，数

量最多，绩效最优。因此，本题选D。

26.D【解析】本题容易误选A或C。考生看到题目信息"评分量表"或者"典型行为"不要着急进行判断，要注意第三处关键信息"描述性文字说明"。综合三处关键信息，可判断其属于把评级量表法与关键事件法结合起来，对被考核者进行行为锚定，这属于行为锚定评价法。因此，本题选D。

27.A【解析】先做个人述职报告，再经由其他人做出评价，最后综合分析得出绩效考核结果，这种方法为民主评议法。因此，本题选A。

网络市场调研的方法

28.B【解析】网络市场间接调研主要是利用二手资料信息。选项ACD都属于网络市场直接调研的方法。因此，本题选B。

29.ACD【解析】网络市场直接调研的方法包括网上观察法、专题讨论法、在线问卷法、网上实验法。因此，本题选ACD。

战略控制的方法

30.A【解析】战略控制的方法有杜邦分析法、平衡计分卡、利润计划轮盘。因此，本题选A。

31.ACE【解析】战略控制的方法有平衡计分卡、杜邦分析法和利润计划轮盘。选项B属于外部宏观环境分析法。选项D属于企业综合分析法。因此，本题选ACE。

企业外部环境分析法

32.CDE【解析】行业环境分析法是外部环境分析的一种方法，包括生命周期分析、竞争结构分析（波特"五力分析"）、战略群体分析等方法。因此，本题选CDE。

33.CDE【解析】外部环境分析法包括PESTEL分析法、行业环境分析法、外部因素评价矩阵。其中，行业环境分析法包括生命周期分析、竞争结构分析（波特"五力模型"）、战略群体分析等方法。因此，本题选CDE。

企业定性决策分析方法

34.B【解析】以匿名方式征求专家的意见属于德尔菲法。因此,本题选B。(注意本题不要误选A,哥顿法虽然也是专家给出意见,但关键点在于先抽象再具体,一定要注意把握题中给出的关键信息)

35.C【解析】专家进行集体讨论,先抽象再具体属于哥顿法。因此,本题选C。

36.D【解析】头脑风暴法,面对面进行交流讨论具体问题,容易屈服于权威者或大多数人的意见。因此,本题选D。

37.ACE【解析】定性决策法包括头脑风暴法、德尔菲法、名义小组技术、哥顿法。因此,本题选ACE。

企业定量决策分析方法

38.B【解析】风险型定量决策方法有期望损益决策法和决策树分析法。盈亏平衡法和线性规划法属于确定型决策方法,后悔值法属于不确定型决策方法。因此,本题选B。

39.AB【解析】确定型决策方法有线性规划法和盈亏平衡法。因此,本题选AB。

40.BDE【解析】盈亏平衡法属于定量决策中的确定型决策方法,决策树分析法属于定量决策中的风险型决策方法。乐观原则属于定量决策中的不确定型决策方法。德尔菲法、哥顿法属于定性决策方法。因此,本题选BDE。

产品组合策略与新产品开发策略

41.BC【解析】该电脑制造企业推出面向高端客户的电脑产品,并进入手机行业,这属于产品线延伸策略和扩大产品线组合策略。因此,本题选BC。

42.AE【解析】按照新产品革新程度不同,新产品开发策略可以分为创新策略和模仿策略。因此,本题选AE。

家族品牌策略

43.C【解析】该空调生产企业针对不同档次的产品,定义不同的品牌名称,这属于分类家族品牌策

略。因此,本题选C。

44.BC【解析】家族品牌策略包括个别品牌策略、统一品牌策略、分类家族品牌策略、企业名称与个别品牌并用策略。因此,本题选BC。

项目组合评估方法

45.DE【解析】矩阵法对企业的每一项重要技术从技术的重要性、技术的相对竞争地位进行分析。因此,本题选DE。

46.AE【解析】项目组合评估方法包括矩阵法、项目地图法。轮廓图法、动态排序列表法、评分法是技术创新决策定性评估方法。因此,本题选AE。

以职位为导向的基本薪酬设计方法

47.C【解析】将员工的职位划分为若干个级别,按员工所处的职位级别确定其基本薪酬的水平和数额,这属于职位等级法。因此,本题选C。

48.C【解析】计点法与职位分类法有相同之处,但不是对各类职位进行比较,而是找出各类职位中所包含的共同付酬因素。然后把各付酬因素划分为若干等级,并对每一因素及其等级予以界定和说明,以便于实际操作。接着对每一付酬因素指派分数及其在该因素各等级间的分配数值。最后,利用一张转换表,将处于不同职级上的职位所得的付酬因素数值转换成具体的薪酬金额。因此,本题选C。

49.ACD【解析】以职位为导向的基本薪酬设计具体包括职位等级法、职位分类法、计点法和因素比较法。因此,本题选ACD。

企业价值评估的方法

50.B【解析】收益法指将预期收益资本化或折现,其关键变量是贴现率。因此,本题选B。

51.BE【解析】现金流量折现法包括自由现金流折现模型和股权自由现金流折现模型。因此,本题选BE。

52.BC【解析】收益法包括股利折现法和现金流量折现法。因此,本题选BC。

库存控制的基本方法

53.B【解析】该企业每隔一个固定间隔周期去订货，订货量由当时库存情况确定，这属于定期控制法。因此，本题选B。

54.ACE【解析】库存控制的方法包括定量控制法、定期控制法和ABC库存分类法。因此，本题选ACE。

资本结构决策的方法

55.D【解析】每股利润无差别点是指两种或两种以上筹资方案下普通股每股利润相等时的息税前盈余

点。因此，本题选D。

56.B【解析】根据每股利润分析法的决策规则，当实际的息税前盈余额大于每股利润无差别点时，选择资本成本固定型的筹资方式更有利。因此，本题选B。

项目风险衡量的方法

57.DE【解析】项目风险的衡量和处理方法包括调整现金流量法和调整折现率法。因此，本题选DE。

方法策略

专项突破二 数字记忆

1.B	2.D	3.C	4.B	5.B
6.CE	7.D	8.B	9.A	10.A
11.C	12.CE	13.C	14.B	15.B
16.D	17.A	18.C	19.BD	20.CD
21.B	22.D	23.B	24.D	25.C
26.D	27.ABC	28.A	29.D	30.A
31.B	32.AE	33.ABC	34.A	35.C
36.A	37.D	38.C	39.A	40.ABE
41.C	42.C	43.A	44.BDE	45.A
46.A	—	—	—	—

📝 发起人股东的要求

1.B【解析】公司法规定，发起人持有的本公司股份自公司成立之日起1年内不得转让。因此，本题选B。

2.D【解析】公司法规定，设立股份有限公司，应当有1人以上200人以下的发起人，其中须有半数以上的发起人在中华人民共和国境内有住所。发起人为13人，半数以上至少为7人。因此，本题选D。

3.C【解析】公司法规定，设立股份有限公司，应当有1人以上200人以下的发起人，其中须有半数以上的发起人在中华人民共和国境内有住所。因此，本题选C。

4.B【解析】公司法规定，发起人持有的本公司股份自公司成立之日起1年内不得转让。该公司于2024年9月30日成立，王某是发起人股东，股份一年后才能转让，即2025年9月29日后才能转让。因此，本题选B。

5.B【解析】公司法规定，公司的发起人、股东在公司成立后，抽逃其出资的，由公司登记机关责令改正，处以所抽逃出资金额5%以上15%以下的罚款。王某抽逃出资2000万元，罚款最低为$2000 \times 5\% = 100$（万元），最高为$2000 \times 15\% = 300$（万元）。因此，本题选B。

6.CE【解析】公司法规定，设立股份有限公司，应当有1人以上200人以下的发起人，其中须有半数以上的发起人在中华人民共和国境内有住所。选项BD错误。发起人持有的本公司股份自公司成立之日起一年内不得转让，选项A错误。因此，本题选CE。

📝 股份有限公司股东会的相关规定

7.D【解析】监事会提议召开临时股东会时，不是由1/5的监事提议召开，选项A错误。单独或者合计持有公司10%以上股份的股东请求时应召开临时股东会，选项B错误。公司未弥补的亏损达实收股本总额1/3时应召开临时股东会，选项C错误。董事人数不足公司法规定人数或者公司章程所规定人数的2/3时，须召开临时股东会，选项D正确。因此，本题选D。

8.B【解析】临时股东会的召开条件为：董事会人数不足法律规定人数的2/3（选项A错误）。公司未弥补的亏损达到实收股本总额的1/3（选项B正确）。单独或者合计持有公司10%以上股份的股东请求时（选项CD错误）。因此，本题选B。

9.A【解析】单独或者合计持有公司3%以上股份的股东可以在股东会召开10日前提出临时提案并书面提交董事会。因此，本题选A。

10.A【解析】年度利润分配方案和弥补亏损方案属于公司的普通决议，只须经出席会议的股东所持表决权过半数通过。因此，本题选A。

11.C【解析】修改公司章程属于重大决议，必须经出席股东会的股东所持表决权的2/3以上通过。因此，本题选C。

12.CE【解析】股东会应当每年召开一次，不是每年两次，选项A错误。股东会的表决实行一股一权，不是一人一票，选项B错误。股东不能亲自参会时，可以委托代理人出席股东会，选项C正确。股东会增加注册资本的决议，属于重大事项，必须经出席会议的股东所持表决权的2/3以上通过，不是过半数，选项D错误。股东会享有对公司重要事项的最终决定权，选项E正确。因此，本题选CE。

✏️ 股份有限公司董事会的相关规定

13.C【解析】公司法规定，股份有限公司的董事会成员为3人以上。因此，本题选C。

14.B【解析】公司法规定股份有限公司董事会定期会议每年度至少召开两次。因此，本题选B。

15.B【解析】召集董事会会议应当于会议召开10日前通知全体董事和监事。因此，本题选B。

16.D【解析】代表1/10以上表决权的股东、1/3以上董事或者监事会，可以提议召开董事会临时会议。董事长应当自接到提议后10日内，召集和主持董事会会议。该公司董事长4月1日接到临时会议提议，最晚应该在4月10日之前召集和主持董事会会议。因此，本题选D。

17.A【解析】董事会的决议实行"一人一票"原则。因此，本题选A。

18.C【解析】公司法规定，董事会会议应该由过半数的董事出席方可举行。该公司有13名董事，过半数至少为7人。因此，本题选C。

19.BD【解析】股份有限公司和有限责任公司董事会的人数均为3人以上，选项A错误；董事会中职工代表由职工代表大会等其他形式选举产生，选项B正确；董事每届任期不得超过3年，任期届满，连选可以连任，选项C错误，选项D正确；董事长和副董事长由董事会以全体董事的过半数选举产生，选项E错误。因此，本题选BD。

20.CD【解析】股份有限公司董事会每年度至少召开两次，临时会议由代表1/10表决权的股东、1/3以上的董事或者监事会提议召开，董事长应在接到提议后10日内，召集和主持董事会会议。监事没有比例限制，监事会可以召开董事会临时会议，选项CD错误。因此，本题选CD。

✏️ 有限责任公司和股份有限公司监事会的相关规定

21.B【解析】公司法规定，有限责任公司监事会每年至少召开一次会议。因此，本题选B。

22.D【解析】公司法规定，有限责任公司设监事会，成员为3人以上。因此，本题选D。

23.B【解析】监事会决议应当经全体监事过半数通过。因此，本题选B。

24.D【解析】公司法规定，股份有限公司设立监事会，其成员为3人以上。因此，本题选D。

25.C【解析】股份有限公司监事会定期会议至少每6个月召开一次，临时监事会会议可由监事提议召开。因此，本题选C。

26.D【解析】监事每届任期3年，任期届满，连选可以连任。因此，本题选D。

27.ABC【解析】因贪污、贿赂、侵占财产、挪用财产或者破坏社会主义市场经济秩序，被判处刑罚，执行期满未逾5年，或者因犯罪被剥夺政治权利，执行期满未逾5年不得担任公司监事，选项A正确，选项B正确；个人所负数额较大的债务到期未清偿不能担任公司监事，较小债务到期未清偿可以担任，选项C正确，选项E错误；限制民事行为能力人不能担任公司监事，选项D错误。因此，本题选ABC。

✏️ 专利和商标的相关规定

28.A【解析】注册商标有效期期满，需要继续使用的，商标注册人应当在期满前12个月内按照规定办理续展手续；在此期间未能办理的，可以给予6个月的宽展期。该公司2024年12月30日期满，可以给予6个月的宽展期，即最迟要在2025年6月30日办理手续。因此，本题选A。

29.B【解析】注册商标有效期期满，需要继续使用的，商标注册人应当在期满前12个月内按照规定办理续展手续；在此期间未能办理的，可以给予6个月的宽展期。每次续展注册的有效期为10年，自该商标上一届有效期满次日起计算。该公司的注册商标于2024年10月17日有效期满，续展后有效期自2024年10月18日起算。因此，本题选B。

30.A【解析】注册商标的有效期为10年，自核准注册之日起计算。该企业2024年8月18日获得核准注册，需要从2024年8月18日开始计算有效期，故有效期至2034年8月17日结束。因此，本题选A。

31.B【解析】专利法规定，发明专利权的期限为20年，实用新型专利权为10年，外观设计专利权的期限为15年，均自申请之日起计算。该实用新型专利有效期为10年，从2023年10月11日计算至2033年10月10日。因此，本题选B。

内外部因素评价矩阵

32.AE【解析】外部因素评价矩阵是企业外部环境分析的方法，故选项B错误。总加权分数的数值范围为1分至4分，故选项C错误。总加权分数高于2.5分，说明企业对外部影响因素能作出较好的反应，故选项D错误。外部因素评价矩阵从机会和威胁两方面找出影响企业的关键因素，所有因素权重总和为1。因此，本题选AE。

33.ABC【解析】总加权分数的数值范围为1分至4分，故选项D错误。内部因素评价矩阵从优势和劣势两方面确定企业的竞争状态，故选项E错误。因此，本题选ABC。

有限责任公司股东会的决议规则

34.A【解析】表决年度利润分配方案属于有限责任公司股东会的普通决议，一般情况下普通决议的形成，须经出席会议的股东所持表决权过半数通过。因此，本题选A。

35.C【解析】增加注册资本事项属于特别决议，须经出席会议的股东所持表决权2/3以上通过。因此，本题选C。

有限责任公司董事会成员的组成和任期

36.A【解析】公司法规定，有限责任公司董事会的成员为3人以上。但是，股东人数较少或者规模较小的有限责任公司。可以设一名董事，不设董事会。因此，本题选A。

37.B【解析】有限责任公司董事的任期由公司章程规定，但每届任期不得超过3年，任期届满，连选可以连任。因此，本题选B。

国家出资公司董事会的相关规定

38.C【解析】国有独资公司董事会成员中，应当有过半数外部董事。因此，本题选C。

39.A【解析】国家出资公司董事会的表决规则是一人一票。因此，本题选A。

40.ABE【解析】国有独资公司董事会设董事长一人，可以设副董事长，其中应当有过半数的外部董事。董事会的表决采用一人一票。因此，本题选ABE。

进出口货物的相关要求

41.C【解析】出境货物最迟应在出口报关或装运前7天报检，对于个别检验检疫周期较长的货物，应留有相应的检验检疫时间。因此，本题选C。

42.C【解析】我国海关法规定，货物进口报关，应自运输工具申报进境14天内向海关办理进口报关，超过3个月未申报的，由海关进行变卖处理，和货物的价值无关。因此，本题选C。

独立董事的任职资格

43.A【解析】根据规定，独立董事必须具有独立性。其中，在上市公司或者其附属企业任职的人员及其直系亲属、主要社会关系，在持有上市公司5%已发行股份的股东单位任职的人员及其直系亲属，持有上市公司1%已发行股份的人员，以及1年内出现上述情形所列举的人，不得担任独立董事。因此，本题选A。

44.BDE【解析】间接持有上市公司已发行股份1%以上的人员不可以担任该上市公司独立董事，选项A错误。在直接持有上市公司已发行股份5%以上的股东单位任职的人员及其直系亲属不得担任该上市公司独立董事，选项B正确。独立董事需具有5年以上法律、经济或者其他履行独立董事职责所必需的工作经验，不是3年，选项C错误。上市公司前10名股东中的自然人股东及其直系亲属不得担任独立董事，选项D正确。在上市公司或者其附属企业任职的人员及其直系亲属、主要社会关系人员不得担任该公司的独立董事，选项E正确。因此，本题选BDE。

活性指数的含义

45.A【解析】从理论上讲，活性指数越大越好，但也必须考虑到实施的可能性。因此，本题选A。

46.A【解析】当$\sigma < 0.5$时，大部分物料处于散放状态，采用料箱、推车等存放物料的方式改善当前的状态。因此，本题选A。

专项突破三　计算题

1.A	2.B	3.A	4.B	5.D
6.D	7.C	8.B	9.A	10.C
11.A	12.C	13.C	14.B	15.A
16.B	17.C	18.C	19.A	20.D
21.B	22.A	23.B	24.C	25.B
26.C	27.A	28.C	29.A	30.D
31.D	32.D	33.A	34.D	35.A
36.D	37.D	38.C	39.A	40.C
41.B	42.B	43.A	44.C	45.A
46.D	—	—	—	—

📝 产品定价方法的应用

1.A【解析】根据公式，单位产品成本＝单位可变成本＋固定成本÷销售量，产品价格＝单位产品成本×（1＋加成率），代入相关数值得，单位产品成本＝20＋400000÷50000＝28（元）。产品价格为28×（1＋20%）＝33.6（元）。因此，本题选A。

2.B【解析】根据公式，目标价格＝（总成本＋目标利润）÷总销量，目标利润＝投资额×投资收益率，代入相关数值得，目标利润＝3000×20%＝600（万元），目标价格＝（1600＋1400＋600）÷3＝1200（元/台）。因此，本题选B。

📝 单一品种生产条件下生产能力的核定

3.A【解析】根据公式，设备组的生产能力＝单位设备有效工作时间×设备数量×产量定额。代入相关数值得，8.5×20×10＝1700（件）。因此，本题选A。

4.B【解析】根据公式，流水线生产能力＝流水线有效工作时间÷流水线节拍。流水线有效工作时间为8小时，即8×60＝480（分钟），流水线节拍为8分钟，代入相关数值得，480÷8＝60（箱）。因此，本题选B。

5.D【解析】根据公式，作业场地生产能力＝单位面积有效工作时间×作业场地的生产面积÷（单位产品占用生产面积×单位产品占用时间）。代入相关数值得，8×400÷（2×1）＝1600（件）。因

此，本题选D。

6.D【解析】根据公式，设备组的生产能力＝单位设备有效工作时间×设备数量÷时间定额，代入相关数值得，单位设备年有效工作时间＝200×7.5×2×（1－10%）＝2700（小时），设备组年生产能力＝2700×10÷5＝5400（件）。因此，本题选D。

📝 经济订购批量和最佳订购次数的计算

7.C【解析】根据经济订购批量公式，并代入相关数值得，经济订购批量＝$\sqrt{\dfrac{2×每次订购成本×年需求量}{单位商品年持有成本}}$

$=\sqrt{\dfrac{2×8000×400}{160}}=200$（吨）。因此，本题选C。

8.B【解析】根据经济订购批量公式，并代入相关数值得，经济订购批量＝$\sqrt{\dfrac{2×每次订购成本×年需求量}{单位商品年持有成本}}=$

$\sqrt{\dfrac{2×2000×300}{5000×0.6\%}}=200$（吨）。因此，本题选B。

9.A【解析】根据公式，并代入相关数值得，

最佳年订购次数＝$\sqrt{\dfrac{年需求量×单位商品的年持有成本}{2×每次订购成本}}$

$\sqrt{\dfrac{1600×100}{2×200}}=20$（次）。

因此，本题选A。

📝 技术价值评估方法的应用

10.C【解析】根据成本模型的计算公式，技术商品的价格＝（技术开发中的物质消耗＋人力消耗）×技术复杂系数÷（1－研究开发的风险概率）。代入相关数值得，（400＋500）×1.3÷（1－60%）＝2925（万元）。因此，本题选C。

11.A【解析】根据市场模拟模型的计算公式，技术商品的价格＝类似技术实际交易价格×技术性能修正系数×时间修正系数×技术寿命修正系数。根据题目条件，技术寿命修正系数＝12÷10＝1.2，技术性能修正系数＝1＋10%＝1.1，时间修正系数＝1＋30%＝1.3。代入相关数值得，30×1.1×1.3×1.2＝51.48（万元）。因

此，本题选A。

12.C【解析】根据效益模型的计算公式：

技术商品的价格 $= \sum\limits_{t=1}^{n} \dfrac{B_t}{(1+i)^t}$ 。代入相关数值得，

$40 \times 6 \times 0.909 + 40 \times 6 \times 0.826 + 40 \times 7 \times 0.751 + 40 \times 5 \times 0.683 + 40 \times 5 \times 0.621 = 887.48$（万元）。因此，本题选C。

人力资源需求量和供给量的计算

13.C【解析】根据管理人员接续计划法的公式，某职位的人员供给量=该职位现有人员数量+流入量-流出量，代入相关数值得，$18+3+2-2-2-1=18$（人）。因此，本题选C。

14.B【解析】每增加1000万元的销售额，需增加9人。现增加3000万元的销售额，需要增加 $9 \times 3 = 27$（人），其中管理人员占比为1/9，所以需要增加管理人员 $27 \times 1 \div 9 = 3$（人）。因此，本题选B。

15.A【解析】根据一元回归模型 $y = a + bx$，代入相关数值得，$20 + 0.03 \times 1000 = 50$（人）。因此，本题选A。

货币时间价值的计算

16.B【解析】根据公式，终值=现值×（1+利率）^{n}，现值为5000，年利率为3.9%，期限为2年，代入相关数值得，终值约为5398万元。因此，本题选B。

17.C【解析】A公司每年年末支付租金，这属于后付年金。根据公式，后付年金现值=每年支付金额×年金现值系数。代入相关数值得，现值=$100 \times 3.79 = 379$（万元）。因此，本题选C。

18.C【解析】甲公司每年年末租金属于后付年金。根据公式，

后付年金现值=每年支付金额×$\dfrac{1-(1+利率)^n}{利率}$。

代入相关数值得，租金现值=

$10 \times \dfrac{1-(1+10\%)^{-5}}{10\%} = 10 \times 3.7908 \approx 37.91$（万元）。因此，本题选C。

19.A【解析】甲公司每年年初支付租金，这属于先付年金。根据公式，先付年金现值=后付年金现值×（1+利率）。代入相关数值得：

$10 \times \dfrac{1-(1+5\%)^{-3}}{5\%} \times (1+5\%) = 28.59$（万元）。因此，本题选A。

20.D【解析】根据公式，优先股现值=每股利息÷股利，代入相关数值得，$6 \div 10\% = 60$（元）。因此，本题选D。

资本成本率的计算

21.B【解析】根据公式，长期借款的资本成本率=

$\dfrac{长期借款年利息额 \times (1-企业所得税税率)}{长期借款筹资额 \times (1-长期借款筹资费用率)}$，

代入相关数值得，$\dfrac{3 \times 7.5\% \times (1-25\%)}{3 \times (1-0.1\%)} \approx 5.63\%$。因此，本题选B。

22.A【解析】当企业借款的筹资费用很少可以忽略不计时，长期借款资本成本率=借款利息率×（1-企业所得税税率）。代入相关数值得，$9.8\% \times (1-25\%) = 7.35\%$。因此，本题选A。

23.B【解析】当企业借款的筹资费用很少可以忽略不计时，长期借款资本成本率=借款利息率×（1-企业所得税税率）。代入相关数值得，$7\% \times (1-25\%) = 5.25\%$。因此，本题选B。

24.A【解析】根据资本资产定价模型，普通股资本成本率=无风险报酬率+风险系数×（市场平均报酬率-无风险报酬率）。代入相关数值得，$3.5\% + 1.1 \times (12.5\% - 3.5\%) = 13.4\%$。因此，本题选A。

25.B【解析】根据固定增长股利政策，普通股资本成本率=每年每股分派现金股利÷普通股融资净额+每年股利固定增长率。代入相关数值得，$0.8 \div 16 \times 100\% + 5\% = 10\%$。因此，本题选B。

现金流量的估算

26.C【解析】根据公式，年净营业现金流＝每年营业收入－付现成本－所得税＝净利润＋折旧额。净利润为180万元，折旧为（100＋800）÷10＝90（万元），代入相关数值得，年净营业现金流＝180＋90＝270（万元）。因此，本题选C。

27.A【解析】根据公式，终结现金流量＝固定资产残值收入＋垫支的流动资产的收回＋土地变价收入。该项目固定资产残值收入为80万元，收回垫支的流动资产投资为1080万元，无土地变价收入，代入相关数据可得，终结现金流量＝80＋1080＝1160（万元）。因此，本题选A。

28.C【解析】根据公式，初始现金流量＝固定资产投资额＋流动资产投资额＋其他投资费用＋原有固定资产变价收入。该企业固定资产投资＝500＋400＝900（万元），流动资产投资额为100万元，其他投资费用为150万元，所以初始现金流量＝900＋100＋150＝1150（万元）。因此，本题选C。

市场占有率的计算

29.A【解析】根据公式，相对市场占有率＝产品销售总额÷最大竞争对手该产品销售总额×100%，代入相关数值得，相对市场占有率＝5000÷8000×100%＝62.5%。因此，本题选A。

30.D【解析】根据公式，绝对市场占有率＝产品销售量（额）÷同类产品销售总量（总额）×100%，代入相关数值得，绝对市场占有率＝5000÷40000×100%＝12.5%。因此，本题选D。

分销渠道绩效评估指标的计算

31.D【解析】根据公式，分销渠道费用率＝分销渠道费用额÷渠道商品销售额×100%，代入相关数据得，350÷500×100%＝70%。因此，本题选D。

32.D【解析】根据公式，渠道销售增长率＝本期销售增长额÷上期销售额×100%，代入相关数值得，（5000－4000）÷4000×100%＝25%。因此，本题选D。

33.A【解析】根据公式，销售回款率＝实际收到销售款÷销售收入×100%，代入相关数值得，6000÷8000×100%＝75%。因此，本题选A。

薪酬区间的计算

34.D【解析】根据公式，区间的最高值＝区间中值×（1＋薪酬浮动率）＝2000×（1＋20%）＝2400（元）。因此，本题选D。

35.A【解析】第一步，先求区间最低值和最高值。根据公式，最低值＝区间中值×（1－薪酬浮动率），最高值＝区间中值×（1＋薪酬浮动率）。代入相关数值得，最低值＝5×（1－10%）＝4.5（万元），最高值＝5×（1＋10%）＝5.5（万元）。

第二步，计算每个薪酬级别之间的差距。第四薪酬等级有4个薪酬级别，所以有3个薪酬级别差距，每个薪酬级别的差距＝（5.5－4.5）÷3＝0.33（万元）。

第三步，计算第二薪酬级别的薪酬值。

第二薪酬级别薪酬值为：4.5＋0.33＝4.83（万元）。因此，本题选A。

风险价值指标的计算

36.D【解析】根据公式，标准离差率＝标准离差÷期望报酬率×100%，代入相关数值得，标准离差率＝10%÷30%×100%≈33.33%。因此，本题选D。

37.D【解析】根据公式，风险报酬率＝风险报酬系数×标准离差率，代入相关数值得，风险报酬系数为40%，风险报酬率＝40%×50%×100%＝20%。因此，本题选D。

定量决策方法的计算

38.C【解析】乐观原则的关键是"大中取大"。

第一，在各方案的损益值中找出最大者，即｛50，70，100，80｝。第二，在所有方案的最大损益值中找出最大者，即max｛50，70，100，80｝＝100。所以，用该原则最优方案是丙方案。因此，本题选C。

39.A【解析】悲观原则的关键是"小中取大"。第一，在各方案的损益值中找出最小者，即｛20，0，－20，－10｝。第二，在所有方案的最大损益值中找出最大者，即max｛20，0，－20，－10｝=20。所以，用该原则最优方案是甲方案。因此，本题选A。

40.C【解析】根据折中原则的计算公式，代入相关数值，步骤如下：

甲方案：$50×0.75+20×（1-0.75）=42.5$。

乙方案：$70×0.75+0×（1-0.75）=52.5$。

丙方案：$100×0.75+（-20）×（1-0.75）=70$。

丁方案：$80×0.75+（-10）×（1-0.75）=57.5$。

丙＞丁＞乙＞甲，应该选择丙方案。因此，本题选C。

41.B【解析】第一，找到每种市场状态下的最大值，市场需求高、市场需求一般、市场需求低三种市场状态的最大值分别是｛100，50，20｝。

第二，计算每个方案在每种市场状态下的后悔值，即用每种市场状态的最大值分别减去每个损益值。

	市场需求高	市场需求一般	市场需求低
甲	100-50=50	50-40=10	20-20=0
乙	100-65=35	50-50=0	20-0=20
丙	100-100=0	50-30=20	20-（-20）=40
丁	100-80=20	50-25=25	20-（-10）=30

第三，选出每个方案的最大后悔值，即四个方案的最大后悔值分别是｛50，35，40，30｝。

第四，按照"大中取小"原则，从｛50，35，40，30｝中选一个最小的30，对应的是丁方案。因此，本题选B。

42.B【解析】根据上述资料，市场共有3种市场状态，每种状态的概率都是相等的，各方案的平均值如下：

甲：$（50+40+20）÷3≈36.67$。

乙：$（70+50+0）÷3=40$。

丙：$（100+30-20）÷3≈36.67$。

丁：$（80+20-10）÷3=30$。

乙方案的平均值最大，应该选择乙方案。因此，本题选B。

43.A【解析】期望损益决策法，步骤如下：

第一，计算各方案的期望决策损益值。

$\sum$该方案在各种状态下的损益值×各市场发生的概率

甲药：$45×0.3+20×0.5+（-15）×0.2=20.5$（万元）。

乙药：$35×0.3+15×0.5+5×0.2=19$（万元）。

丙药：$30×0.3+16×0.5+9×0.2=18.8$（万元）。

第二，比较并选择最大期望决策损益值。比较可知，20.5最大，属于甲药，企业应选择生产甲药。因此，本题选A。

📝 生产间隔期的计算

44.C【解析】根据公式，生产间隔期=批量÷平均日产量，代入相关数值得，$400÷25=16$（天）。因此，本题选C。

📝 杠杆系数的计算

45.A【解析】根据公式，总杠杆系数=营业杠杆系数×财务杠杆系数，代入相关数值得，$1.5×1.8=2.7$。因此，本题选A。

📝 进口报关滞报金的计算

46.D【解析】进口报关在申报环节规定，向海关申报的时限为自运输工具申报进境之日起14天内。超过14天未向海关申报的，由海关按日征收进口货物CIF价格的0.05%的滞报金；超过3个月未向海关申报的，由海关提交变卖。故需缴纳的滞报金=$2000×0.05%×（17-14）=3$（万元）。因此，本题选D。

专项突破四 案例分析

（一）1~4	BCD	B	C	AB
（二）5~8	ACD	B	AD	A
（三）9~12	B	ABD	C	A
（四）13~16	D	B	B	AC
（五）17~20	C	D	C	CD
（六）21~24	C	B	BD	A
（七）25~28	C	B	A	BCD
（八）29~32	B	B	B	ABD
（九）33~36	D	A	A	A
（十）37~40	A	D	CD	D
（十一）41~44	D	C	B	AC
（十二）45~48	C	B	CD	A
（十三）49~52	A	A	ABD	A
（十四）53~56	BC	B	B	ABD
（十五）57~60	A	AB	ACD	AD
（十六）61~64	D	C	AC	A
（十七）65~68	D	B	A	ABC
（十八）69~72	D	AB	AC	A
（十九）73~76	B	BD	D	A

第一章 企业战略与经营决策

案例分析（一）

1.BCD【解析】根据材料信息，该钢铁集团并购多家钢铁生产企业，是同行业的产业联合，这属于横向一体化。购买了矿山，自主生产和供应铁矿石，铁矿石是钢铁的原材料，是价值链相反方向的延伸，这属于后向一体化战略和多元化战略中的垂直多元化战略。另外，企业积极采取"走出去"战略，在欧洲多国建立独资子公司，这属于国际化战略。进军电脑行业，很明显涉及全新的领域，这属于多元化战略中的非相关多元化战略。因此，本题选BCD。

2.B【解析】企业战略制定的首要步骤是明确企业愿景、企业使命和战略目标。因此，本题选B。

3.C【解析】后悔值原则具体步骤如下：

（1）找到每种市场状态的最大值。市场需求高、一般、低的最大值分别为90、50、50。

（2）计算各方案在每种市场状态的后悔值，即用每种市场状态的最大值分别减去每个损益值，差就是后悔值。见下表括号内的数值。

产品方案	市场需求高	市场需求一般	市场需求低
A产品	60（30）	40（10）	10（40）
B产品	75（15）	30（20）	50（0）
C产品	80（10）	35（15）	−20（70）
D产品	90（0）	50（0）	−30（80）

（3）选出各方案的最大后悔值。A产品的最大后悔值为40，B产品、C产品、D产品的最大后悔值依次为20、70、80。

（4）在所有方案的最大后悔值中选出最小值。比较40、20、70、80，最小值为20，对应B产品，所以应该选择生产B产品。

因此，本题选C。

4.AB【解析】企业定性决策方法包括头脑风暴法、德尔菲法、名义小组技术和哥顿法。因此，本题选AB。

案例分析（二）

5.ACD【解析】差异化战略的核心关键在于"差异化"，其实施途径重在理解。选项A更具"个性化"的服装品牌，选项C"创新"服装款式，选项D"独特"的售后服务，都属于差异化范畴，而选项B扩大生产规模，形成规模效应是降低成本，实施成本领先战略的途径。因此，本题选ACD。

6.B【解析】该企业是服装生产企业，而面料是服装产品的原材料，沿着价值链相反延伸，可判断其属于后向一体化战略和垂直多元化战略。因此，本题选B。

7.AD【解析】风险型决策分析的方法有期望损益决策法和决策树分析法。线性规划法和盈亏平衡点法属于确定型决策方法。因此，本题选AD。

8.A【解析】后悔值原则具体步骤如下：

（1）找到每种市场状态的最大值。市场需求高、一般、低的最大值分别为280、150、30。

（2）计算各方案在每种市场状态的后悔值，即用每种市场状态的最大值分别减去每个损益值，差就是后悔值。见下表括号内的数值。

产品方案	市场需求高	市场需求一般	市场需求低
甲产品	270（10）	110（40）	10（20）
乙产品	265（15）	100（50）	30（0）
丙产品	280（0）	140（10）	−10（40）
丁产品	250（30）	150（0）	20（10）

（3）选出各方案的最大后悔值。甲产品的最大后悔值为40，乙产品、丙产品、丁产品的最大后悔值依次为50、40、30。

（4）在所有方案的最大后悔值中选出最小值。比较40、50、40、30，最小值为30，对应丁产品，所以应该选择开发丁产品。

因此，本题选A。

案例分析（三）

9.B【解析】 根据材料信息，该企业与世界500强汽车公司通过"联合生产"形式建立战略联盟，通过"联合生产"可判断为产品联盟。因此，本题选B。

10.ABD【解析】 该企业为汽车生产企业，进军汽车配件行业，是沿着价值链相反方向的延伸，这属于后向一体化战略和多元化战略中的垂直多元化战略。另外，建立手机事业部，是汽车的非相关领域，这属于多元化战略中的非相关多元化战略。同时注意到选项B，回归原材料，找到关键信息"降低生产成本"，所以企业也在实施成本领先战略。因此，本题选ABD。（考生注意：该题选项B容易漏选）

11.C【解析】 折中原则具体步骤如下：

（1）计算每个方案的折中损益值。

折中损益值＝最大损益值×乐观系数＋最小损益值×（1−乐观系数）

乐观系数为0.75，结合产品方案损益表中的数值，代入上述公式可得：

甲方案：430×0.75＋50×（1−0.75）＝335

（万元）。

乙方案：440×0.75＋（−100）×（1−0.75）＝305（万元）。

丙方案：500×0.75＋（−120）×（1−0.75）＝345（万元）。

丁方案：530×0.75＋（−220）×（1−0.75）＝342.5（万元）。

（2）比较并选择各方案的最大折中损益值。比较4个方案的损益值335、305、345、342.5，可判断，最大值为345，属于丙方案，所以企业采用丙方案。

因此，本题选C。

12.A【解析】 后悔值原则具体步骤如下：

（1）找到每种市场状态的最大值。市场需求高、一般、低的最大值分别为530、390、50。

（2）计算各方案在每种市场状态的后悔值，即用每种市场状态的最大值分别减去每个损益值，差就是后悔值。见下表括号内数值。

方案	畅销	一般	滞销
甲	430（100）	300（90）	50（0）
乙	440（90）	350（40）	−100（150）
丙	500（30）	390（0）	−120（170）
丁	530（0）	380（10）	−220（270）

（3）选出各方案的最大后悔值。甲方案的最大后悔值为100，乙方案、丙方案、丁方案的最大后悔值依次为150、170、270。

（4）在所有方案的最大后悔值中选出最小值。比较100、150、170、270，最小值为100，对应甲方案，所以应该选择采用甲方案。

因此，本题选A。

第三章　市场营销与品牌管理

案例分析（四）

13.D【解析】 产品组合的长度是指产品组合中包含的产品项目的总数。该企业的产品组合为2种液晶电视机、3种空调机、5种洗衣机和4种电冰箱，产品组合长度＝2＋3＋5＋4＝14。因此，本题选D。

14.B【解析】目标利润定价法的计算公式为：目标价格＝单位成本＋目标利润÷总销量。其中，目标利润＝投资额×投资收益率。根据资料信息，投资额为5000万元，单位成本为2000元/台，预期销售量为50000台，投资收益率为20%，代入公式可得，目标利润=50000000×20%＝10000000（元），目标价格＝2000＋10000000÷50000＝2000＋200＝2200（元/台）。因此，本题选B。

15.B【解析】根据材料信息，新产品上市后，为了抢占市场份额，决定将电冰箱的价格定得较低，这属于市场渗透定价策略。因此，本题选B。

16.AC【解析】根据材料信息，10天内付款的客户享受2%的价格优惠，打折属于销售促进促销策略；参与公益活动扩大产品知名度属于公共关系促销策略。因此，本题选AC。

案例分析（五）

17.C【解析】该企业原来生产女装的四季服装，现在进军童装的四季服装，向两个顾客群提供不同的产品，这属于选择性专业化。因此，本题选C。（本题辨析有一定难度，选项A的关键在于一个顾客群提供一种产品，选项B的关键在于所有顾客群提供所需的产品，选项D的关键在于向多个顾客群提供一种产品，均不符合资料信息。）

18.D【解析】根据资料信息，该企业对女装按春秋、夏、冬三个类别分别使用不同的品牌，这属于分类家族品牌策略。因此，本题选D。

19.C【解析】目标利润定价法的计算公式为：目标价格＝（总成本＋目标利润）÷总销量。其中，目标利润＝总投资额×预期收益率。根据材料信息，投资额为2000万元，年固定成本为400万元，年变动成本为200万元，预计年销售量为10万件，预期年投资收益率为20%。代入相关数值得，目标利润=2000×20%＝400（万元）。目标价格＝（400＋200＋400）÷10＝100（元）。因此，本题选C。

20.CD【解析】通过电视、网络等媒介实施付费宣传属于广告促销。冠名赞助儿童电视节目属于公共关系促销。因此，本题选CD。

案例分析（六）

21.C【解析】产品组合的宽度是指企业所经营的不同产品线的数量。甲企业生产经营电视、空调、冰箱、洗衣机、智能洗地机五种产品大类。因此，本题选C。

22.D【解析】根据材料信息，为在短期内获得高额利润，该企业决定将智能洗地机的价格定得较高，这属于撇脂定价策略。因此，本题选D。

23.BD【解析】根据材料信息，该企业通过电视、网络等媒介实施付费宣传属于广告促销策略；在大型商场开设陈列柜台，进行现场表演属于销售促进促销策略。因此，本题选BD。

24.B【解析】成本加成定价法的计算公式为：目标价格＝单位成本×（1＋加成率）。其中，单位成本＝（可变成本＋固定成本）÷销售量。根据材料信息，固定成本为26000万元，年变动成本为14000万元，成本加成率为20%，预计年销售量为40万台。代入相关数据得，单位成本＝（26000＋14000）÷40＝1000（元），目标价格＝1000×（1＋20%）＝1200（元）。因此，本题选B。

第五章 生产管理

案例分析（七）

25.D【解析】根据假定产品法，假定产品的台时定额为：

∑产品占总产量的比重×该产品的台时定额

代入相关数值得，40×0.25＋50×0.2＋20×0.4＋80×0.15＝40（小时）。因此，本题选D。

26.B【解析】根据假定产品法，甲产品的生产能力＝假定产品的生产能力×甲产品的产量占比。甲产品占比0.25，假定产品的生产能力为1320台，代入相关数值得，1320×0.25＝330（台）。因此，本题选B。

27.C【解析】在企业产品品种比较复杂，各种产品的结构、工艺、劳动量差别比较大，不容易确定代表产品时，可以采用假定产品法。因此，本题选C。

28.BCD【解析】影响企业生产能力的因素有固定资产的数量、工作时间和生产效率，和铣床体积没有关系。因此，本题选BCD。

案例分析（八）

29.C【解析】提前期法又称累计编号法，适用于成批轮番生产企业的生产作业计划编制。因此，本题选C。

30.B【解析】根据提前期法，本车间出产累计号数 = 最后车间出产累计号 + 本车间的出产提前期 × 最后车间平均日产量。根据材料信息，最后车间的出产累计号为3000号，乙车间的出产提前期为20天，最后车间平均日产量为100台，将数据代入公式可得，乙车间出产累计号数 = 3000 + 20 × 100 = 5000（号）。因此，本题选B。

31.D【解析】根据提前期法，本车间投入累计号数 = 最后车间出产累计号 + 本车间的投入提前期 × 最后车间平均日产量。其中，本车间的投入提前期 = 本车间出产提前期 + 本车间生产周期。根据材料信息，乙车间的出产提前期为20天，生产周期为10天，故乙车间投入提前期 = 20 + 10 = 30（天），最后车间（甲车间）的出产累计号为3000号，最后车间平均日产量为100台，将数据代入可得，乙车间投入累计号数 = 3000 + 100 × 30 = 6000（号）。因此，本题选D。

32.ABD【解析】提前期法又叫累计编号法，优点包括：①各个车间可以平衡地编制生产作业计划；②不需要预计当月任务完成情况；③生产任务可以自动修改；④可以用来检查零部件生产的成套性。因此，本题选ABD。

案例分析（九）

33.D【解析】在制品定额法适合大量大批生产企业的生产作业计划编制。因此，本题选D。

34.A【解析】在制品定额法按照工艺反顺序编制生

产作业计划。生产工艺顺序为甲、乙、丙、丁，编制生产计划的顺序为丁、丙、乙、甲，所以应该最后编制甲车间的生产作业计划。因此，本题选A。

35.C【解析】根据资料信息，丁车间出产量为2000件，计划允许废品及损耗量为50件，期末在制品定额为300件，期初预计在制品结存量为150件。根据在制品定额法，本车间投入量 = 本车间出产量 + 本车间计划允许废品及损耗量 + （本车间期末在制品定额 − 本车间期初在制品预计结存量）。将数据代入公式可得，丁车间投入量 = 2000 + 50 + （300 − 150） = 2200（件）。因此，本题选C。

36.B【解析】根据资料信息，丙车间（乙车间的后续车间）投入量为2000件，乙车间半成品外销量为1000件，期末库存半成品定额为400件，期初预计库存半成品结存量为200件。根据在制品定额法，本车间出产量 = 后续车间投入量 + 本车间半成品外售量 + （本车间期末库存半成品定额 − 本车间期初预计库存半成品结存量）。将数据代入公式可得，乙车间的出产量 = 2000 + 1000 + （400 − 200） = 3200（件）。因此，本题选B。

第七章　技术创新管理

案例分析（十）

37.A【解析】根据成本模型公式，技术价格 = （技术开发的物质消耗 + 技术开发中投入的人力消耗） × 技术复杂系数 ÷ （1 − 研究开发的风险概率）。根据材料信息，物质消耗为300万元，人力消耗为400万元，技术复杂系数为1.6，研究开发的风险概率为60%。代入相关数据得，（300 + 400） × 1.6 ÷ （1 − 60%） = 2800（万元）。因此，本题选A。

38.D【解析】甲企业从各个部门抽调10人组建新的部门负责攻关，具有临时性的特征，故其属于技术创新小组。因此，本题选D。

39.CD【解析】专利法规定，发明专利保护期限是20年，自申请之日起计算。甲企业于2023年3月15日向国家专利部门提交了发明专利申请，故有效期限自2023年3月15日起计算，有效期限为20年。因此，本题选CD。

40.D【解析】甲企业在原有技术的基础上开发新的技术，进行系统性的创造工作，这属于开发研究。因此，本题选D。

案例分析（十一）

41.D【解析】采用市场模拟模型计算，技术商品的价格＝类似技术实际交易价格×技术性能修正系数×时间修正系数×技术寿命修正系数。根据材料信息，该技术的技术性能修正系数为1.15，时间修正系数为1.1，技术寿命修正系数为1.2。类似技术交易转让价格为50万元，代入相关数据得，$50 \times 1.15 \times 1.1 \times 1.2 = 75.9$（万元）。因此，本题选D。

42.C【解析】甲企业与丙企业签订合作协议，将相关技术研发委托给丙企业，丙企业属于外部的企业，这种方式属于委托研发（研发外包）。因此，本题选C。

43.AD【解析】专利法规定，发明专利保护期限是20年，自申请之日起计算。甲企业于2019年9月17日向国家专利部门提交了发明专利申请，故有效期至2039年9月16日结束，选项A正确。专利权有效期满后不再受保护，即期满后终止，选项D正确。因此，本题选AD。

44.AC【解析】注册商标的有效期为10年，自核准注册之日起计算。甲企业于2024年2月20日获得商标核准注册，故有效期限自2024年2月20日起计算。因此，本题选AC。

案例分析（十二）

45.C【解析】根据效益模型公式，技术商品的价格＝$\sum_{t=1}^{n} \dfrac{B_t}{(1+i)^t}$，其中，$B_t$为第$t$年被评估技术所产生的经济效益，$i$为折现率，$n$为被评估技术的寿命。复利现值系数材料中已经给出，可直接应用。

所以新技术的价格＝$100 \times 0.909 + 100 \times 0.826 + 110 \times 0.751 + 90 \times 0.683 + 80 \times 0.621 = 367.26$（万元）。因此，本题选C。

46.C【解析】甲企业从各个部门抽调专人组成新的事业部专门进行研发，可判断其属于新事业发展部。因此，本题选C。

47.CD【解析】根据专利法规定，发明专利保护期限是20年，自申请之日起计算。因此，本题选CD。

48.A【解析】甲企业从公司内部各部门抽调专人进行研发，并未借助外部的力量，这属于自主研发。因此，本题选A。

第八章　人力资源规划与薪酬管理

案例分析（十三）

49.A【解析】区间最高值＝薪酬区间中值×（1＋薪酬浮动率），根据材料信息，薪酬区间中值为5万元/年，薪酬浮动率为10%，代入公式可得，区间最高值＝$5 \times (1 + 10\%) = 5.5$（万元/年）。因此，本题选A。

50.A【解析】区间最低值＝薪酬区间中值×（1－薪酬浮动率）。根据材料信息，薪酬区间中值为5万元/年，薪酬浮动率为10%，代入公式可得，区间最低值＝$5 \times (1 - 10\%) = 4.5$（万元/年），区间最高值49题已计算为5.5万元/年。第四薪酬等级分为四个薪酬级别，每个薪酬级别的差＝$(5.5 - 4.5) \div 3 \approx 0.33$（万元/年），所以第二级别的薪酬值＝$4.5 + 0.33 = 4.83$（万元/年）。因此，本题选A。

51.ABD【解析】一般来说，确定薪酬浮动率时可以考虑以下几个主要因素：本企业的薪酬支付能力、各薪酬等级自身的价值、各薪酬等级之间的价值差异、各薪酬等级的重叠比率等。因此，本题选ABD。

52.D【解析】宽带型薪酬结构的最大特点是扩大了员工通过技术和能力的提升增加薪酬的可能性。因此，本题选D。

案例分析（十四）

53.BC【解析】人力资源需求预测的方法包括管理人员判断法、德尔菲法、转换比率分析法、一元回归分析法。因此，本题选BC。

54.B【解析】根据材料信息，业务员的现有人数是240人，其中占0.1比例的人晋升为业务主管，占0.1比例的人离职，还有占0.8比例的人留在业务员岗位，故该企业2024年业务员的内部供给量=240×0.8=192（人）。因此，本题选B。

55.B【解析】人员接续及升迁计划属于具体计划。因此，本题选B。

56.ABD【解析】影响企业外部人力资源供给的因素包括：①本地区的人口总量与人力资源供给率；②本地区的人力资源的总体构成；③宏观经济形势和失业率预期；④本地区劳动力市场的供求状况；⑤本行业劳动力市场供求状况；⑥职业市场状况。它和行业价值链的长度无关。因此，本题选ABD。

案例分析（十五）

57.A【解析】根据材料信息，销售额每增加500万元，需增加20人。2024年比2023年销售额增加1000万元，因此需要增加40人。管理人员占比=1÷（1+7+2）=1÷10，所以需要新增管理人员=40×（1÷10）=4（人）。因此，本题选A。

58.AB【解析】人力资源供给预测的方法包括人员核查法和马尔可夫模型。因此，本题选AB。

59.ACD【解析】企业人力资源外部供给量的影响因素包括：①本地区的人口总量与人力资源供给率；②本地区的人力资源的总体构成；③宏观经济形势和失业率预期；④本地区劳动力市场的供求状况；⑤本行业劳动力市场供求状况；⑥职业市场状况。因此，本题选ACD。

60.AD【解析】人员补充计划的目标包括明确补充人员的数量、类型、层次，优化人员结构等。选项B属于人员使用计划的目标；选项C属于人员培训开发计划的目标。因此，本题选AD。

第九章 企业投融资决策与并购重组
案例分析（十六）

61.D【解析】根据初始现金流量计算公式：

初始现金流量=固定资产投资额+流动资产投资额+其他投资费用+原有固定资产变价收入

根据材料信息，项目固定资产投资为5500万元，流动资产投资为1000万元，未提及其他投资费用和原有固定资产变价投入，代入相关数据得，该项目的初始现金流量=5500+1000=6500（万元）。因此，本题选D。

62.C【解析】材料信息并未给出净利润，而是给出了所得税，因此，年净营业现金流量=每年营业收入-付现成本-所得税

所得税=（每年营业收入-付现成本-折旧额）×所得税税率

折旧额=（固定资产原值-固定资产残值）÷使用年限

根据材料信息，固定资产初始投资为5500万元，项目终结残值为500万元，预期寿命10年，每年销售收入增加2500万元，每年总固定成本（不含折旧）增加100万元，每年总变动成本增加900万元，公司所得税税率为25%。代入相关数据得：

折旧额：（5500-500）÷10=500（万元）。

所得税：（2500-100-900-500）×25%=250（万元）。

年净营业现金流量=2500-100-900-250=1250（万元）。

因此，本题选C。

63.AC【解析】根据内部报酬率的决策规则，在只有一个备选方案时，如果内部报酬率大于或等于资本成本率或必要报酬率，则采纳该方案。因此，本题选AC。

64.A【解析】调整折现率法的基本思路是对高风险的项目采用较高的折现率计算净现值。项目风险大，应该选择较高的折现率计算净现值。因此，本题选A。

案例分析（十七）

65.B【解析】根据终结现金流量的计算公式：

终结现金流量=固定资产残值收入+垫支的流动资

产的收回＋土地变价收入

根据材料信息，固定资产残值收入为100万元，流动资产收回100万元，无土地变价收入，代入相关数值得，该项目的终结现金流量＝100＋100＝200（万元）。因此，本题选B。

66.C【解析】根据净现值的公式：

净现值＝投资项目未来报酬总现值－初始投资额

投资项目未来报酬总现值＝∑投资项目年净现金流量×对应年复利现值系数

结合表1和表2，代入相关数值得：

$180 × 0.909 + 400 × 0.826 + 400 × 0.751 + 400 × 0.683 + 400 × 0.621 - 1100 = 1316.02 - 1100 = 216.02 ≈ 216$（万元）

因此，本题选C。

67.A【解析】净现值的决策规则：在只有一个备选方案的采纳与否决策中，净现值为正则采纳，即净现值大于零就采纳该方案。因此，本题选A。

68.ABC【解析】财务可行性评价指标包括非贴现现金流量指标和贴现现金流量指标两种类型。其中非贴现现金流量指标包括投资回收期、平均报酬率。贴现现金流量指标包括净现值、内部报酬率、获利指数。因此，本题选ABC。

案例分析（十八）

69.D【解析】材料信息给出净利润，并未给出所得税税率。因此，营业现金流量的计算公式为：

年净营业现金流量＝净利润＋折旧额

折旧额＝（固定资产原值－固定资产残值）÷使用年限

根据材料信息，厂房投资额为200万元，设备投资额为600万元，经济寿命期为10年，该投资形成的固定资产采用直线法计提折旧，无残值，净利润为200万元。代入相关数值得：

折旧额＝（200＋600）÷10＝80（万元）。年净营业现金流量＝200＋80＝280（万元）。因此，本题选D。

70.AB【解析】贴现现金流量指标包括净现值、内部报酬率、获利指数。因此，本题选AB。

71.AC【解析】初始现金流量和终结现金流量均包括流动资产投资。因此，本题选AC。

72.A【解析】根据获利指数的决策规则，在只有1个备选方案的采纳与否决策中，采纳获利指数大于或等于1的方案。在存在多个备选方案互斥的选择决策中，选择获利指数最大的方案。因此，本题选A。

案例分析（十九）

73.B【解析】根据期望报酬率的计算公式：

期望报酬率＝∑可能结果的报酬率×可能结果的概率

将表中数据代入可得，$20\% × 0.3 + 10\% × 0.4 + 0 × 0.3 = 10\%$。因此，本题选B。

74.BD【解析】在期望值相同的情况下，标准离差越小，说明离散程度小，风险也就越小；反之，则离散程度大，风险越大。因此，本题选BD。

75.D【解析】期望报酬率不同时，需要引入标准离差率来进行风险衡量。因此，本题选D。

76.A【解析】风险报酬高低与风险大小有关，风险越大，要求的报酬率越高。因此，本题选A。

易错易混篇

答案与解析

易错易混

1.D	2.A	3.BCE	4.C	5.ABDE
6.BCE	7.C	8.C	9.BD	10.A
11.D	12.C	13.BDE	14.B	15.C
16.A	17.AB	18.BC	19.ACE	20.ABE
21.ACD	22.AE	23.BCE	24.C	25.CD
26.DE	27.ABE	28.D	29.C	30.A
31.B	32.C	33.D	34.B	35.CE
36.C	37.A	38.AD	39.ACE	40.B
41.D	42.C	43.D	44.ACE	45.BC
46.B	47.A	48.ABE	49.C	50.AB
51.B	52.C	53.ABCE	54.AE	55.C
56.C	57.B	58.A	59.D	60.AE
61.A	62.BE	63.ABCE	64.B	65.D
66.A	67.B	68.C	69.C	70.ABCE
71.C	72.BE	73.B	74.B	75.D
76.C	77.B	78.B	79.B	—

✐ 易错易混点 1 企业愿景 VS 企业使命 VS 战略目标的辨析

1.D【解析】企业愿景包括开发愿景、瞄准愿景和落实愿景三个部分，选项A错误。企业愿景由企业内部成员讨论并达成共识，选项B错误。企业愿景回答了"我是谁"的问题，企业使命回答了"企业业务是什么"的问题，选项C错误。因此，本题选D。

2.A【解析】企业使命说明了企业的根本性质，选项B错误。战略制定需要对企业进行全面战略分析，而战略目标是企业战略制定的其中一环，不能对企业进行全面战略分析，选项C错误。企业愿景中的未来前景是企业未来欲实现的宏大愿景目标以及对它的准确描述，选项D错误。因此，本题选A。

3.BCE【解析】企业使命和企业愿景是两个不一样的概念，选项A错误。企业愿景包括核心信仰和未来前景两部分，选项D错误。因此，本题选BCE。

✐ 易错易混点 2 外部环境分析法 VS 内部环境分析法

4.C【解析】行业环境分析包括行业生命周期分析、行业竞争结构分析（五力模型）、战略群体分析。因此，本题选C。

5.ABDE【解析】波士顿矩阵分析法、价值链分析法属于企业内部环境分析法，选项AD正确。波特"五力模型"分析法、战略群体分析法属于企业外部环境分析法，选项BE正确。一元回归模型分析法属于人力资源需求预测的方法，选项C错误。因此，本题选ABDE。

6.BCE【解析】企业内部环境分析的方法包括企业核心竞争力分析法、价值链分析法、波士顿矩阵分析法和内部因素评价矩阵（IFE矩阵）分析法。选项AD属于外部环境分析的方法。因此，本题选BCE。

✐ 易错易混点 3 多元化战略 VS 一体化战略

7.C【解析】乳制品企业建立奶牛场，不是同一专业领域，但属于相关领域，是沿着价值链向上游延伸，选项AD错误，选项C正确。题中并未体现市场或技术为核心，不是同心型多元化，选项B错误。因此，本题选C。

8.C【解析】根据题干表述，电冰箱、电视机和洗衣机都属于同一专业范围内的产品，故其属于家电的多种经营，不涉及价值链的延伸，这属于水平多元化战略。因此，本题选C。

9.BD【解析】汽车制造企业向钢铁行业进军，这属于生产商向供应商整合；自己生产原材料，这属于后向一体化战略，选项A错误，选项B正确。汽车制造业与钢铁行业属于产业链的上下游关系，是相关领域，但不属于同一专业范围，选项CE错误，选项D正确。因此，本题选BD。

✐ 易错易混点 4 契约式战略联盟

10.A【解析】题中关键信息"企业通过外包的形式扩大生产"说明不同企业间进行的是联合生产，这符合产品联盟的特点。因此，本题选A。

11.D【解析】根据题中关键信息"建立全面协调和分工的联盟体系"，可判断该战略联盟的形式是产业协调联盟。因此，本题选D。

12.C【解析】根据题中关键信息"通过特许经营的方式建立战略联盟"，可判断其属于营销联盟。因此，本题选C。

13.BDE【解析】契约式战略联盟包括技术开发与研究联盟、产品联盟、营销联盟、产业协调联盟。合资企业、相互持股属于股权式联盟。因此，本题选BDE。

易错易混点5 国际化经营战略

14.B【解析】取得低成本优势、产品差异化优势和引发技术扩大效应，属于跨国战略的特点。本题容易错选A或C，全球标准化战略能够实现低成本优势，但提供的是完全相同的产品，无法实现差异化；本土化战略能够实现差异化，但成本较高。另外，国际战略是利用母国的优势，提高海外子公司的竞争力，本题并未提及。因此，本题选B。

15.C【解析】地区调适的压力高说明各国消费偏好差异较大，成本降低的压力低说明产品差异化导致的成本压力小，此时多国化战略（本土化战略）是最合适的战略。因此，本题选C。

16.A【解析】根据题中关键信息"企业不严格区分国内市场和国外市场，向国内外市场销售相同品质和口味的饼干"，可判断其对全球提供标准的产品和服务，属于全球化战略。因此，本题选A。

易错易混点6 不同类型定量决策方法

17.AB【解析】确定型决策方法有线性规划法和盈亏平衡点法。因此，本题选AB。

18.BC【解析】风险型决策方法包括期望损益决策法和决策树分析法。因此，本题选BC。

易错易混点7 股东会职权 VS 董事会职权 VS 独立董事职权 VS 监事会职权

19.ACE【解析】决定公司的利润分配方案属于股东会的职权，决定财务负责人的聘任属于经理层的职权，选项BD错误。因此，本题选ACE。

20.ABE【解析】经理的聘任权和内部管理机构的设置权属于董事会的职权，选项CD错误。因此，本题选ABE。

21.ACD【解析】制定公司的基本管理制度是董事会的职权，选项B错误。决定公司利润分配方案是股东会的职权，选项E错误。因此，本题选ACD。

22.AE【解析】执行股东会的决议、决定公司内部管理结构的设置均属于董事会的职权。因此，本题选AE。

23.BCE【解析】独立董事的特别职权包括：①独立聘请中介机构，对上市公司具体事项进行审计、咨询或者核查（选项C）。②向董事会提议召开临时股东大会（选项E）。③提议召开董事会会议（选项B）。④依法公开向股东征集股东权利。⑤对可能损害上市公司或者中小股东权益的事项发表独立意见。因此，本题选BCE。

易错易混点8 心理变量 VS 行为变量

24.C【解析】根据消费者对产品的使用状况，可以把消费者分为从未使用者、曾经使用者、潜在使用者、首次使用者和经常使用者等，属于根据消费者外在行为方式进行细分，属于行为变量。因此，本题选C。

25.CD【解析】行为变量属于外在行为方式，包括购买时机、使用者状况、忠诚程度、使用频率、待购阶段和态度等。购买动机和价值取向属于内在心理活动，故属于心理变量。因此，本题选CD。

26.DE【解析】心理变量强调内在心理活动，包括生活方式、个性、购买动机、价值取向、对商品和服务方式的感受或偏爱、对商品价格的灵敏度等。使用者状况、购买时机和使用频率是行为变量。因此，本题选DE。

易错易混点9 产品组合定价策略

27.ABE【解析】产品组合定价策略有产品线定价、备选产品定价、附属产品定价、副产品定价、产品束定价。因此，本题选ABE。

28.D【解析】该企业将糖果分为高、中、低三个档次，不同档次定价不一样，这属于产品线定价策略。因此，本题选D。

29.C【解析】根据题目信息"票价分别为15元、20元、100元、120元、180元，通票价格为300元"，可知通票价格比单独买票的价格要低，故其属于产品束定价。因此，本题选C。

易错易混点 10 消费品的分类

30.A【解析】在购买美容美发产品时，消费者进行一定程度的比较之后才会购买，故美容美发产品属于选购品。因此，本题选A。

31.B【解析】应急雨伞、方便面随时都能买到，故属于便利品。百科全书一般情况下人们不会主动购买，属于非渴求品。智能手机人们需要进行一定的对比才会购买，属于选购品。因此，本题选B。

32.C【解析】工艺陶器品一般情况下，人们不会主动购买，属于非渴求品。因此，本题选C。

易错易混点 11 渠道成员的激励方法

33.D【解析】扶持激励包括实施优惠促销、提供广告津贴、培训销售人员、融资支持。因此，本题选D。

34.B【解析】交流市场信息，让经销商发泄不满，属于沟通激励。因此，本题选B。

35.CE【解析】业务激励包括佣金总额动态管理、灵活确定佣金比例、安排经销商会议、合作制订经营计划。选项AD属于扶持激励，选项B属于沟通激励。因此，本题选CE。

易错易混点 12 渠道权力的来源

36.C【解析】建议战略必要的权力来源包括专长权、信息权、奖励权。因此，本题选C。

37.A【解析】请求战略的权力来源包括认同权、奖励权、强迫权。因此，本题选A。

38.AD【解析】当影响者向目标对象展示权力时就在使用中介性权力，它包括奖励权、强迫权、法律法定权。而没有目标对象的觉察就不存在的权力则

属于非中介性权力，包括专长权、信息权、认同权和传统法定权。因此，本题选AD。

39.ACE【解析】信息交换战略的必要的权力来源包括专长权、信息权、奖励权。因此，本题选ACE。

易错易混点 13 渠道冲突的分类

40.B【解析】消除紧张气氛和不良动机，并最终产生积极的影响，属于功能性冲突。因此，本题选B。

41.D【解析】窜货等行为给渠道带来了消极影响，属于破坏性冲突。因此，本题选D。

42.C【解析】甲、乙两家公司均是零售商，故其是同一渠道相同层次之间的冲突，这属于水平冲突。因此，本题选C。

43.D【解析】存在利益冲突，但不存在对抗性行为的属于潜伏性冲突。因此，本题选D。

易错易混点 14 渠道畅通性指标 VS 渠道盈利能力指标

44.ACE【解析】渠道盈利能力指标包括渠道销售增长率、渠道销售利润率、渠道费用利润率和渠道资产利润率。因此，本题选ACE。

45.BC【解析】分销渠道运行绩效评估常用的畅通性评价指标包括商品周转速度、货款回收速度、销售回款率。因此，本题选BC。

易错易混点 15 生产能力的类型

46.B【解析】计划生产能力也称现实生产能力。因此，本题选B。

47.A【解析】企业在搞基本建设时，在设计任务书和技术文件中所写明的生产能力是设计生产能力。因此，本题选A。

48.ABE【解析】按技术组织条件的不同，生产能力可分为设计生产能力、查定生产能力、计划生产能力。因此，本题选ABE。

易错易混点 16 产品产值指标

49.C【解析】产品产值指标包括工业总产值、工业商品产值、工业增加值。因此，本题选C。

50.AB【解析】产品产值指标包括工业总产值、工业商品产值、工业增加值。因此，本题选AB。

51.B【解析】由新创造的价值与固定资产折旧价值共同构成的指标是工业增加值。因此，本题选B。

易错易混点17 不同类型企业的期量标准

52.A【解析】节拍是大量大批生产企业的期量标准。因此，本题选A。

53.ABCE【解析】成批轮番生产企业的期量标准包括批量、生产周期、生产提前期、生产间隔期。选项D属于大量大批生产企业的期量标准。因此，本题选ABCE。

54.AE【解析】单件小批生产企业的期量标准包括生产周期、生产提前期。批量和生产间隔期属于成批轮番生产企业的期量标准，选项BC错误。节奏属于大批大量生产企业的期量标准，选项D错误。因此，本题选AE。

易错易混点18 不合理的运输方式

55.C【解析】同一品种货物在同一地点运进的同时又向外运出，这属于重复运输。因此，本题选C。

56.D【解析】正常情况下，货物都是从产地向销售地运输，题中是从销售地向产地运输，运输方向反了，这属于倒流运输。因此，本题选D。

57.A【解析】不合理运输的最严重形式是空驶运输。因此，本题选A。

易错易混点19 技术创新战略的类型

58.A【解析】企业分析竞争者的弱项和自己的相对竞争优势，在市场中不断寻找出击的机会，这属于切入型战略。因此，本题选A。

59.D【解析】根据企业所期望的技术竞争地位的不同，企业技术创新战略可分为技术领先战略与技术跟随战略。因此，本题选D。

60.AE【解析】根据技术来源的不同，可将企业技术创新战略分为自主创新战略、模仿创新战略和合作创新战略。因此，本题选AE。

易错易混点20 项目地图法

61.A【解析】面包和黄油型项目预期收益不高，是短期现金流的来源，选项CD错误。白象型项目消耗技术资源，开发成功率低，预期收益低，应排除或终止，选项B错误。因此，本题选A。

62.BE【解析】白象型项目预期收益低，开发成功率低，选项A错误。牡蛎型项目预期收益高，开发成功率低，是企业长期竞争优势的来源，选项C错误。珍珠型项目预期收益较高、技术成功概率高，是企业快速发展的动力，选项D错误。因此，本题选BE。

63.ABCE【解析】牡蛎型项目预期收益高，但是成功概率低，选项D错误。因此，本题选ABCE。

易错易混点21 人力资源具体规划的内容与目标

64.B【解析】降低人工成本、改善人力资源结构，属于退休解聘计划的目标。因此，本题选B。

65.D【解析】优化人员结构属于人员补充计划的目标。因此，本题选D。

66.A【解析】提高员工知识技能、改善员工工作作风属于员工培训计划的目标。因此，本题选A。

67.B【解析】人员使用计划的目标是优化部门编制和人员结构、改善绩效、合理配置人员、加强岗位轮换等。因此，本题选B。（考生注意：本题容易误选D，劳动关系计划的目标是降低非期望离职率，改善劳动关系，减少投诉和争议等）

易错易混点22 资本结构理论

68.C【解析】将调整成本纳入最优资本结构的是动态权衡理论。因此，本题选C。

69.C【解析】在没有企业和个人所得税的情况下，风险相同的企业，其价值不受负债及其程度的影响。因此，本题选C。

70.ABCE【解析】现代资本结构理论包括代理成本理论、啄序理论、动态权衡理论、市场择时理论。因此，本题选ABCE。

📝 易错易混点 23 债转股 VS 以股抵债

71.C【解析】乙公司由债权人换成了持股者，债转股会减少甲公司的债务。因此，本题选C。

72.BE【解析】以股抵债的积极效应能够提高债权公司的每股收益和净资产收益率。因此，本题选BE。

📝 易错易混点 24 跨国公司的管理组织形式

73.B【解析】全球职能结构围绕生产、研发、销售、财务等职能展开，设职能部门，负责对应的全球性业务，易于实行严格的规章制度，有利于统一成本核算和利润考核。因此，本题选B。

74.B【解析】能够加强产品技术、生产和信息的统一管理，减少国内国际业务差别，可判断其属于全球产品结构。因此，本题选B。

75.D【解析】题中关键信息"业务实行交叉管理和控制"属于矩阵式组织结构的特征。因此，本题选D。

📝 易错易混点 25 跨国公司的国外市场进入方式

76.C【解析】特许经营主要用于服务类型的企业。因此，本题选C。

77.B【解析】技术授权主要用于制造类型的企业。因此，本题选B。

📝 易错易混点 26 货运险的内容

78.C【解析】战争险属于特殊附加险的责任范围，投保一切险不能得到保险赔偿。因此，本题选C。

79.B【解析】水渍险包括平安险责任范围和仅由自然灾害造成的部分损失，选项AD属于平安险的责任范围。因此，本题选B。

模考冲刺篇

答案与解析

模考冲刺一

1.A	2.C	3.D	4.D	5.B
6.C	7.B	8.C	9.A	10.C
11.D	12.B	13.A	14.A	15.D
16.D	17.D	18.C	19.C	20.C
21.B	22.C	23.C	24.C	25.C
26.A	27.C	28.C	29.D	30.D
31.C	32.C	33.D	34.A	35.C
36.B	37.A	38.C	39.C	40.D
41.C	42.B	43.C	44.D	45.A
46.B	47.C	48.B	49.B	50.B
51.C	52.D	53.C	54.D	55.C
56.D	57.C	58.D	59.B	60.D
61.ABCD	62.ACD	63.ABCD	64.ABCE	65.CD
66.ACE	67.BD	68.CE	69.DE	70.ACDE
71.ABCE	72.ACE	73.CD	74.AB	75.BCDE
76.ABC	77.ABCD	78.BCD	79.ACE	80.CE
81.C	82.BC	83.D	84.B	85.A
86.C	87.A	88.B	89.C	90.A
91.C	92.ACD	93.C	94.B	95.CD
96.CD	97.C	98.A	99.B	100.B

一、单项选择题（共60题，每题1分。每题的备选项中，只有一个最符合题意）

1.A【解析】本题考查定性与定量决策分析法。

风险型经营决策方法包括期望损益决策法和决策树分析法。因此，本题选A。

2.C【解析】本题考查股东会的决议规则。

增加或者减少注册资本的决议属于特殊决议，须经代表2/3以上表决权的股东通过。因此，本题选C。

3.D【解析】本题考查一体化战略。

林场建立家具生产厂，林场到家具生产厂，是产业链的相同方向，属于前向一体化战略。因此，本题选D。

4.D【解析】本题考查物流的功能。

根据信息"物品从生产领域向消费领域流动"可判断其属于流通加工功能。因此，本题选D。

5.B【解析】本题考查企业战略的层次。

题目关键信息"实施人力资源管理战略"，说明企业对人力资源职能部门制定并实施战略，这属于企业职能战略。因此，本题选B。

6.C【解析】本题考查品牌资产。

品牌忠诚度是品牌资产的核心。因此，本题选C。

7.B【解析】本题考查核心竞争力分析。

企业先进的管理制度属于能力竞争力。因此，本题选B。

8.C【解析】本题考查分销渠道差距评估。

企业管理者认知的顾客期望和服务提供者制定的服务标准不一导致，根据关键词"标准"，可判断其属于质量标准差距。因此，本题选C。

9.A【解析】本题考查紧缩战略。

根据题中信息"洗衣机事业部整体出售"，可判断其属于放弃战略。因此，本题选A。（注意与清算战略进行区分，清算战略是指整个企业停止运营。）

10.C【解析】本题考查战略控制的原则。

战略控制的原则有：确保目标实现、适应性、适时控制、适度控制。适时控制代表战略控制要掌握适当时机，进行修正，而非不可更改。因此，本题选C。

11.D【解析】本题考查市场细分变量。

品牌忠诚度是消费者在购买决策中的行为反应，属于行为变量。因此，本题选D。

12.B【解析】本题考查产品产值指标。

产品产值指标分为工业总产值、工业商品产值和工业增加值。因此，本题选B。

13.A【解析】本题考查企业技术创新内部组织模式。

企业技术创新内部组织模式有内企业、技术创新小组、新事业发展部、企业技术中心。因此，本题选A。

14.A【解析】本题考查发起人股东的相关要求。

在我国，可以成为法人股东的包括企业法人（含外国企业）和社团法人，以及各类投资基金组织和代表国家进行投资的机构。因此，本题选A。

15.D【解析】本题考查原始所有权和法人产权。

股东可以出席股东会议并进行表决，但不可以直接参与公司经营管理。因此，本题选D。

16.D【解析】本题考查分销渠道模式。

由分装厂建立经营部，向各终端供应产品属于平台式销售模式。因此，本题选D。

17.D【解析】本题考查电子商务的分类。

完全电子商务交易的对象主要包括无形货物和服务，汽车属于有形产品，不适合完全电子商务。因此，本题选D。

18.C【解析】本题考查外部宏观环境分析法。

企业采用PESTEL分析法对企业外部的宏观环境进行战略分析。因此，本题选C。

19.C【解析】本题考查分销渠道激励方法。

与经销商交流市场信息，为经销商提供产品、技术动态信息属于沟通激励。因此，本题选C。

20.C【解析】本题考查目标市场选择策略。

设计和生产不同的服装满足不同类别消费者的需求，属于差异性营销策略。因此，本题选C。

21.B【解析】本题考查渠道冲突的分类。

存在冲突的利益，但不存在对抗性属于潜伏性冲突。因此，本题选B。

22.C【解析】本题考查服务产品的分类。

客运、医疗、美容、餐饮等服务顾客高度参与，属于针对人的身体的服务。因此，本题选C。

23.C【解析】本题考查渠道权力的来源。

建议战略必要的权力来源包括专长权、信息权、奖励权。因此，本题选C。

24.C【解析】本题考查生产作业计划的编制。

提前期法又叫累计编号法，适用于成批轮番生产类型企业的生产作业计划编制。因此，本题选C。

25.C【解析】本题考查有限责任公司股东会。

有限责任公司的股东会会议分为三种类型，包括首次会议、定期会议和临时会议。因此，本题选C。

26.A【解析】本题考查分销渠道差距的类型。

根据关键信息"企业管理者对顾客期望的感知和服务提供者制定的服务标准不一致"中"标准不一致"，可判断其属于质量标准差距。因此，本题选A。

27.C【解析】本题考查A-U过程创新模式。

不稳定阶段的产品创新和工艺创新都呈上升趋势，选项A错误；过渡阶段的产品创新逐渐减少，而工艺创新继续呈上升趋势，选项B错误；稳定阶段创新的重点是渐进性的工艺创新，而不是产品创新，选项D错误。因此，本题选C。

28.C【解析】本题考查市场营销环境分析。

市场机会低，面临的威胁低属于威胁—机会综合分析矩阵中的成熟业务。因此，本题选C。

29.D【解析】本题考查股东会的召开要求。

有限责任公司首次股东会议由出资最多的股东召集和主持。因此，本题选D。

30.D【解析】本题考查生产质量指标。

产品质量指标包括两类：一类是反映产品本身内在质量的指标，主要是产品平均技术性能、产品质量分等；另一类是反映产品生产过程中工作质量的指标，如质量损失率、废品率、成品返修率等。因此，本题选D。

31.C【解析】本题考查服务产品的分类。

会计、银行、法律服务、程序编写、科学研究、证券投资是针对信息处理的服务。因此，本题选C。

32.C【解析】本题考查生产能力核定。

作业场地生产能力＝（单位面积有效工作时间×作业场地的生产面积）÷（单位产品占用生产面积×单位产品占用时间），代入相关数据得，生产能力＝（1000×7）÷（10×3.5）＝200（件）。因此，本题选C。

33.D【解析】本题考查包装。

对松泡产品进行体积压缩。例如，羽绒服、枕芯、毛线等松泡产品采用真空包装技法压缩体积，减少所占用的容积，降低运输储存费用。因此，本题选D。

34.A【解析】本题考查最佳年订购次数的计算。

$$最佳年订购次数 = \sqrt{\dfrac{年需求量 \times 单位商品的年持有成本}{2 \times 每次订购成本}}$$

根据公式，年需求量为1600台，单位商品持有成本为50元，每次订购成本为100元，代入公式计算可得，最佳年订购次数为20次。因此，本题选A。

35.C【解析】本题考查知识产权管理。

注册商标有效期期满需要继续使用的，商标注册人应当在期满前12个月内按照规定办理续展手续；在此期间未能办理的可以给予6个月的宽展期。2024年3月30日期满，最晚应于2024年9月30日续展。因此，本题选C。

36.B【解析】本题考查电子商务的分类。

中国铁路是企业，乘客是消费者，企业与消费者之间的电子商务是B2C电子商务。因此，本题选B。

37.A【解析】本题考查技术商品价值的计算。

根据市场模拟模型的公式：技术商品价格 = 类似技术实际交易价格 × 技术经济性能修正系数 × 时间修正系数 × 寿命修正系数。

题中寿命修正系数 = 12 ÷ 10 = 1.2，

技术经济性能修正系数 = 1 + 30% = 1.3，

时间修正系数 = 1 + 10% = 1.1，

故该技术的评估价格 = 50 × 1.3 × 1.1 × 1.2 = 85.8（万元）。

因此，本题选A。

38.C【解析】本题考查绩效考核的方法。

听取个人报告后，由上级主管、同事、下级等对其工作绩效做出评价，属于民主评议法。因此，本题选C。

39.C【解析】本题考查企业联盟的组织运行模式与特点。

根据关键信息"核心层""外围层"，属于联邦模式。因此，本题选C。

40.D【解析】本题考查动态排序列表法。

动态排序列表法的关键是计算各个项目的平均排序，排序越小，代表排名越靠前。

甲项目：（4 + 2 + 3）÷ 3 = 3。

乙项目：（1 + 4 + 2）÷ 3 = 2.33。

丙项目：（3 + 1 + 4）÷ 3 = 2.67。

丁项目：（2 + 3 + 1）÷ 3 = 2。

3 > 2.67 > 2.33 > 2，故丁项目排名最靠前，应选择丁项目。因此，本题选D。

41.C【解析】本题考查生产能力的类型。

设计生产能力是指企业在进行基本建设时，在设计任务书和技术文件中所写明的生产能力。因此，本题选C。

42.B【解析】本题考查仓储设备的计算。

货架的个数 = 60000 ÷（6 × 2 × 3 × 60% × 200）≈ 14（个）。因此，本题选B。本题注意计算结果要使用进1法（向上取整）。

43.C【解析】本题考查薪酬设计的基本原则。

根据关键信息"适当拉开距离，可以提高员工的工作积极性"可判断其属于激励原则。因此，本题选C。

44.D【解析】本题考查薪酬的概念与构成。

企业给员工提供的各种福利属于间接薪酬。因此，本题选D。

45.A【解析】本题考查人力资源需求预测的方法。

人力资源需求预测的方法包括管理人员判断法、德尔菲法、转换比率分析法、一元回归分析法，根据关键信息"专家"可判断其属于德尔菲法。因此，本题选A。

46.B【解析】本题考查薪酬区间的计算。

区间最高值 = 区间中值 ×（1 + 薪酬浮动率）

区间最低值 = 区间中值 ×（1 − 薪酬浮动率）

代入计算可得，区间最高值 = 20 ×（1 + 30%）= 26（万元），区间最低值 = 20 ×（1 − 30%）= 14（万元）。

五个薪酬级别共4个差距，每个级别之间的差距 =（26 − 14）÷ 4 = 3（万元）。故第二薪酬级别 = 14 + 3 = 17（万元）。因此，本题选B。

47.C【解析】本题考查一次性首付款项复利终值。

根据公式：终值 = 现值 ×（1 + 利率）^{n}。根据题目信息，现值为3000万元，年利率为4%，期限为

2年，代入计算可得，该公司到期可回收资金为3244.8万元。因此，本题选C。

48.B【解析】本题考查资产注入。

乙公司收到甲公司投入的固定资产，固定资产和所有者权益均增加。因此，本题选B。

49.B【解析】本题考查跨国公司国际化经营战略。

地区调试压力较大说明各国消费者的兴趣和偏好差异较大，若降低成本的压力不太高，适合采用本土化战略（多国化战略）。因此，本题选B。

50.B【解析】本题考查终结现金流的计算。

根据公式，终结现金流＝固定资产残值收入＋垫支的流动资产的收回＋土地变价收入。根据题目信息，固定资产残值收入为100万元，收回垫支的流动资产投资960万元，未提及土地变价收入。代入计算可得，终结现金流＝100＋960＝1060（万元）。因此，本题选B。

51.D【解析】本题考查运输的类型。

轻型、贵重或急需的货物最佳选择应该是航空运输。因此，本题选D。（本题通过常识也可选出）

52.D【解析】本题考查资本结构决策方法。

每股利润无差别点是多个筹资方案下普通股每股利润相等时的息税前盈余点。因此，本题选D。

53.C【解析】本题考查商业模式画布。

成本结构模块主要表述三个问题：企业商业模式中最重要的固定成本是什么？哪些核心资源花费最多？哪些关键业务花费最多？因此，本题选C。

54.B【解析】本题考查优先股现值的计算。

根据公式，优先股现值＝每股利息÷年利率。根据关键信息，股息为6.4元，年利率为5%，代入计算可得，优先股现值＝6.4÷5%＝128（元）。因此，本题选B。

55.D【解析】本题考查电子商务运作步骤。

电子商务网站推广属于电子商务组织实施。因此，本题选D。

56.D【解析】本题考查电子商务的功能。

根据关键信息"收集用户对服务的意见和偏好"，可判断其属于网络调研功能。因此，本题选D。

57.C【解析】本题考查网络营销的特点。

通过关键信息"集成"，可判断其属于网络营销的集成性。因此，本题选C。

58.D【解析】本题考查跨国公司的法律组织形式。

联络办事处只能开展一些信息收集、联络客户、推销产品之类的活动，不能在东道国从事投资生产、接受信贷、谈判签约等业务。因此，本题选D。

59.B【解析】本题考查跨国公司国外市场的进入方式。

出口容易遭受关税壁垒的风险，不能避免。因此，本题选B。

60.D【解析】本题考查国际直接投资动机。

利用闲置的技术和设备，属于降低成本导向型动机。因此，本题选D。

二、多项选择题（共20题，每题2分。每题的备选项中，有2个或2个以上符合题意，至少有1个错项。错选，本题不得分；少选，所选的每个选项得0.5分）

61.ABCD【解析】本题考查在制品的分类。

在制品是指存在于生产过程中的各个环节的零部件和产品，根据所处的不同工艺阶段，可以分为毛坯、半成品、车间在制品和入库前成品（尚未办理入库手续）。因此，本题选ABCD。

62.ACD【解析】本题考查企业战略控制的方法。

战略控制的方法：杜邦分析法、利润计划轮盘、平衡计分卡。因此，本题选ACD。

63.ABCD【解析】本题考查普通股资本成本率影响因素。

在股利模型下，影响普通股资本成本率的因素包括普通股融资净额或普通股每股融资净额、发行价格、发行费用、股利水平、股利政策等。因此，本题选ABCD。

64.ABCE【解析】本题考查第三方物流的价值体现。

第三方物流模式的价值体现在降低成本，提高顾客服务水平和质量，规避投资、存货等风险，提高竞争力，提升社会价值。因此，本题选ABCE。

65.CD【解析】本题考查董事会的职权。

对公司增加或减少注册资本做出决议、决定公司的利润分配方案、审议批准监事会的报告，属于股东会的职权。选项ABE错误。因此，本题选CD。

66.ACE【解析】本题考查产品组合定价的方法。

产品组合定价策略包括产品线定价、备选产品定价、附属产品定价、副产品定价、产品束定价等策略。因此，本题选ACE。

67.BD【解析】本题考查渠道成员激励方法。

业务激励方法包括佣金总额动态管理、灵活确定佣金比例、安排经销商会议、合作制订经营计划。选项A属于扶持激励，选项CE属于沟通激励。因此，本题选BD。

68.CE【解析】本题考查激励薪酬的类型。

激励薪酬分为个人激励薪酬和群体激励薪酬。群体激励薪酬包括利润分享计划、收益分享计划、员工持股计划。因此，本题选CE。

69.DE【解析】本题考查分销渠道畅通性指标。

常用的畅通性评价指标包括商品周转速度、货款回收速度和销售回款率。因此，本题选DE。

70.ACDE【解析】本题考查生产控制的基本程序。

生产控制的基本程序包括制定控制标准、测量比较、控制决策、实施执行。因此，本题选ACDE。

71.ABCE【解析】本题考查波特"五力模型"。

购买者拥有的供应者越多，说明购买者的选择越多，购买者谈判能力越强，选项D错误。因此，本题选ABCE。

72.ACE【解析】本题考查装卸搬运的特点。

装卸搬运作业量大，作业不均衡，对象复杂，对安全性要求高，具有伴生性和起讫性。因此，本题选ACE。

73.CD【解析】本题考查发起人股东的相关规定。

发起人股东须有半数以上的发起人在中国境内有住所，且股份在公司成立之日起一年内不得转让。选项AB错误。发起人抽逃出资的，处以抽逃出资金额5%以上15%以下的罚款，选项E错误。因此，本题选CD。

74.AB【解析】本题考查企业联盟的组织运行模式与特点。

星形模式的核心是盟主企业，适用于垂直供应链型企业。平行模式联盟伙伴地位平等独立，协调机制为自发性协调。联邦模式分为核心层和外围层。因此，本题选AB。

75.BCDE【解析】本题考查服务产品的特征。

服务产品的基本特征有无形性、差异性、不可分离性、不可储存性、所有权的不可转让性。因此，本题选BCDE。

76.ABC【解析】本题考查创新管理的内部动因。

内部动因有3个：自我价值实现、责任感、经济性动机。选项DE属于外部动因。因此，本题选ABC。

77.ABCD【解析】本题考查跨国公司国外市场的进入方式。

跨国公司国外市场的进入方式包括：出口、交钥匙工程、技术授权、特许经营、合资企业和全资子公司。因此，本题选ABCD。

78.BCD【解析】本题考查绩效考核步骤。

选项A为绩效考核结果的运用阶段，选项E为绩效考核实施阶段。因此，本题选BCD。

79.ACE【解析】本题考查电子商务运作的步骤。

系统设计与开发包括功能设计、流程设计、网站设计、数据库设计、网页开发。因此，本题选ACE。

80.CE【解析】本题考查跨国公司的国外市场进入方式。

国外市场的进入方式有出口、交钥匙工程、技术授权、特许经营、合资企业、全资子公司。其中难以实现区位经济和经验曲线效应的是技术授权和合资企业。因此，本题选CE。

三、案例分析题（共20题，每题2分，由单选和多选组成。错选，本题不得分；少选，所选的每个选项得0.5分）

（一）

81.C【解析】本题考查核心竞争力分析。

核心竞争力包括资源竞争力、关系竞争力和能力竞争力。企业的战略、管理均属于能力竞争力的范畴。因此，本题选C。

82.BC【解析】本题考查企业内部环境分析法的内容。

EFE矩阵、波特"五力模型"属于外部环境分析方法，波士顿矩阵和价值链分析属于内部环境分析方法。因此，本题选BC。

83.D【解析】本题考查期望损益决策的计算。

期望损益值的计算公式为：$\sum$该方案在各种状态下的损益值×各市场发生的概率。代入相关数据得：甲药的期望损益值=$45×0.3+20×0.5+(-15)×0.2=20.5$（万元）。因此，本题选D。

84.B【解析】本题考查期望损益决策法的步骤。

运用期望损益决策法，第一步是确定决策目标。因此，本题选B。（注意期望损益决策一般不会这样考查，但本题根据常识进行判断也可知第一步应该是确定决策目标，确定了决策目标才可进行下一步。）

（二）

85.A【解析】本题考查产品组合的概念。

产品组合的长度是指产品组合中包含的产品项目的总数。该企业有8种糖果系列，6种曲奇系列，4种面包系列，5种威化系列。产品组合的长度=$8+6+4+5=23$。因此，本题选A。

86.C【解析】本题考查组合产品定价策略。

该企业将糖果系列分为高、中、低三个档次，这属于产品线定价策略。因此，本题选C。

87.A【解析】本题考查目标利润定价法的计算。

目标利润定价法的计算公式为：目标价格=（总成本＋目标利润）÷总销量。其中，目标利润＝投资额×投资收益率。根据资料信息，投资额为100万元，年固定成本为50万元，年变动成本为20万元，目标年收益率为20%，年销售量为6万个。代入相关数据得，目标利润=$100×20\%=20$（万元），目标价格=$(50+20+20)÷6=15$（元）。因此，本

题选A。

88.B【解析】本题考查新产品定价策略的类型。

该企业为了获得较高的利润，决定将冰淇淋的价格定得高于同类产品，采用的是撇脂定价策略。因此，本题选B。

（三）

89.C【解析】本题考查生产作业计划的编制方法。

提前期法又称累计编号法，适用于成批轮番生产类型企业的生产作业计划编制。因此，本题选C。

90.A【解析】本题考查出产累计号数的计算。

本车间出产累计号数＝最后车间出产累计号＋本车间的出产提前期×最后车间平均日产量；其中，本车间的出产提前期＝后续车间投入提前期＋保险期。将材料中的相关数据代入可得：$2000+(15+0)×100=3500$（号）。因此，本题选A。

91.C【解析】本题考查投入累计号数的计算。

本车间投入累计号数＝最后车间出产累计号＋本车间的投入提前期×最后车间平均日产量；其中，本车间的投入提前期＝本车间出产提前期＋本车间生产周期。将材料中相关数据代入可得：$2000+(15+10)×100=4500$（号）。因此，本题选C。

92.ACD【解析】本题考查提前期法的优点。

提前期法的优点包括：①各个车间可以平衡地编制生产作业计划；②不需要预计当月任务完成情况；③生产任务可以自动修改；④可以用来检查零部件生产的成套性。因此，本题选ACD。

（四）

93.B【解析】本题考查一元回归分析法的应用。

根据材料信息，$y=a+bx$，$a=25$，$b=0.02$，则$y=25+0.02x$，x代表销售额，y代表销售人员数量，当2024年销售额达到1500万元时，即$x=1500$（万元），代入计算，$y=25+0.02×1500=55$（人）。因此，本题选B。

94.B【解析】本题考查人力资源需求预测方法。

需求预测方法包括管理人员判断法、德尔菲法、转换比率分析法、一元回归分析法。因此，本题

选B。

95.CD【解析】本题考查人力资源外部供给的影响因素。

影响人力资源外部供给的因素包括：①本地区的人口总量与人力资源供给率；②本地区的人力资源的总体构成；③宏观经济形势和失业率预期；④本地区劳动力市场供给的供求状况；⑤行业劳动力市场供求状况；⑥职业市场状况。因此，本题选CD。

96.CD【解析】本题考查人力资源具体规划的目标。

劳动关系计划的目标主要有降低非期望离职率，改善劳动关系，减少投诉和争议。选项A属于退休解聘计划的目标，选项B属于人员使用计划的目标。因此，本题选CD。

（五）

97.C【解析】本题考查资本资产定价模型。

根据资本资产定价模型，普通股资本成本率计算公式为：普通股资本成本率＝无风险报酬率＋风险系数×（市场平均报酬率－无风险报酬率）。

根据材料信息，风险系数为1.2，无风险报酬率为5.5%，市场平均报酬率为11.5%。代入相关数据得，5.5%＋1.2×（11.5%－5.5%）＝12.7%。因此，本题选C。

98.A【解析】本题考查普通股资本成本率的测算方法。

普通股资本成本率的测算方法有股利折现模型和资本资产定价模型。因此，本题选A。

99.B【解析】本题考查留存收益筹资的特点。

公司用留存收益筹资，测算方式与普通股基本相同，只是不考虑筹资费用。因此，本题选B。

100.B【解析】本题考查公司合并的效应。

公司合并可以采取吸收合并或者新设合并。一个公司吸收其他公司为吸收合并，被吸收的公司解散。因此，本题选B。

模考冲刺二

1.B	2.D	3.D	4.C	5.D
6.D	7.A	8.A	9.A	10.C
11.D	12.C	13.D	14.B	15.C
16.C	17.C	18.D	19.C	20.D
21.D	22.A	23.D	24.C	25.C
26.C	27.B	28.C	29.A	30.C
31.A	32.B	33.B	34.B	35.D
36.C	37.C	38.C	39.A	40.A
41.C	42.D	43.D	44.D	45.B
46.D	47.C	48.D	49.B	50.B
51.C	52.D	53.D	54.D	55.B
56.C	57.D	58.D	59.D	60.C
61.ABC	62.ABC	63.CDE	64.ABCD	65.BCD
66.BCD	67.AE	68.BCD	69.ACD	70.BDE
71.ACE	72.BDE	73.AD	74.ABDE	75.DE
76.ABC	77.BCD	78.ADE	79.ABC	80.CDE
81.ACD	82.B	83.A	84.D	85.B
86.CD	87.D	88.A	89.D	90.C
91.C	92.BC	93.C	94.C	95.B
96.A	97.C	98.AB	99.B	100.ABD

一、单项选择题（共60题，每题1分。每题的备选项中，只有一个最符合题意）

1.B【解析】本题考查创新管理概述。

企业管理创新面临很多不确定因素，属于风险性。因此，本题选B。

2.D【解析】本题考查一体化战略。

牛奶生产企业进军奶牛养殖业，是价值链相反方向的延伸，这属于后向一体化战略。因此，本题选D。

3.D【解析】本题考查企业定性经营决策方法。

企业定性决策方法有头脑风暴法、德尔菲法、哥顿法、名义小组技术。其中易屈服于权威者或大多数人意见的是头脑风暴法。因此，本题选D。

4.C【解析】本题考查国家出资公司的权力机构。

国有独资公司由履行出资人职责的机构行使股东会职权。因此，本题选C。

5.D【解析】本题考查品牌资产。

品牌忠诚度是品牌资产的核心。因此，本题选D。

6.D【解析】本题考查电子商务的特点。

根据关键信息"均通过网络完成，无须当面进行"，可知整个交易完全虚拟化。因此，本题选D。

7.A【解析】本题考查生产进度控制。

生产进度控制的核心在于进度管理。因此，本题选A。

8.A【解析】本题考查企业愿景。

企业使命回答"企业业务是什么"的问题，选项B错误。企业愿景由企业内部成员制定，而不只属于企业高层领导者，选项C错误。企业愿景包括核心信仰和未来前景两个部分，选项D错误。因此，本题选A。

9.A【解析】本题考查成本领先战略的具体做法。

扩大规模，提高生产效率可以降低成本，属于成本领先战略的实施路径。选项BCD属于差异化战略的实施路径。因此，本题选A。

10.C【解析】本题考查市销率的含义。

市销率也称价格营收比，是股票市值与销售收入（营业收入）的比率。因此，本题选C。

11.D【解析】本题考查股东的地位与义务。

我国公司法规定：公司以其全部财产对公司的债务承担责任，有限责任公司的股东以其认缴的出资额为限对公司承担责任。因此，本题选D。

12.C【解析】本题考查股东的权利与义务。

公司的发起人、股东在公司成立后，抽逃其出资的，处以抽逃出资金额5%以上15%以下的罚款。5000×5%＝250（万元），至少罚款250万元。因此，本题选C。

13.D【解析】本题考查董事会与经理层的关系。

董事会对经理是一种以实施控制为基础的合作关系。因此，本题选D。

14.B【解析】本题考查新产品定价策略。

新产品定价有三种方式：市场渗透定价策略、撇脂定价策略和温和定价策略。介于高价和低价之间的定价策略属于温和定价策略。因此，本题选B。

15.C【解析】本题考查市场细分变量。

生活方式是一个人在生活中所表现出来的活动、兴趣和看法的模式，属于心理变量。因此，本题选C。

16.C【解析】本题考查知识产权管理。

注册商标的有效期为10年，自核准注册之日起计算。2024年3月13日核准注册，有效期至2034年3月12日结束。因此，本题选C。

17.C【解析】本题考查目标市场选择。

企业向男性消费者提供夏装，向女性消费者提供冬装，属于针对特定的顾客群提供特定的产品，目标市场模式是选择性专业化。因此，本题选C。

18.C【解析】本题考查风险型定量决策方法。

风险型定量决策方法包括决策树分析法、期望决策损益法。因此，本题选C。

19.C【解析】本题考查分销渠道的模式。

平台式销售模式是指生产厂家以商品的分装厂为核心。分装厂对应平台式销售模式。因此，本题选C。

20.D【解析】本题考查库存合理控制。

选项ABC是库存量过大的后果。因此，本题选D。

（本题通过常识也可选出）

21.D【解析】本题考查公司财产权能的两次分离。

原始所有权与法人产权的客体是同一财产，反映的却是不同的经济法律关系。因此，本题选D。

22.A【解析】本题考查期望报酬率的含义。

期望报酬率 = ∑ 可能结果的报酬率 × 可能结果的概率

因此，本题选A。

23.D【解析】本题考查跨国公司的管理组织结构。

根据关键信息"容易形成区位主义观念"，可知其属于全球性地区结构的特点。因此，本题选D。

24.C【解析】本题考查目标市场选择策略。

向整体市场投放单一产品属于无差异营销战略。因此，本题选C。

25.C【解析】本题考查股份有限公司董事会会议的

相关要求。

1/3以上的董事、监事会可以提议召开临时董事会会议，而不是1/3的监事，选项C错误。因此，本题选C。

26.C【解析】本题考查战略联盟的类型。

根据题中关键信息"生产业务外包"，可判断其属于产品联盟。因此，本题选C。（考生注意产品联盟的辨识关键词有联合生产、贴牌生产、供求联盟、生产业务外包等形式。）

27.B【解析】本题考查国家创新体系。

党的二十届三中全会通过的《中共中央关于进一步全面深化改革 推进中国式现代化的决定》指出，要强化企业科技创新主体地位。

28.B【解析】本题考查渠道销售增长率的计算。

渠道销售增长率 = 渠道销售增长额 ÷ 上一年度渠道销售额 × 100%，代入相关数据得，（5000 − 4000）÷ 4000 × 100% = 25%。因此，本题选B。

29.A【解析】本题考查渠道权力的来源。

特许经营是一种典型的租借授权人的专长开展自己业务的渠道管理方式。授权人具有的是专长权。因此，本题选A。

30.C【解析】本题考查人力资源需求预测的方法。

管理人员判断法简单易行，主要适用于短期预测。因此，本题选C。

31.A【解析】本题考查生产能力的核定。

设备组生产能力 = 单位设备有效工作时间 × 设备数量 × 产量定额。代入相关数据得，7 × 30 × 10 = 2100（件）。因此，本题选A。

32.B【解析】本题考查生产控制的基本程序。

偏差 = 目标值 − 实际值，实际值小于目标值即正偏差，正偏差达标的是成本、工时消耗等。因此，本题选B。

33.B【解析】本题考查物料需求计划的内容。

主生产计划又称产品出产计划，它是物料需求计划的最主要输入，表明企业向社会提供的最终产品数量，它由客户订单、销售预测和备件需求所决定。因此，本题选B。

34.B【解析】本题考查运输的类型和特点。

水路运输的运输能力最大，通用性能较好，运价最低。因此，本题选B。

35.D【解析】本题考查配送的类型。

按配送的组织形式，配送可以分为集中配送、共同配送、分散配送。因此，本题选D。

36.C【解析】本题考查物流管理的含义。

客户满意是物流管理的出发点。因此，本题选C。

37.C【解析】本题考查包装材料的类型和特点。

根据题目信息，不易破碎、不透气、防潮、防光但应用成本高、能耗大，可判断其属于金属包装。因此，本题选C。（本题通过常识也可选出。）

38.C【解析】本题考查企业联盟的组织运行模式。

星形模式适用于垂直供应链型的企业。因此，本题选C。

39.A【解析】本题考查国际生产折衷理论。

如果企业只选择以技术转让的形式参与国际经济活动，说明企业仅拥有所有权优势。因此，本题选A。

40.A【解析】本题考查技术商品价值的计算。

根据成本模型的公式：技术商品的价格＝（技术开发中的物质消耗＋人力消耗）×技术复杂系数÷（1－研究开发的风险概率）。代入相关数据可得，（600＋400）×1.4÷（1－30%）＝2000（万元）。因此，本题选A。

41.C【解析】本题考查薪酬设计的基本原则。

根据关键信息"强调同一企业中从事相同工作的员工的报酬要与其绩效相匹配"，可知其属于个人公平原则。因此，本题选C。

42.D【解析】本题考查员工绩效的影响因素。

影响绩效的因素主要包括员工个人所拥有的与工作相关的知识与能力，受到的激励与所处的环境等。其中，知识与能力是主观因素，激励与环境是客观因素。因此，本题选D。

43.B【解析】本题考查电子商务的类型。

企业与消费者之间的电子商务是B2C电子商务。因此，本题选B。

44.D【解析】本题考查后付年金现值的计算。

后付年金现值＝每年支付金额×年金现值系数

根据题中信息可知：每年支付金额为100万元，年金现值系数为3.791。代入计算可得：后付年金现值为100×3.791＝379.1（万元）。因此，本题选D。

45.B【解析】本题考查目标市场选择策略。

根据题目，该企业选择了两个细分市场，实行专业化经营，则属于集中性营销策略。因此，本题选B。

46.D【解析】本题考查初始现金流量的计算。

初始现金流量＝固定资产投资额＋流动资产投资额＋其他投资费用＋原有固定资产变价收入。根据题中信息，代入计算可得：初始现金流量＝300＋600＋100＋150＝1150（万元）。因此，本题选D。

47.C【解析】本题考查MM资本结构理论。

根据MM资本结构理论，在没有企业和个人所得税的情况下，风险相同的企业，其价值不受负债及其程度的影响。因此，本题选C。

48.D【解析】本题考查技术创新的分类。

基于技术创新的对象，可以将技术创新分为产品创新和工艺创新。因此，本题选D。

49.B【解析】本题考查递延年金的概念。

根据关键信息"从第4年至第15年每年年末偿还本息20000元"，可判断其属于递延年金。因此，本题选B。

50.B【解析】本题考查人力资源供给预测的方法。

管理人员接续计划法：某职位的人员供给量＝该职位现有人员数量＋流入量－流出量。明年该企业业务主管＝15－2－2－1＋2＋3＝15（人）。因此，本题选B。

51.C【解析】本题考查长期借款资本成本率的计算。

由于出资费用忽略不计，故长期借款资本成本率的计算公式为：长期借款资本成本率＝借款利率×（1－企业所得税税率）。代入相关数据可得，资本成本率为8%×（1－25%）＝6%。因此，本题选C。

52.C【解析】本题考查技术创新战略的类型与特点。

领先战略的技术开发重点是产品技术，其风险大收益也大，选项AD错误。跟随战略的技术来源是以模仿、引进为主，选项B错误。因此，本题选C。

53.D【解析】本题考查电子商务运作系统组成要素。

CA认证中心作为第三方信任机构，保证相关主体身份真实性和交易安全性。因此，本题选D。

54.D【解析】本题考查创新管理的特点。

创新管理的特点有：基础性、动态性、系统性、全员性、风险性。因此，本题选D。

55.D【解析】本题考查网络市场调研的方法。

网络市场间接调研方法的核心在于"间隔"，即非一手信息。主要包括利用搜索引擎、访问相关网站、利用相关的网上数据库等。选项ABC均属于网络市场直接调研方法。因此，本题选D。

56.C【解析】本题考查虚拟企业的特征。

在电子商务模式下，企业的经营活动打破了时间和空间的限制，把现有资源组合成为一种超越时空，利用电子手段传输信息的经营实体，出现了一种类似于无边界的新型企业——虚拟企业。因此，本题选C。

57.C【解析】本题考查渠道冲突的分类。

存在对抗，但是没有利益冲突属于虚假冲突。因此，本题选C。

58.B【解析】本题考查跨国公司国际直接投资的动机。利用国内闲置的技术和设备，属于降低成本导向型动机。因此，本题选B。

59.B【解析】本题考查企业战略的实施模式。

企业战略实施的5种模式中，只有增长型具有自下而上的特点，其余均是自上而下。因此，本题选B。

60.C【解析】本题考查进口贸易实务。

进口报关向海关申报的时限为自运输工具申报进境之日起14天内。超过14天不满3个月未申报的，由海关按日征收进口货物CIF价格的0.05%的滞纳金。

因此，本题选C。

二、多项选择题（共20题，每题2分。每题的备选项中，有2个或2个以上符合题意，至少有1个错项。错选，本题不得分；少选，所选的每个选项得0.5分）

61.ABC【解析】本题考查战略控制的原则。

战略控制原则包括确保目标原则、适度控制原则、适时控制原则、适应性原则。因此，本题选ABC。

62.ABC【解析】本题考查企业研发管理。

开发研究一般包括新产品研发和工艺改造，选项D错误。基础研究的成果一般是普通知识、原则或定律，选项E错误。因此，本题选ABC。

63.CDE【解析】本题考查董事会的性质。

公司的最高权力机构是股东会，监督机构是监事会，选项AB错误。因此，本题选CDE。

64.ABCD【解析】本题考查福利的特点。

由于福利具有普遍性，与员工个人的绩效并没有太大的直接联系，在提高员工工作绩效方面的效果不如直接薪酬那么明显，选项E错误。因此，本题选ABCD。

65.BCD【解析】本题考核生产能力的影响因素。

影响企业生产能力的因素主要有固定资产的数量、固定资产的工作时间、固定资产的生产效率。因此，本题选BCD。

66.BCD【解析】本题考查仓储的功能。

仓储的功能：保管检验、调节仓储量、集散、服务客户和防范风险。因此，本题选BCD。

67.AE【解析】本题考查项目地图法。

珍珠型项目预期收益较高、技术成功概率高，是企业快速发展的动力，选项C错误。牡蛎型项目预期收益较高、技术成功概率低，是企业长期竞争优势的源泉，故选项BD错误。因此，本题选AE。

68.BCD【解析】本题考查外部因素评价矩阵。

外部因素评价矩阵是企业外部环境分析的方法，从机会和威胁两方面找出影响企业的关键因素，所有因素的权重总和必须等于1，总加权分数的数值范围为1分至4分，总加权分数高于2.5分，说明企业对外部影响因素能作出较好的反应，选项AE错误。因此，本题选BCD。

69.ACD【解析】本题考查董事会的职权。

检查公司财务是监事会的职权，选项B错误。审议批准公司的利润分配方案是股东会的职权，选项E错误。因此，本题选ACD。

70.BDE【解析】本题考查企业成长战略。

企业成长战略主要包括密集型成长战略、多元化战略、一体化战略、战略联盟、国际化经营战略。选项AC属于基本竞争战略。因此，本题选BDE。

71.ACE【解析】本题考查电子商务系统的一般框架。电子商务系统框架结构由三个层次和四个支柱组成。三个层次分别是网络层、信息发布与传输层、一般业务服务层。因此，本题选ACE。

72.BDE【解析】本题考查市场细分变量。

行为变量包括购买时机、追求的利益、使用者状况、忠诚程度、使用频率、待购阶段和态度等。因此，本题选BDE。

73.AD【解析】本题考查产品组合策略。

推出面向高端客户的手机产品是产品线延伸策略，进入打印机行业是扩大产品组合策略。因此，本题选AD。

74.ABDE【解析】本题考查成功商业模式的特点。

成功商业模式的特点通常包括能够创造独特价值、具有整合性和系统性、难以模仿、具有抵御风险的能力、可操作性强。资源与能力属于商业模式要素。因此，本题选ABDE。

75.DE【解析】本题考查渠道权力的分类。

当影响者向目标对象展示权力时就在使用中介性权力，包括奖励权、强迫权、法律法定权。而没有目标对象的觉察就不存在的权力则属于非中介性权力，包括专长权、信息权、认同权和传统法定权。因此，本题选DE。

76.ABC【解析】本题考查物料需求计划的依据。

物料需求计划的主要依据包括主生产计划、物料清单、库存处理信息。因此，本题选ABC。

77.BCD【解析】本题考查技术创新的特点。

技术创新的主要特点包括：技术创新是一种经济行为，具有很强的正外部性；技术创新是一项高风险活动，具有时间差异性；一体化与国际化，选项AE错误。因此，本题选BCD。

78.ADE【解析】本题考查绩效考核的步骤。

绩效考核准备阶段主要是制订考核计划，做好考核计划准备，主要有确定考核标准、考核方法、选择考核者等。因此，本题选ADE。（本题通过常识也可选出）

79.ABC【解析】本题考查分销渠道成员。

分销渠道成员有生产者、中间商和消费者。银行、保险公司、配送公司属于辅助商。因此，本题选ABC。

80.CDE【解析】本题考查跨国公司的国外市场进入方式。

出口模式的特点有：能避免在东道国进行制造和经营活动所需的巨额成本、能够实现经验曲线效应和区位经济，但某些情况下成本较高，大宗商品运费高，容易受到关税壁垒带来的风险以及难以控制营销工作。因此，本题选CDE。

三、案例分析题（共20题，每题2分，由单选和多选组成。错选，本题不得分；少选，所选的每个选项得0.5分）

（一）

81.ACD【解析】本题考查价值链分析。

企业价值链的主体活动包括原料供应、生产加工、成品储运、市场营销、售后服务。因此，本题选ACD。

82.B【解析】本题考查行业生命周期分析。

该企业发现奶酪行业发展迅速，行业规模不断扩大，行业内企业的销售额和利润迅速增长，这属于成长期的特点。因此，本题选B。

83.A【解析】本题考查战略联盟的类型。

资料信息有"该企业与国际知名奶酪生产企业建立战略联盟，共同研发新型奶酪产品"，根据"共同研发新型奶酪产品"，可知其属于技术开发与研究联盟。因此，本题选A。

84.D【解析】本题考查折中原则的应用。

折中原则的具体步骤如下：

（1）计算每个方案的折中损益值。

折中损益值＝最大损益值×乐观系数＋最小损益值×（1－乐观系数）。

乐观系数为0.75，结合产品方案损益表中的数值，代入上述公式可得：

A产品：$100×0.75＋50×（1－0.75）＝87.5$（百万元）。

B产品：$120×0.75＋40×（1－0.75）＝100$（百万元）。

C产品：$100×0.75＋（－40）×（1－0.75）＝65$（百万元）。

D产品：$180×0.75＋（－60）×（1－0.75）＝120$（百万元）。

（2）比较并选择各方案的最大折中损益值。比较4个方案的损益值，87.5、100、65、120，可判断，最大值为120，属于D产品，所以企业应选择开发的方案为开发D产品。

因此，本题选D。

（二）

85.B【解析】本题考查产品组合的概念。

产品组合的宽度是指企业所经营的不同产品线的数量，甲企业有洗衣液、洗发水、香皂、牙膏、沐浴露5条产品线，产品组合的宽度为5。因此，本题选B。

86.CD【解析】本题考查产品组合策略。

该企业在原有洗衣液、洗发水、香皂的基础上，新增美白牙膏、除菌香皂和持久留香的高档沐浴露，这属于产品线延伸策略和扩大产品组合策略。因此，本题选CD。

87.D【解析】本题考查成本加成定价法的计算。

成本加成定价法的计算公式为：产品价格＝单位成本×（1＋加成率）。其中，单位成本＝单位固定成本＋单位可变成本。根据材料信息，除菌香皂

的固定成本＝100万元，单位可变成本为4元，预期销量为50万块，加成率为20%。代入相关数据得，单位成本为$100÷50＋4＝6$（元），目标价格为$6×（1＋20%）＝7.2$（元）。因此，本题选D。

88.A【解析】本题考查市场定位的方法。

根据材料信息，该企业新推出一种美白牙膏、一种除菌香皂、一种持久留香的高档沐浴露，"美白""除菌""持久留香"都是产品自身的属性，同时说明企业关注的也是消费者在这些方面的需求，这属于根据产品本身的属性与利益定位。因此，本题选A。

（三）

89.D【解析】本题考查企业技术创新内部组织模式。

甲企业从各部门抽调22人组建的新部门，独立运营，独立财务核算，属于新事业发展部。因此，本题选D。

90.C【解析】本题考查成本模型的计算。

根据成本模型，技术商品的价格＝（技术开发中的物质消耗＋人力消耗）×技术复杂系数÷（1－研究开发的风险概率）。代入相关数据可得，该新材料的技术价格＝$（600＋400）×1.3÷（1－50%）＝2600$（万元）。因此，本题选C。

91.C【解析】本题考查研发的类型。

甲企业与某研究所签订协议，甲企业出资，该研究所提供技术和人力，研究成果归甲企业所有，这属于委托研发。因此，本题选C。

92.BC【解析】本题考查知识产权管理的内容。

发明专利权的期限为20年，自申请日起计算。因此，本题选BC。

（四）

93.C【解析】本题考查标准离差率的计算。

标准离差率的计算公式：

标准离差率＝标准离差÷期望报酬率×100%

根据材料信息，期望报酬率为45%，报酬率的标准离差为20%，代入相关数据得，$20%÷45%×$

100%＝44.4%。因此，本题选C。

94.C【解析】本题考查标准离差率的特点。

标准离差率可以用来对比不同期望报酬率的各项投资的风险程度。因此，本题选C。

95.B【解析】本题考查营业现金流量的计算。

材料信息并未给出净利润或折旧，而是给出了所得税，因此营业现金流量计算公式为：营业现金流量＝每年营业收入－付现成本－所得税；所得税＝（每年营业收入－付现成本－折旧额）×所得税税率；折旧额＝（固定资产原值－固定资产残值）÷使用年限。

根据材料信息，使用年限为10年，固定资产投资为5亿元，采用直线法折旧，无残值。故折旧额＝5÷10＝0.5（亿元）。销售收入为1.5亿元，每年固定成本（不含折旧）为0.25亿元，每年总变动成本为0.35亿元，该公司所得税税率为25％。所得税＝（1.5－0.25－0.35－0.5）×25%＝0.1（亿元）。营业现金流量＝1.5－0.25－0.35－0.1＝0.8（亿元）。因此，本题选B。

96.A【解析】本题考查内部报酬率的特点。

内部报酬率反映投资项目的真实报酬率。因此，本题选A。

（五）

97.C【解析】本题考查转换比率法。

根据资料，销售额每增加1000万元，需增加10人，那么当销售额增加3000万元时，需对应增加30人。其中管理人员、销售人员和客服人员的比例是1：6：3，即客服人员占增加人数的3÷（1＋6＋3）＝3÷10。新增加客服人员＝30×（3÷10）＝9（人）。因此，本题选C。

98.AB【解析】本题考查人力资源供给预测的方法。

常用的人力资源内部供给预测的方法包括人员核查法、管理人员接续计划法、马尔可夫模型法。因此，本题选AB。

99.B【解析】本题考查管理人员接续计划法的特点。

工程技术人员和管理人员的供给预测适用方法是管理人员接续计划法。因此，本题选B。

100.ABD【解析】本题考查人力资源具体规划的目标。

退休解聘计划的目标包括降低人工成本、维护企业规范、改善人力资源结构等。因此，本题选ABD。

模考冲刺三

1.D	2.A	3.C	4.D	5.A
6.A	7.A	8.B	9.D	10.B
11.C	12.B	13.B	14.D	15.C
16.D	17.B	18.A	19.C	20.C
21.D	22.B	23.C	24.C	25.B
26.D	27.C	28.D	29.A	30.C
31.D	32.C	33.B	34.A	35.C
36.A	37.C	38.B	39.C	40.D
41.B	42.C	43.C	44.A	45.D
46.C	47.A	48.D	49.B	50.B
51.A	52.A	53.A	54.B	55.A
56.A	57.C	58.C	59.D	60.A
61.CDE	62.BC	63.ABCD	64.CD	65.ABD
66.CE	67.AC	68.ABCE	69.BCDE	70.ABC
71.ABE	72.AE	73.CD	74.ABCE	75.BCE
76.ABC	77.ABC	78.ABCE	79.ABCE	80.ACD
81.B	82.ABC	83.C	84.B	85.D
86.B	87.B	88.A	89.C	90.A
91.BD	92.C	93.C	94.A	95.C
96.AC	97.C	98.D	99.C	100.AC

一、单项选择题（共60题，每题1分。每题的备选项中，只有一个最符合题意）

1.D【解析】 本题考查杠杆理论。

总杠杆反映了营业杠杆和财务杠杆的联合作用，也称联合杠杆。总杠杆系数=营业杠杆系数x财务杠杆系数=1.2x1.5=1.8，因此，本题选D。

2.A【解析】 本题考查波士顿矩阵。

业务增长率高，市场占有率低属于幼童区。因此，本题选A。

3.C【解析】 本题考查企业定性经营决策方法。

企业定性经营决策方法包括头脑风暴法、德尔菲法、哥顿法、名义小组技术。根据关键信息"集体讨论""先抽象后具体"，可判断其属于哥顿法。因此，本题选C。

4.D【解析】 本题考查生产作业计划的编制方法。

在制品定额法适用于大量大批生产类型企业的生产作业计划编制。因此，本题选D。

5.A【解析】 本题考查经理机构的聘任。

国家出资公司必须设经理层，聘任和解聘均由董事会决定。因此，本题选A。

6.A【解析】 本题考查企业战略实施模式。

企业战略实施模式包括指挥型、变革型、合作型、文化型和增长型。根据关键信息"责任范围扩大到高层管理者之外的其他层级管理者"，可知该公司意在调动管理者的积极性，故其属于合作型。因此，本题选A。

7.A【解析】 本题考查电子商务的一般框架。

网络层是实现电子商务最底层的硬件基础设施。因此，本题选A。

8.B【解析】 本题考查企业战略的层次。

根据关键信息"事业部""竞争"，可判断其属于企业业务战略。因此，本题选B。

9.D【解析】 本题考查留用利润资本成本率的测算。

留用利润资本成本率的测算方法与普通股基本相同，只是不考虑筹资费用。因此，本题选D。

10.B【解析】 本题考查渠道成员的激励方法。

交流市场信息，并让经销商发泄不满属于沟通激励。因此，本题选B。

11.C【解析】 本题考查商业模式要素。

商业模式要素包括：①企业定位；②资源与能力；③业务系统；④盈利模式；⑤现金流结构；⑥企业价值。其中，企业定位是商业模式要素体系中起奠基作用的第一要素，企业价值是评判企业商业模式优劣的重要标准，业务系统是商业模式的核心。选项ABD错误。因此，本题选C。

12.B【解析】 本题考查企业战略控制的原则。

根据关键信息"反映不同经营业务的性质和需要"，可知其属于适应性原则。因此，本题选B。

13.B【解析】 本题考查董事会临时会议的召开要求。

董事长应当自接到提议召开临时会议要求后10日内，召集和主持董事会会议。因此，本题选B。

14.D【解析】本题考查公司法人的要求。

公司法定代表人依照公司章程的规定，可以由董事长、执行董事或经理担任，并依法登记。监事会主席不能担任。因此，本题选D。

15.C【解析】本题考查国家出资公司的权力机构。

国家出资公司合并、分立、解散、申请破产的，应当由履行出资人职责的机构决定。因此，本题选C。

16.D【解析】本题考查董事会的职权。

有限责任公司董事会负责制订年度利润分配方案和弥补亏损方案，股东会负责审议批准。因此，本题选D。

17.B【解析】本题考查国际贸易术语。

FOB、CIF、CFR适用于海运及内河运输，适用于任何运输方式的是CIP。因此，本题选B。

18.A【解析】本题考查产品组合定价方法。

滤芯是滤水壶的附属产品。主产品价格定得较低，而附属产品价格定得较高，这属于附属产品定价。因此，本题选A。

19.C【解析】本题考查品牌策略。

甲、乙、丙、丁四种车型按类别分别使用不同的品牌，这属于分类家族品牌策略。因此，本题选C。

20.C【解析】本题考查渠道权力的来源。

请求战略的权力来源包括认同权、奖励权、强迫权。因此，本题选C。

21.D【解析】本题考查商品出口的主要业务环节。

如一份修改通知书中包括多项内容，只能全部接受或全部拒绝，不能只接受其中一部分，而拒绝另一部分。选项D错误。因此，本题选D。

22.B【解析】本题考查渠道盈利能力指标。

用于衡量渠道盈利能力的指标是渠道销售增长率、渠道销售利润率、渠道费用利润率和资产利润率。因此，本题选B。

23.C【解析】本题考查活性指数。

从理论上讲，活性指数越大越好，但也必须考虑实际实施的可能性。因此，本题选C。

24.C【解析】本题考查资本资产定价模型。

根据资本资产定价模型，普通股资本成本率＝无风险报酬率＋风险系数×（市场平均报酬率－无风险报酬率）。

代入相关数据可得：2.5＋（10.5%－2.5%）×1.2＝12.1%。因此，本题选C。

25.B【解析】本题考查技术创新战略的类型特点。

领先战略是要开拓一个全新的市场，而非跟随战略。因此，本题选B。

26.D【解析】本题考查内部因素评价矩阵。

内部因素评价矩阵是企业内部环境分析方法，从优势和弱势两方面找出影响企业的关键因素，总加权分数的数值范围为1分至4分，总加权分数高于2.5分，说明企业的内部状况处于强势。因此，本题选D。

27.C【解析】本题考查服务质量差距的类型。

根据题目信息"服务质量差距模型的核心"，可知其应该是服务感知差距。因此，本题选C。

28.D【解析】本题考查班轮运输的特点。

班轮运输具有"四固定"的特点，即固定航线、固定港口、固定船期和相对固定的费率。因此，本题选D。（本题船员为无关干扰性，考生可通过此快速判断。）

29.A【解析】本题考查生产计划的含义与指标。

确定企业生产水平的纲领性计划是年度生产计划，受企业现有条件的约束。因此，本题选A。（考生注意，中长期生产计划不受企业现有条件的约束。）

30.D【解析】本题考查单一品种生产条件下生产能力的核定。

设备组生产能力＝单位设备有效工作时间×设备数量÷时间定额。代入相关数据可得：

$300 \times 7.5 \times 2 \times (1-10\%) \times 10 \div 0.5 = 81000$（件）

因此，本题选D。

31.D【解析】本题考查渠道冲突的分类。

关键信息为"出现了渠道控制力下降及区域审货等问题"，根据产生了不好的结果，可判断其属于破坏性冲突。因此，本题选D。

32.C【解析】本题考查薪酬管理。

薪酬结构指企业内部各个职位之间薪酬的相互关系，它反映了企业支付薪酬的内部一致性。因此，本题选C。

33.B【解析】本题考查人力资源需求预测方法。

每1000万元销售额新增10人，现销售额增加2000万元，需要新增20人（10×2）。其中销售人员占比=6÷（1+6+3）=6÷10，所以新增销售人员=20×6÷10=12（人）。因此，本题选B。

34.A【解析】本题考查生产进度管理。

生产进度管理的目标是准时生产。因此，本题选A。

35.C【解析】本题考查先付年金和后付年金的关系。

n期先付年金现值与n期后付年金现值的期限相同，但付款时间不同，n期先付年金现值比n期后付年金现值少折现1期。因此，本题选C。

36.A【解析】本题考查国际直接投资生产选址。

分散生产最具合理性的情形如下：①各国之间政治、经济、文化和相对要素成本的差异对各国生产成本没有很大的影响；②贸易壁垒高（选项A正确）；③区位外部性不是很重要；④预期重要的汇率变动频繁；⑤生产技术的固定成本低，最小效率规模小且不存在柔性制造技术；⑥产品的价值重量比低；⑦产品不能满足共同需要，即各国消费者的品位和偏好存在很大差异。因此，本题选A。

37.C【解析】本题考查库存的分类。

为了避免生产供给或者消费需求的季节性波动而持有的库存为调节库存，又称为季节性库存。因此，本题选C。

38.B【解析】本题考查经济订购批量的计算。

根据公式，经济订购批量=$\sqrt{\dfrac{2\times每次订购成本\times年需求量}{单位商品年持有成本}}$

根据题中信息可知，每次订购成本为300元，年需求量为2000吨，单位商品年持有成本=5000×0.6%=30（元）。代入相关数据计算可得，经济订购批量为200吨。因此，本题选B。

39.C【解析】本题考查运输形式。

不合理运输的最严重形式是空驶运输。因此，本题选C。

40.D【解析】本题考查仓储合理化。

仓储合理化的实施要点包括：①对储存物品进行分类管理，可采用ABC分类管理方法；②采用先进先出方式，提高货物周转率；③提高储存密度，有效利用仓容；④快进快出。因此，本题选D。

41.B【解析】本题考查生产周期的概念。

生产周期是指一批产品或零件从投入到产出的时间间隔。因此，本题选B。

42.C【解析】本题考查知识产权管理。

发明专利权的期限为20年，实用新型专利权为10年，外观设计专利权的期限为15年，均自申请之日起计算。因此，该专利有效期需从2022年3月5日算至2037年3月4日。因此，本题选C。

43.C【解析】本题考查电子商务的"四流"。

电子商务的"四流"包括商流、资金流、物流、信息流。因此，本题选C。

44.A【解析】本题考查股东的权利。

财务负责人的聘任权属于董事会的职权。因此，本题选A。

45.D【解析】本题考查研发的类型。

研发有三种类型：基础研究、应用研究、开发研究。题中研究的是"压力条件与固定浮力"，未提及其他技术和商业目的，这属于纯理论研究，是基础研究的范畴。因此，本题选D。

46.C【解析】本题考查货位分配原则。

香皂和茶叶相容性较低，彼此的气味容易互相影响，损害商品的品质，二者不放在一起体现的是商品相容性原则。因此，本题选C。

47.A【解析】本题考查企业技术创新的类型和特点。自主创新的开发周期较长。因此，本题选A。

48.D【解析】本题考查技术创新战略的类型。

根据关键信息"致力于抢在竞争对手之前……抢先推出新产品占领市场"，可知其属于进攻型战略。因此，本题选D。

49.B【解析】本题考查薪酬设计的基本原则。

根据关键信息"考虑自身的经济实力，避免薪酬过高或薪酬过低的情况出现"，可知其属于量力而行原则。因此，本题选B。

50.B【解析】本题考查薪酬区间的计算。

区间最高值=区间中值×（1+薪酬浮动率）

区间最低值=区间中值×（1-薪酬浮动率）

代入数据计算可得，区间最高值=2000×（1+15%）=2300（元），区间最低值=2000×（1-15%）=1700（元）。

三个薪酬级别共2个差距，每个级别之间的差距=（2300-1700）÷2=300（元）。故第二薪酬级别=1700+300=2000（元）。因此，本题选B。

51.A【解析】本题考查单项资产风险衡量指标。

标准离差率是标准离差同期望报酬率的比值。在期望报酬率不同的情况下，标准离差率越大，风险越大；反之，标准离差率越小，风险越小。因此，本题选A。

52.A【解析】本题考查薪酬设计的方法。

根据关键信息"将员工的职位划分为若干个级别"，可知其属于职位等级法。因此，本题选A。

53.A【解析】本题考查债转股的效应。

债转股是指企业的债务资本转成权益资本，出资者身份由债权人变为股权人。债转股导致公司债务减少，利息支出也相应减少。因此，本题选A。

54.B【解析】本题考查货币时间价值概念。

货币的时间价值是扣除风险报酬和通货膨胀因素后的平均资金利润率或平均报酬率。因此，本题选B。

55.A【解析】本题考查电子商务系统一般框架结构。网络层是指网络基础设施，是实现电子商务的最底层的硬件基础设施。因此，本题选A。

56.A【解析】本题考查福利的类型。

福利包括国家法定福利和企业自主福利。选项BCD均属于国家法定福利。因此，本题选A。

57.C【解析】本题考查网络营销的方式。

根据关键词"新闻报道"，可知其属于网络软文营销。因此，本题选C。

58.D【解析】本题考查电子商务的分类。

完全电子商务是指在交易过程中都能够在网上完成，由此可判断选项ABC均不满足。因此，本题选D。

59.D【解析】本题考查跨国公司组织管理结构。

根据关键信息"交叉管理和控制"，可知其属于矩阵式组织结构。因此，本题选D。

60.A【解析】本题考查跨国公司的法律组织形式。

分公司是母公司的一个分支机构或附属机构，在法律上和经济上没有独立性，不是法人，只能以总公司的名义，根据总公司的委托在东道国开展业务。因此，本题选A。

二、多项选择题（共20题，每题2分。每题的备选项中，有2个或2个以上符合题意，至少有1个错项。错选，本题不得分；少选，所选的每个选项得0.5分）

61.CDE【解析】本题考查网络市场调研的方法。

网络市场直接调研的方法包括网上观察法、专题讨论法、在线问卷法、网上实验法。因此，本题选CDE。

62.BC【解析】本题考查企业内部环境分析法。

企业内部环境分析法包括企业核心竞争力分析、价值链分析、波士顿矩阵分析和内部因素评价矩阵（IFE矩阵）。因此，本题选BC。

63.ABCD【解析】本题考查电子商务的一般框架。

网络层是指网络基础设施，是实现电子商务的最底层的硬件基础设施，包括远程通信网、有线电视网、无线通信和互联网。因此，本题选ABCD。

64.CD【解析】本题考查绩效考核的步骤。

明确考核标准是绩效考核准备阶段的主要任务，选项A错误。绩效考核标准必须明确、具体、清楚，不能含混不清，应尽量使用量化标准，选项B错误。绩效考核标准是指关于企业员工工作任务在数量和质量方面的要求，选项E错误。因此，本题选CD。

65.ABD【解析】本题考查企业定量决策方法。

选项CE属于定性决策分析法。线性规划法属于定量决策方法中的确定型决策方法，期望决策损益法和决策树分析法属于定量决策中的风险型决策。因此，本题选ABD。

66.CE【解析】本题考查独立董事的职权。

独立董事可以向董事会提议聘用或解聘会计师事务所，选项A错误。选项BD属于独立董事应发表独立意见的事项。因此，本题选CE。

67.AC【解析】本题考查国家出资公司监督机制的要求。

国家出资公司可以选择保留监事会或不设监事会，选项B错误、选项C正确。不设监事会或监事的，由董事组成的审计委员会行使监事会职权，而不是由股东组成审计委员会，选项E错误。设监事会的，须有职工监事。经理不可以兼任监事。因此，本题选AC。

68.ABCE【解析】本题考查流通加工。

流通加工与生产加工的区别包括加工对象不同、加工深度不同、责任人不同、附加价值不同。因此，本题选ABCE。

69.BCDE【解析】本题考查差异化战略的实施路径。

差异化战略的关键在于"差异化"，通过服务、产品等个性化、差异化来实现。选项A整合企业资源，能够降低成本，属于成本领先战略。选项BCDE属于差异化战略的实施路径。因此，本题选BCDE。

70.ABC【解析】本题考查技术创新战略的分类。

根据技术来源的不同，可将企业技术创新战略分为自主创新战略、模仿创新战略和合作创新战略。因此，本题选ABC。

71.ABE【解析】本题考查产品定价的方法。

竞争导向定价法包括随行就市定价法、竞争价格定价法、密封投标定价法。因此，本题选ABE。

72.AE【解析】本题考查消费品、工业品和服务产品的特征。

工业品的需求弹性小，具有派生性。服务产品的所有权不可转让。因此，本题选AE。

73.CD【解析】本题考查渠道盈利能力指标。

渠道盈利能力包括渠道销售增长率、渠道销售利润率、渠道费用利润率、资产利润率。因此，本题选CD。

74.ABCE【解析】本题考查核心竞争力的特征。

核心竞争力的特征包括价值性、异质性、延展性、持久性、难以转移性、难以复制性。因此，本题选ABCE。

75.BCE【解析】本题考查国际贸易磋商发盘与接受。

发盘可由买方或卖方提出，选项A错误。发盘可采取书面或口头形式，选项D错误。因此，本题选BCE。

76.ABC【解析】本题考查产品质量指标。

产品质量指标包括两大类：一类是反映产品本身内在质量的指标，主要是产品平均技术性能、产品质量分等；另一类是反映产品生产过程中工作质量的指标，如质量损失率、废品率、成品返修率等。因此，本题选ABC。

77.ABC【解析】本题考查定量库存控制系统。

定量库存控制系统的关键在于定量不定期，选项D错误。订购点＝平均日需求量×备运时间＋安全库存量，选项E错误。因此，本题选ABC。

78.ABCE【解析】本题考查基本薪酬设计的影响因素。

确定薪酬浮动率时要考虑以下几个主要因素：企业的薪酬支付能力、各薪酬等级自身的价值、各薪酬等级之间的价值差异、各薪酬等级的重叠比率等。因此，本题选ABCE。

79.ABCE【解析】本题考查生产能力的影响因素。

企业的备用设备并不参与生产，不会影响生产能力。因此，本题选ABCE。

80.ACD【解析】本题考查营业现金流量。

根据公式，营业现金流量＝年营业收入－付现成本－所得税＝净利润＋折旧额。因此，本题选ACD。

三、案例分析题（共20题，每题2分，由单选和多选组成。错选，本题不得分；少选，所选的每个选项得0.5分）

（一）

81.B【解析】本题考查SWOT分析法。

SO战略中的S是优势，O是机会，所以SO战略是指使用优势，利用机会。因此，本题选B。

82.ABC【解析】本题考查定性决策分析方法。

定性决策分析法包括：头脑风暴法、德尔菲法、哥顿法、名义小组技术。因此，本题选ABC。

83.B【解析】本题考查期望损益决策法的应用。

期望损益值的计算公式为：$\sum$该方案在各种状态下的损益值×各市场发生的概率。代入相关数据得，各产品期望值分别为：

A：$120 \times 0.35 + 100 \times 0.4 + 60 \times 0.25 = 97$（百万元）。

B：$129 \times 0.35 + 106 \times 0.4 + 46 \times 0.25 = 99.05$（百万元）。

C：$100 \times 0.35 + 90 \times 0.4 + 80 \times 0.25 = 91$（百万元）。

D：$127 \times 0.35 + 102 \times 0.4 + 50 \times 0.25 = 97.75$（百万元）。

B产品的期望值最高，所以选B产品。因此，本题选B。

84.B【解析】本题考查折中原则的计算。

折中损益值＝原则的具体步骤如下：

（1）计算每个方案的折中损益值。

折中最大损益值×乐观系数＋最小损益值×（1－乐观系数）

乐观系数为0.7，结合产品方案损益表中的数值，代入上述公式可得：

A：$120 \times 0.7 + 60 \times (1 - 0.7) = 102$（百万元）。

B：$129 \times 0.7 + 46 \times (1 - 0.7) = 104.1$（百万元）。

C：$100 \times 0.7 + 80 \times (1 - 0.7) = 94$（百万元）。

D：$127 \times 0.7 + 50 \times (1 - 0.7) = 103.9$（百万元）。

（2）比较并选择各方案的最大折中损益值。比较4个方案的损益值，102、104.1、94、103.9，可判断，最大值为104.1，属于B产品，所以企业应选择B产品。

因此，本题选B。

（二）

85.D【解析】本题考查生产作业编制计划。

在制品定额法适用于大量大批生产类型企业的生产作业计划编制。因此，本题选D。

86.B【解析】本题考查在制品定额法车间投入量的计算。

根据材料信息，丙车间生产量为950件，计划允许废品及损耗量为50件，期末在制品定额为200件，期初预计在制品结存量为150件。根据在制品定额法，本车间投入量＝本车间出产量＋本车间计划允许废品及损耗量＋（本车间期末在制品定额－本车间期初预计在制品结存量）。代入相关数据得，丙车间的投入量＝950＋50＋（200－150）＝1050（件）。因此，本题选B。

87.B【解析】本题考查在制品定额法车间出产量的计算。

根据材料信息，乙车间投入量为1200件，计划允许废品及损耗量为100件，期末在制品定额为250件，期初预计在制品结存量为200件。根据在制品定额法，本车间投入量＝本车间出产量＋本车间计划允许废品及损耗量＋（本车间期末在制品定额－本车间期初预计在制品结存量）。代入相关数据，即1200＝乙车间出产量＋100＋（250－200），计算可得乙车间的出产量为1050件。因此，本题选B。

88.A【解析】本题考查在制品定额法车间出产量的计算。

根据材料信息，甲车间半成品外售量为100件，期末库存半成品定额为250件，期初预计库存半成品结存量为200件。根据在制品定额法，本车间出产量＝后续车间投入量＋本车间半成品外售量＋（本车间期末库存半成品定额－本车间期初预计库存半成品结存量）。这里需注意，甲车间的后续车间是乙车间，其投入量是1200件。将相关数据代入可得，甲车间出产量＝1200＋100＋（250－200）＝1350（件）。因此，本题选A。

（三）

89.C【解析】本题考查产品组合的概念。

产品组合的宽度是指企业所经营的不同产品线的数

量。甲企业生产经营冰箱、电视、空调、油烟机、智能热水器，一共5类产品。因此，本题选C。

90.A【解析】本题考查新产品定价策略。

为在短期内占据较大的市场份额，甲企业决定将智能热水器定较低价格，这属于渗透定价策略。因此，本题选A。

91.BD【解析】本题考查促销策略。

"积极开展促销活动，通过电视、网络等媒介实施付费宣传"，属于广告促销；"在大型商场开设陈列柜台，进行现场表演"，属于销售促进。因此，本题选BD。

92.C【解析】本题考查成本加成定价法的计算。

根据成本加成定价法公式：产品价格 = 单位成本 × （1 + 加成率）。其中，单位成本 = 单位可变成本 + 固定成本 ÷ 销售量。

根据材料信息，代入相关数据可得：单位成本 = （22000 + 18000） ÷ 20 = 2000（元/台），产品价格 = 2000 × （1 + 20%） = 2400（元/台）。因此，本题选C。

（四）

93.B【解析】本题考查企业技术创新内部组织模式。

临时从若干部门抽调专业人员进行研发，属于技术创新小组。因此，本题选B。

94.A【解析】本题考查企业研发的类型。

从公司内部各部门抽调专业人员进行研发，并未借助外部的力量，属于自主研发。因此，本题选A。

95.C【解析】本题考查效益模型的计算。

根据效益模型公式，

技术商品的价格 = $\sum_{t=1}^{n} \frac{B_t}{(1+i)^t}$，其中，$B_t$ 为第t年被评估技术所产生的经济效益，i为折现率，n为被评估技术的寿命。

复利现值系数材料中已经给出，可直接应用。所以新技术的价格 = 130 × 0.909 + 120 × 0.826 + 100 × 0.751 + 90 × 0.683 + 70 × 0.621 = 397.33（万元）。因此，本题选C。

96.AC【解析】本题考查知识产权管理。

根据专利法规定，发明专利权保护期限是20年，自申请之日起计算。因此，本题选AC。

（五）

97.C【解析】本题考查公司分拆的要求。

分拆要求公司上市必须满3年。因此，本题选C。

98.D【解析】本题考查用市盈率法计算企业价值。

根据市盈率法，目标企业的价值 = 企业净利润总额 × 标准市盈率。根据材料信息，净利润总额为6000万元，标准市盈率为20倍，代入相关数据得，6000 × 20 = 120000（万元）。因此，本题选D。

99.C【解析】本题考查市销率法计算企业价值。

根据市销率法，目标企业的价值 = 销售收入（营业收入） × 标准市销率。根据材料信息，年营业收入为20000万元，标准市销率为5倍，代入相关数据得，20000 × 5 = 100000（万元）。因此，本题选C。

100.AC【解析】本题考查并购的方式。

按照收购的支付方式，可以分为承担债务式并购、现金购买式并购、股权交易式并购。因此，本题选AC。